JN107230

# クィア神学入門
## その複数の声を聴く

Queer Theologies
The Basics

クリス・グリノフ
Chirs Greenough

薄井良子 訳
Usui Yoshiko

新教出版社

Authorized translation from the English language edition
published by Routledge, a member of the Taylor & Francis Group,
through Japan Uni Agency, Inc., Tokyo

Japanese translation
by Yoshiko USUI

Shinkyo Shuppansha
Tokyo
2024

# 目次

## 第2章　「伝統的神学」のクィアリング

## 第3章　グローバルな社会的文脈におけるクィア神学……………………122

# 翻訳に関する断り

1. 聖書の引用には、聖書協会共同訳を用いた。なお著者は、ＮＩＶ（The New International Version）を使用している。
2. 原註は章末註、訳註は傍註とした。
3. 巻末の用語集に収録されている各用語は、本文中の初出時に＊を付した。原著の用語集に収録されていても本文中にない語は、著者の許可を得て外したが、一部は訳註に残した。なお、用語の表現を変えて用語集に残したものもある。
4. 原著における強調のためのイタリック体は、傍点をつけた。
5. 原著で引用される文献に邦訳がある場合は、原則としてそれを用いた。
6. 人名は、初出のみ、名・姓のカタカナ表記に続き、英語表記を（ ）内に付記した。章毎に、初出時には名・姓、二回目以降は姓のみとした。また人名のカタカナ表記は、原則として既存の翻訳書の表記に倣い、既存の表記が見当たらない場合は音訳のカタカナ表記とした。なお、既存の表記にゆれがある場合は、本書に引用されている文献の翻訳において採用されている表記に倣った。例：テレサ・ド・ローレティス
7. 本文中の〔 〕は訳者による補いである。
8. ＵＲＬなど、原著出版時から変更のあるものは、著者の指示によって改訂している。

9．現在では差別表現と見なされる表現が使われている場合は、翻訳においてもあえて差別表現を用いた。例：ホモ

10．文体は、本文には「です・ます体」を、脚注及び本文の引用では「である体」を用いた。引用がインタビューの場合は、会話体とした。

# 日本語版への序文

二〇一九年に出版された *Queer Theologies: The basics* の目的は、初めてクィア神学に触れる人たち——研究者、信徒、宗教家、ＬＧＢＴＱ＋の人、学生、聖職者、あるいは単にもっとクィア神学について知りたいと思っている人たちに、クィア神学の概要を伝えるわかりやすいテクストを提供することでした。このハードカバー版の出版以来、この本は多くの人々、特にＬＧＢＴＱ＋のクリスチャンに影響を及ぼすテクストとなり、私のもとには世界の様々な地域から数々の感謝の手紙が届いています。実はこの本を書いた時、私はこれほど大きな反響を呼ぶとは予想だにしていませんでした。本書が広く読まれ、読者の心に響いたことを嬉しく思います。

ですので、このたびの日本語版の出版に、身の引き締まる思いがするだけでなく胸の高まりも覚えます。同時に、この本が英国で書かれた状況と、今日本で読まれている状況が異なることも私は理解しています。日本の読者の皆さんが本文の中に有益なものを見出して下さり、日本の文脈において、この本の内容を更に深め発展させていかれることを切に願っています。

最後に、英語から日本語への翻訳に良心的かつ真摯に取り組んでくれた薄井良子さんに心から感謝の意を表します。良子さんとのメールのやりとりはいつも丁重で温かみのあるものでした。議論のニュアンスを伝える*their* の豊かな洞察力と、細部や正確さへの配慮に感謝しています。良子さん、ありがとう!

# 謝辞

本書の執筆を依頼してくださったラウトリッジ社のシニア・エディター、レベッカ・シラビアと、編集アシスタントのジャック・ブースロイドのサポートに謝意を表明いたします。また、コピー・エディターとして熱心に仕事をしてくれたロジャー・ブラウニングにも感謝いたします。

このプロジェクトや他のプロジェクトに取り組むための時間と場所は、エッジヒル大学の研究投資基金（ＲＩＦ）の支援を受けています。このような有用なリソースを提供してくれたＲＩＦ運営グループと大学の研究室に感謝いたします。私の担当する授業をカバーしてくれたヘザー・マーシャルに感謝します。エッジヒル大学は、私の初めてのアカデミックポストなのですが、素晴らしい同僚と熱心な学生たちに支えられています。前教育学部長のリネット・ターナー博士の明るい励ましとサポートに感謝します。また、親切で優秀な同僚たち、特にマギー・ウェブスター、ポール・スモーリー、スジェイ・パターソン・クレイブン、シャーリー・ヒンドリー、ミカエラ・スミス、キャシー・バターワース博士、フランシス・ファレル博士、ダミアン・ショート博士、前学科長のフィル・リグビー博士には大変お世話になりました。私の様子を気遣い、このプロジェクトに関する物思いに耳を傾けてくれた友人たち、特にベッキー・フィドラー、ヘレン・トーマス、マリー・ベネット、モニカ・リース博士、サラ・ミスラ博士、本当にありがとう！　親身になって相談に乗ってくださったアカデミー界の同僚、特にデリン・ゲスト博士、アンドリュー・イップ教授、ケィティ・エドワード博士、メレディス・ワレン博士、キャロライン・ブライス博士、アドリアン・ヴァン・クリンケン博士、ドーン・ルウェルン博士、ハナ・ベイコン教授、ヨハンナ・スティーバート教授に、限りない感謝の意を捧げます。

また、私をキーボードから引き離し、毎日笑わせてくれる素晴らしいパートナー、マーク・エドワード博士、そして愛と思いやりのある家族にも感謝しています。

最後に、私が最も深い謝意を表明したいのは、クィア神学に関するこのようなガイドブックが必要とされる道を開いてくれた勇敢な研究者たちです。本書で言及されている一つ一つのテクストが、私を奮い立たせてくれました。本書は、こうしたクィアの聖人たちに敬意を表して書かれたものです。

# はじめに

本書は、クィア神学を専門としない研究者、あるいはこの分野に初めて触れる人を対象とした入門書です。したがって、読者は学部生、大学院生、研究者、聖職者、信徒、また、この分野に関心を持つ人たちとなるでしょう。各章は独立しており、読者の幅広い興味に応じるために、様々なテーマへすぐにアクセスできるように設計されています。重要なのは、本書が「ベーシックス」シリーズの一つであることです。[*1] クィア神学の学問領域を、初心者向けの手引書に凝縮することは容易なことではありません。クィア理論（queer theory）やクィア神学のテクストの多くは、使用する学術用語が非常に刺激的であり、理解に至るまでには困難を極めます。このようなエキサイティングな研究分野における情熱やそうせざるを得ない動機を、読者にも共有してもらいたいという願いから、このテクストでは理解しやすい言葉をあえて使っています。そのせいで、クィア神学の題材の奥深さが損なわれてしまうという研究者の批判的な声を、私は深く受け止めています。この懸念に対処するため、各章の終わりに、次に取り組むべき文献とインターネット上の資料に関する簡潔な基本文献案内を用意しました。また、各章の文献リストには、それぞれの議論において参照したすべての文献を掲載し、更なる探求へと導いています。読者の皆さんがこれらの文献に取り組まれることを奨励します。それぞれの議論に関しては、章と小見出しで分類し構成していますが、そもそも、構成や順序といったものは、クィアにはなじみません。一つのテーマがいくつかの章、あるいは小見出しにまたがる場合は、議論する上でもっともふさわしいと思われる箇所に割り当てました。なお、巻末の用語集で、本書における用語の定義を示しています。

本書の焦点は、神学や宗教学の分野で注目されているキリスト教のクィア神学にあります。クィア理論は、批評的研究の中で成長しつつある分野です。英国の大学では、ジェンダー、セクシュアリティ、クィア研究についての講座が開かれています。講座はクィアであることを自認している教員が教えている場合もあれば、そうでない場合もあります。クィア理論は、芸術、人文科学、社会科学などの学問分野にわたって応用されています。私が本書の目的の一つにしたことは、クィア神学を形成してきた著者、テーマ、歴史、政治・社会運動(ムーヴメント、movement)、テクストをわかりやすく読者に紹介することにあります。もちろん、それらすべてが私の手によるものではありません! そこで本書では学術的な参考文献を多数紹介しています。

フェミニストやクィア理論の著者の間ではお決まり事なのですが、著作の中に著者の人となりを詳細に書くということがあります。これは、著者の立ち位置、境遇、そして論考にとって重要であると思われるアイデンティティなど、著者に関する背景を読者に提供するためなのです。この慣

1　専門用語を使わず、各分野の基本原理を概観できるラウトリッジ社発行のガイドブックのシリーズ。初めて学問に取り組む学生を対象に、学問の要点を紹介する。

習に従うと、私は、*シスジェンダー（cisgender）[2]で、ゲイで、クリスチャンで、クィア神学者です。とはいえ、「シスジェンダー」、「ゲイ」、「クリスチャン」、「*クィア（queer）」というそれぞれの属性表示が、私という人間を正確に表現しているわけではありません。たしかにいくつかの手がかりを示してはいるのでしょうが、その先には更なる疑問が生まれるのではないでしょうか。例えば、読者の皆さんは「ゲイ」の私が独身なのか、結婚しているのか、パートナーがいるのかと考えるでしょう。ゲイであることと、クリスチャンであることをどのように両立しているのだろうかと思うかもしれません。更には、クリスチャンだというけれど、本当に教会に通っているのだろうか、いったいどの教派なのだろうといぶかしく思うことでしょう。この本の文脈からすると、私は「リベラル」なクリスチャンと見なされているかもしれませんが、ゲイでクィアなクリスチャンとは、どのような人物だと思われるのでしょうか。先ほどは取り上げませんでしたが、他にも私のアイデンティティを示すものとして、人種、障害者かどうか、社会的階級などが挙げられるでしょう。多くの点で、これらの属性の一つを取り上げて、それで私という人物を表現することは、まず無理です。実はこのことは、「クィア」という用語についても同じことが言えるのです。「クィア」は、それを使う人たちを的確に表現することができない用語なのです。それは曖昧な言葉であり、「クィア」とは何かを満足のいくように特定することは不可能なのです。

　本書の内容を先取りして味わってもらうために、ここで次の三つの重要な問い、すなわち、（1）クィアとは何か、（2）神学とは何か、（3）なぜクィア神学は重要なのか、について概略しておきます。

## クィアとは何か？

「クィア」という用語は、当初は、「奇妙な（strange）」あるいは「常軌を逸した（odd）」という意味でした。しかし、のちにホモフォビア／同性愛嫌悪（homophobia）を示す罵倒の言葉として使われました（詳しい議論は、Namaste, 1999を参照）。侮辱を意味するこの言葉はのちに再利用され、レズビアン、ゲイ、バイセクシュアル、トランスジェンダー、その他のジェンダーやセクシュアリティの点で*非規範的（non-normative）であると自認する個人を表す言葉として使われるようになりました。「非規範的」というのは「正常ではない（non-normal）」という意味ではありません。性自認やセクシュアリティが伝統的・支配的なジェンダーやセックスに関する考えと一致しない人々を指すために用いられる重要で包括的な用語です。伝統的なジェンダーの理解は、ごく最近までは、男性か女性かという生物学的な性別に基づいていました。二元論というのは、対立する二つのことから構成されるシステムのことなのですが、ジェンダーに関して言うと、男性か女性かのどちらかであって、それ以外はないという二元論によって、理解され続けてきました。同様に、支配的なセクシュアリティとして*ヘテロセクシュアリティ／異性愛（heterosexuality）が特権的に扱われてきたわけです。

---

**2**　出生時に割り当てられた性別と、認識する自分の性が一致する人のこと。

幸いなことに、二一世紀になり、ジェンダーとセクシュアリティに対する人間の理解の根本的かつ重大な変化を目の当たりにするようになりました。この変化は、ジェンダー研究者とアクティヴィスト〔政治的・社会的活動家 activist〕の仕事のおかげです。ジェンダー研究者たちは、男性／女性という二元的なジェンダーに関する従来の見解が、いかに制限的であったかを見抜いたのです。ジェンダー研究において重要な批判的思考は、生物学的性別が自動的にジェンダーを決定するわけではないこと、そしてジェンダーは構成概念であることを明らかにしました（この議論は第1章で展開されます）。それゆえ、インターセックス*（intersex）、トランスジェンダー*（transgender）、トランスセクシュアル*（transsexual）、ノンバイナリー*（non-binary）、ジェンダーフルイド*（gender-fluid）、そしてクィアがジェンダーに関する理解の幅を広げています。ヘテロセクシュアリティ／異性愛に加え、ホモセクシュアリティ*／同性愛（homosexuality）、バイセクシュアリティ*（bisexuality）、パンセクシュアリティ*（pansexuality）、ポリセクシュアリティ*（polysexuality）、アセクシュアリティ*（asexuality）もすべて正当なセクシュアリティの自己認識のありようです。各用語の定義については、「用語集」を参照してください。

ジェンダー研究者の仕事は、ジェンダーやセクシュアリティに関するすべてのアイデンティティの平等を求めるアクティヴィストの仕事と並行して行われました。やがてアクティヴィストたちの政治・社会的運動は、特に心理学の専門用語において、非規範的とされるアイデンティティの捉え方に変化をもたらすようになりました。例えば、かつては、ゲイであることは精神上の疾患であると考えられていましたが今は違います。加えて、世界の多くの地域で、個人のジェンダーとセクシュアリティに関する権利が、今や法律によって保護される方向へと大きく変わってきています。「常軌を逸した」という意味での「クィア」の定義、そしてジェンダー／セクシュアリティに関する非規範的なアイデンティティの総称としての「クィア」の定義に加えて、第三の学術用語としての批判的な使い方が出現しました。この「クィア」は「混乱させる（disturb）」「攪乱する（disrupt）」という意味で用いられます。のちに批判的な観点として理論や神学に適用されたのが、この第三の定義です。この定義に立脚するクィアは、権力構造を明らかにし、解体することを呼びかけているのですが、更なる議論は第1章で取り扱います。

## 神学とは何か？

神学（Theology）とは、テオス（Theos 神）とロゴス（logos 言葉）という二つのギリシア語を組み合わせた言葉です。つまり、神学とは「神についての言葉」または「神について語ること」を意味します。キリスト教神学者は神について語り、語る際には聖書、初期の聖人たちの著作、教会の歴史、人間の理性などを典拠として用います。神学は、社会における宗教や文化における宗教の関係について検討するのですが、同様に、信仰と宗教に関する人間の経験、すなわち、人々が何を信じ、どのようにその信仰を実践しているかについても検討します。

本書は、「クィア神学」を探求するためにわかりやすい道筋を提供しています。クィア神学は、聖書をはじめとするキリスト教の伝統を攪乱し、キリスト教の伝統がいかに一部の集団を不利に扱ってきたかを論証しています。クィア神学者たちは、神学とキリスト教の思想・信仰・実践の歴史を再検討し、何がしかの意味でそれは常にクィアであった、という見解を述べます（例えば、Loughlin, 2007）。これについては、第2章において更に論じることにします。同時に、「クィア」神学は、規範的でないジェンダーとセクシュアリティに言及しており、この研究領域における神学者たちの主要な関心事の一つでした。明らかに、ＬＧＢＴＱ＋の文脈から生まれた重要な神学は、神学の発展やＬＧＢＴＱ＋の個人・ＬＧＢＴＱ＋の共同体に強い影響を及ぼしてきました。この意味で、クィア神学は変化のために働くラディカルな神学であると言えるでしょう。クィアは重要な問いを投げかけ、当たり前に受け入れられている考え方に挑み、そしてクィアな文脈から、新しくて、より包括的な神学を出現させるのです。これまで「クィア神学」は単数形（queer theology）で語られることが頻繁に行われてきたとはいえ、複数形（queer theologies）として語る方が多くの点でより適切でしょう。単数形で語ることによって、あたかもすべてのクィア神学者が同じことを語っているように誤解されかねないからです。あらゆる状況に対応する普遍的な単数形の「クィア神学」は存在しませんし、それぞれのクィア神学者が採用するアプローチが中立的であることは稀なのです。*

## なぜクィア神学は重要なのか？

クィア神学は、キリスト教が歴史を通してどのように構築されてきたかを検討し、どのような声や経験が排除されてきたかを問います。このことは、宗教に結びついた権力構造に動揺を与えます。そもそも神学は権力と結びついています。というのも、教会組織の中には権威構造があり、それが社会や文化に計り知れない影響を与えてきたもろもろの教えと聖書解釈を発展させてきたからなのです。クィア神学は、この権力に疑問を呈します。

世界には、性的に規範的でないことを公言することは犯罪であり、死刑になりかねないという地域があります。セクシュアリティの例を挙げると、国際レズビアン・ゲイ・バイセクシュアル・トランス・インターセックス協会[原註1]（ＩＬＧＡ）の二〇一九年のデータでは、同性愛を禁じる法律を支持する国が七〇か国あることが明らかになっています。更に五五か国は、性的指向に基づく差別から個人を保護することも、成人同士の同意に基づく同性間の行為を犯罪とすることもしていません。罰則は懲役から死刑まであります。宗教は、これらの文脈の中で、非規範的であると認識する人々を差別する正当な根拠として、時に用いられることがあります。それゆえ、偏見や不正義と戦い続けるために、アクティヴィストレベルで行うべきことはたくさんあります。また、法律による保護は多くの国で行われていますが、だからといってホモフォビアとトランスフォビア／トランス嫌悪（transphobia）による差別を根絶するものではないことも重要な点です。

コンテクスト神学者（contextual theologian）は、神について語るために、特定のコミュニティや経験、つまり文脈を検討します。コンテクスト神学（contextual theologies）[3]には、フェミニスト神学、

---

3　地理的、社会的、文化的、言語的などの文脈に深く関与する神学。

黒人神学、アジア系アメリカ人神学、解放の神学、障害者神学、ＬＧＢＴＱ＋神学などがあります。第3章では、グローバルな文脈におけるクィア神学について検討します。また、非規範的なジェンダーとセクシュアリティの受容に反対する宗教的立場を正当化するために、聖書が使用されてきたことから、第4章では、聖書におけるいわゆる「恐怖のテクスト（texts of terror）」について、より具体的に考察していきます。

教会組織は、非規範的な個人を敵視していると思われがちで、それはＬＧＢＴＱ＋の人々に対する教会組織の立場表明にも反映されています。これについては、第5章で詳しく述べます。クィアとして自己を認識した人々の生の体験に関わることで、人が学び、共感し、個人であれ、組織レベルであれ、変化をもたらすことができるようになることが期待されています。クィア神学は境界を押し広げます。それゆえ、クィア神学の適用可能性とその影響は、同性愛、トランスジェンダー、結婚を構成するもの、「家族」の概念に関する議論に関連します。そして、クィア神学は、現代のキリスト教に向かって疑問を投げかけ、その長年の考え方を揺るがすものとなります。「クィア」という言葉が侮蔑的に用いられていたことからわかるように、教会から敵意や拒絶を受け、信仰から遠ざかっている人々が多数存在しています。この人々に対して、クィア神学はキリスト教の中心であるはずのラディカルな愛を思い出させるのです（Cheng, 2011）。このようにクィア神学は公的に対する私的なレベルにおいても、社会集団に対する個人的なレベルにおいても重要なのです。

## クィアな宗教リテラシー

「クィア」という言葉や、ジェンダーやセクシュアリティに関する議論に参加する際には、不安な気持ちになることがありえます。LGBTQIAA（レズビアン、ゲイ、バイセクシュアル、トランスジェンダー、クィア／[*]クエスチョニング（questioning）、インターセックス、アセクシュアル、[*]アライ（ally））など、特にLGBTQ+の頭文字が増え続ける中、ジェンダーやセクシュアリティの認識に関する言葉にはしばしば困惑させられることがあります。[原註2] これらの用語の理解が不足していたり、あるいは間違った使い方をしたりして他者を動揺させる恐れがある場合、人はジェンダーやセクシュアリティに関する重要な議論や会話に尻込みしてしまうことがあります。また、議論が行われたとしても、激しいものになったり、誤った仮定に基づいたものになったりすることもあります。それゆえ、クィア・スタディーズに関わる際に、「リテラシー」を持つことが重要となるのです。ただし、クィア・リテラシーとは、単にジェンダーやセクシュアリティのアイデンティティに関する用語を知っているという意味ではなく、より深く関わり、学ぶための能力と開放性を持つことを意味します（Edward & Greenough, 2019）。

クィア・リテラシーの考え方は、宗教リテラシーの考え方と連動させることができます。アダム・ディナム（Adam Dinham）とマシュー・フランシス（Matthew Francis）は、「宗教を不安や緊張から遠ざけ、代わりに、あまりにも広く、あまりにも興味深く、あまりにも微妙なもので、話すにはリスクが大きすぎると見なす」（Dinham & Francis, 2016: 3）ための「宗教リテラシー」の促進を提唱しています。ディナムとフランシスにとって、宗教リテラシーは論争の的になるトピックの過熱を冷まし、そのような問題にもっと光を当てようとするものです。宗教は、一人一人の個人的な信条とは関係なく、社会のあらゆる側面、設定、部門に浸透しているため、現実の問題に直結します。より重要なのは、ディナムとフランシスが個人的、実践的なレベルで宗教の重要性を強調し、宗教リテラシーがいかに「関わる人々の互いの立場や議論の実践をより深く理解し、深く豊かな関係」（2016: 45）を可能にするかを述べていることにあります。このことは、クィア神学と宗教リテラシーを関連づける際に不可欠な要素であるのです。

宗教リテラシーを身につけることは、個人が宗教的であることを要求するものではなく、公的生活の中で宗教を促進することを目的とするものでもありません。このリテラシーを身につけることで、人々は（信仰心の有無を問わず）、論争の的になりそうな問題であったとしても、十分な情報を得た上で自信を持って会話に参加することができるようになるのです。クィアな宗教リテラシーは、このような問題に正面から取り組みます。伝統的な神学に焦点を当てるというより、「クリスチャン」や「クィア」というアイデンティティに共通の固定した表現がないことを認識するものです。非規範的な生に関わることで、宗教が社会制度的なレベルではなく、個人的なレベルにおいていかに重要であるかを示しています。

## 原註

1　https:// ilga.org/maps-sexual-orientation-laws を参照のこと。情報は定期的に更新されている。

2　本書ではＬＧＢＴＱ＋を使用する。

## 文献リスト


Cheng, P. S. (2011) *Radical Love: An Introduction to Queer Theology*. New York: Seabury Books.〔パトリック・S・チェン著『ラディカル・ラブ——クィア神学入門』工藤万里江訳、新教出版社、二〇一四年〕

Dinham, A. and Francis, M. (2016) *Religious Literacy in Policy and Practice*. Bristol: Policy Press.

Edward, M. and Greenough, C. (2019) 'Opening Closets: Visibility, Representation and LGBT+ Research Ethics', in Iphofen, R. (Ed.) *Handbook* of *Research Ethics and Scientific Integrity*. London: Springer [online first].

Loughlin, G. (Ed.) (2007) *Queer Theology: Rethinking the Western Body*. London: Blackwell.

Namaste, V. K. (1999) The use and abuse of queer tropes: Metaphor and catachresls in queer theory and politics. *Social Semiotics*, 9 (2), pp. 213-234.

クィア神学入門

# 第1章　様々なクィア神学の発展

第1章では、クィア神学の発展を手短かにかつ大まかに辿ります。クィア神学は、現代の解放の諸神学とクィア理論から時系列的に続くものです。ドイツの神学者でかつ哲学者であるフリードリヒ・シュライアマハー（Friedrich Schleiermacher）は、イマヌエル・カント（Immanuel Kant）の哲学的原理（philosophical principles）を足掛かりにし、カントの原理を用いて、神学と宗教に対する人間の理解は個人の経験に結びついていることを主張しました。本章では、クィア神学の発展における三つの主要な神学の展開から考察します。この三つの神学とは、解放の神学・フェミニスト神学・レズビアンとゲイの神学です。[1] 発展の時期のみならず、社会正義を追求するアクティヴィズム（activism）によって組織されたという点においても三者には共通点があります。クィア神学が知られるようになる前、解放の神学とフェミニスト神学は、平等、正義そして包摂を巡る問題に関心を寄せていました。一九六〇年代後半から、ゲイとレズビアンのアクティヴィズムは、権力側の非異性愛者に対する不正や不当な扱いを強調し、それに応答するものでした。同じ頃、初期のゲイとレズビアンの神学が現れ始めました。解放の運動を反映し、レズビアンやゲイの人たち*を包摂する空間をキリスト教内に見出そうとしました。一九九〇年代には、フェミニスト、ウーマニスト

（womanist）、ポストモダンの思想に影響を受けて、「クィア理論」という言葉が生まれました。そこで本章では、クィア理論家として知られるようになった人々の台頭と課題、そしてクィア理論の機能について簡単に概観します。これらフェミニスト、ウーマニスト、ポストモダンの思想の領域から洞察することは、クィア神学が花開くための肥沃な土壌となりました。クィア神学の先達とその台頭を概観するにあたり、より詳細な内容を提供するだけの十分な紙幅がありません。読者の皆さんには、章末の参考文献を読んで、本書で書き切れなかった内容を補填してくださることを期待します。

## 解放の神学

解放の神学は、一九六〇年代にラテンアメリカで発展しました。国民に対して国家に完全に服従することを求める、独裁政権と非民主的な政権に特徴づけられる時代でした。解放の神学の主たる関心は、貧しい人々や抑圧された人々に向けられていました。欧米諸国の支配的な神学とは際立って対照的に、解放の神学は、福音書にあるイエスの解放のメッセージを現実のものと受け止めていました。イエスが解放者であるという考えは、貧困と抑圧の中で生きる人々にとって重要なメッセージでした。それゆえ、伝統的な神学が特権階級の人々あるいは裕福な人々の社会的文脈において

1　これ以降、著者は〈レズビアンとゲイの神学〉と〈ゲイとレズビアンの神学〉を区別なく使用していく。

生み出されていること、そしてそれと対照的に、飢餓と迫害が世界の大多数の人々の社会的、経済的立場を特徴づけていることを、解放の神学は暴いています。

一九七一年、ペルーの神学者グスタボ・グティエレス（Gustavo Gutiérrez）は、『解放の神学（*A Theology of Liberation*）』〔関望・山田経三訳、岩波書店、一九八五／二〇〇〇年〕を発表しました。グティエレスは、解放の神学の中心的な主題となった、神は「貧しい者への優先的な選択（preferential option for the poor）」を持っておられたという言葉を社会に広めました。経済的正義、人権、そして貧困撲滅を求める戦いにおいて、解放の神学は、神が、いかに虐げられ、疎外された人々の味方であったかを示す聖書の物語に注目します。イヴァン・ペトレッラ（Ivan Petrella）は、グティエレスの神学がいかに実用的であったかとし、「神学は第二段階であり、周縁化されたコミュニティのもがきへの取り組みと関与（participation）が第一段階である」（Petrella, 2007: 162）とコメントしています。

解放の神学の展開は、ローマ・カトリック教会*（Catholic Church）に批判されました。一九七九年、ローマ教皇ヨハネ・パウロ二世（John Paul II）は、解放の神学が非宗教的なマルクス主義にあまりにも近いと表明しました。マルクス主義とは、カール・マルクス（Karl Marx）の経済学と哲学の著作に基づき、社会階級と闘争が、いかに富とそれを生み出す強力なシステムの結果であるかを明らかにしたものです。抑圧され、疎外された人々の解放という考えは、フェミニスト神学やゲイとレズビアンの神学で用いられる観点（lens）となりました。これらの神学は、コンテクスト神学、すなわち、特定の社会的文脈や経験に根差した神学として知られています。

## フェミニスト神学

一九世紀末から二〇世紀初頭にかけて、第一波フェミニズム*（first-wave feminism）が、西欧諸国における女性の平等論争を前進させました。女性に投票する権利を与えること（参政権）と、男性に有利で偏った法的不平等にその焦点が置かれました。例えば、財産所有権を求めて闘った結果、一八八二年に英国で女性の財産所有権が認められることになりました。それでも、第二波フェミニズム*（second-wave feminism）がセクシュアリティ、職場の権利、生殖に関する権利、家族における女性の役割など、更に重要で時勢に合った問題に目を向けたのは一九六〇年代に入ってからのことでした。なお、キリスト教との関係でフェミニストが懸案事項に声を上げたのは、約二〇年続いたこの第二波フェミニズムの時期でした。このようにして、フェミニスト神学という考え方が発展したのです。

フェミニスト神学は、キリスト教会における女性の役割を明らかにし、挑戦しています。イエスとその弟子たちが男性であったという事実は、伝統的に、教会における女性の従属性を正当化するために使われてきました。例えば、なぜ女性は司祭になることができないかという理由などにおいてでした。フェミニスト神学は、フェミニスト聖書解釈によって聖書における女性の役割を、隅から隅まで再検討してきました。研究者たちは、イエスの時代の福音書の物語に登場する女性たちについて、原始教会の発展における女性たちと同様に考察してきました。フェミニスト神学は、神学がいかに男性の経験に基づく前提と実践にどっぷり浸かっているか、また、神学がいかに圧倒的に男性によって著されたものであるかを暴いています。家父長制[*]（patriarchy）とは、男性が特権的な権力者であり、女性は支配されるというシステムのことなのですが、フェミニスト神学の課題は、家父長制の神学を崩壊させることにあります。したがって、フェミニスト神学は、神学の根源として、女性の経験を優先させ、促進する方法論を展開しました。女性の経験には、母性、出産、性的暴力、レズビアンの議論が含まれます。女性の経験という切り口は、伝統的な神学がいかに女性に対する抑圧の源であったかを浮き彫りにしています。

フェミニスト神学が登場した当時、最も著名な発言者の一人がメアリ・デイリー（Mary Daly）です。一九六九年にデイリーが出版した『教会と第二の性（*The Church and the Second Sex*）』〔岩田澄子訳、未来社、一九八一年〕は、カトリック教会に対する批判でした。この批判は、教会がいかに女性を柱・像などを立たせるための台座（pedestal）に乗せ、同時にその台座が女性を見えなくしているかという観察からなされたものです。デイリーは、「女性をたてまつっておきたい人たち（Pedestal Peddlers）」という章を設け[2]、女性が無私であること、隠れていること、そして母性や妻としての充足感を得ることがいかに奨励されているかを分析しています。キリスト教における女性の役割は、教会で崇拝されるマリアのように、受動的で沈黙することであるとデイリーは暴いているのです。

『教会と第二の性』の五年後、デイリーはより根元的な探求を行いました。一九七三年、デイリーは『父なる神を超えて（*Beyond God the Father*）』を著し、家父長制のモデルとしてのキリスト教の伝統を批判したのです。デイリーは、神について語る時に使われる言葉がいかに男性的であるか（God the Father／父なる神、God the Son／息子なる神）[3]、そしてその言葉がいかに女性にとって障害（obstacle）となるかを明らかにしました。キリスト教における家父長制はデイリーによって暴かれ、「もし神が男性ならば、男性が神である（if God is male then male is God）」（Daly, 1973: 19）とデイリーは述べています。衝撃的なことに、デイリーは、フェミニスト神学の課題はキリスト教の男性神を去勢することであると主張します。この男性神がいかに抑圧の源であり、家父長制の暗黙の了解であるかをデイリーは示すのです。また、フェミニストたちにエバ（Eve）を取り戻すよう求めます。聖書の冒頭にある創世記の物語の中で、エバは誘惑、罪、死と関連づけられています。デイリーは、フェミニスト神学者に、女性（エバ）と悪との結びつきを悪魔祓いによって追い払うよう求めています。「社会的地位としての女性は〈エバ〉であり、あらゆるところに行き渡ったダブルスタンダードを強いる一連の法律、慣習、社会的取り決めによって裁かれる」（1973: 62）とデイリーは書いています。

デイリーは、イエスを男性神（the God-man）として言及することで、イエスの男性性の問題点を暴きます。「神のイメージ」が男性であり、それが政策や社会における男性の役割に反映されているということが問題なのです。このように考えると、イエスの男性性は、性的ヒエラルキーや家

---

2　原著ではChapter 4であるが、原著のChapter 3. Winds of Changeが邦訳書に訳出されていないため、第三章「女性をたてまつっておきたい人たち」が該当する。

3　日本語では「子なる神」となるが、日本語においても「子」が特に男児を指す用法はあった。

父長制と結託していることになります。偶像崇拝が偽りの神や偶像を崇拝することと定義されるなら、デイリーの「キリスト崇拝（Christolatry）」は、イエスを崇拝することが男性を崇拝することに等しいことを明らかにしています。デイリーによれば、女性は、男性救世主の形をとった受肉[*]（incarnation）という考えを受け入れることはできないのです。

イエスが男性であることにこのような懸念を抱いていたのは、デイリーだけではありませんでした。ローズマリー・ラドフォード・リューサー（Rosemary Radford Ruether）は一九八三年に出版した『性差別と神の語りかけ――フェミニスト神学の試み（*Sexism and God-Talk: Toward a Feminist Theology*）』〔小檜山ルイ訳、新教出版社、一九九六年〕において、デイリーの懸念に取り組んでいます。リューサーは、「男性の救い主は女性を救うことができるのか（Can a male savior save women?）」（1983: 116）〔小檜山訳、一六四頁〕という有名な問いかけをしています。リューサーは、女性の経験が神学から事実上排除されてきたこと、そして神学が人間の経験ではなく、男性の経験に基づいていることを暴いているのです。リューサーは次のように言います。

> フェミニスト神学の特徴は経験という基準を用いるところにあるのではなく、女性の経験を用いるところにある。過去の神学的考察においてそれは全く無視されてきたため、こうしたフェミニスト神学の在り方は古典的な神学への鋭い批判となる。つまり、古典神学はその体系化された伝統も含めて、男性の経験に基づいているのであり、普遍的な人間の経験に基づいているのではないことを、フェミニスト神学は明らかにする。（Ruether, 1983: 13）〔小檜山訳、三六頁〕

「男性の救い主は女性を救うことができるのか」というリューサー自身の問いに対する答えは、解放の神学に見られる考えと類似しています。というのも、リューサーはキリストを解放者として想定しているからです。この解放者としての役割において、キリストは貧しい人々を解放するのと同じように、女性を抑圧から解放します。キリスト教の正義の思想は、それゆえ、女性にも適用され得ます。「フェミニスト神学による批判の原則は、女性の人間性を高めることである」(1983: 18)〔小檜山訳、四二頁〕と述べるように、リューサーは、フェミニスト神学にとって重要な課題を打ち出しています。リューサーの目的は、キリスト教において軽視されてきた女性の貢献と信念という側面を回復することにありました。神学はフェミニストの基本概念と女性の経験によって構築されうるのです。

神について語る言語が男性性を帯びているという考えは、フェミニスト神学において依然として問題視されていました。サリー・マクフェイグ(Sally McFague)は、神を表現するために男性中心的な言語が使用されていることに懸念を表明し、そのような言語使用は比喩であると主張し、「神学はほとんどフィクション」(McFague, 1987: xi)であることを言明します。マクフェイグは、神を、母親、恋人、友人として想定し、神を指す際に女性の代名詞(she/her)を使います。このように、フェミニスト神学は、伝統的な神の概念に挑戦するのです。

フェミニズム*(feminism)とキリスト教の家父長制の伝統との間における緊張関係は、修復不可能なものであると捉える研究者もいます。一九九〇年に『神学とフェミニズム(*Theology and*

*Feminism*）』を著したダフネ・ハンプソン（Daphne Hampson）は、キリスト教神学とフェミニズムは相容れないという結論に達しています。ハンプソンにとって、キリスト教における性差別は、フェミニスト神学者の仕事にもかかわらず、修復不可能なものでした。「クリスチャンのフェミニストは芝居の役者を変えようとするが、私が望むのは全く違う脚本だ、とある観察力のある友人と話したことがある」（Hampson, 1990: 162）と述べています。キリスト教神学とフェミニズムの相容れなさゆえに、ハンプソンは自分の神学を「ポスト・クリスチャン（post-Christian）」*と表現します。ポスト・クリスチャンを名乗ることで、キリスト教の言語やキリスト教の前提から距離を置いたことを意味するのです。

## レズビアンとゲイの生

一九四〇年代後半から一九五〇年代前半にかけて、人間の性に関する科学的研究によって性行動に関する先駆的な見識が明らかになりました。性科学者のアルフレッド・キンゼイ（Alfred Kinsey）は、人間のセクシュアリティに関する二つの主要な研究プロジェクトを行いました（Kinsey et al., 1948; Kinsey et al., 1953）。出版当時、英国と米国では同性愛者であることは違法でした。そのことを重要なこととしてここで指摘しておきます。キンゼイの研究結果は、新しい見解を導きました。第一に、生物学上の生殖器はセクシュアリティと一致しないこと、第二に、セクシュアリティはヘテロセクシュアル／ホモセクシュアルの二つから成るバイナリー*（binary）に限定されるのではなく、むしろ性的連続性があるということです。

この研究にもかかわらず、同性愛に関する歴史において、かつてはゲイやレズビアンであることが心理的な障害と見なされ、病気のように扱われていました。ゲイであることは、病気であることでした。医学は、病気のゲイやレズビアンを健康な異性愛者に変えることを目的として、病気の治療法を確立しようと介入しました。この当時、「治療」のための処置は非常に侵襲的であり、肉体的・心理的ダメージが持続するものでした。ゲイ男性が去勢され、レズビアンが外性器切除を受けた例もあります。一方、「治療」の目的でショック療法や催眠療法も、実験的に用いられました。また、精神的な介入を用い、同性愛者を異性愛者に転向させようとする「ゲイ・コンヴァージョン・セラピー（gay conversion therapy）」の実践にも及んでいます。

フェミニストのアクティヴィズムを背景にして、レズビアンやゲイの政治的な運動が、アンチ・ゲイ（anti-gay）の法制度に立ち向かうようになりました。その代表的なものが、ニューヨークのバー、「ストーンウォール・イン（the Stone Wall Inn）」で起こった「ストーンウォール事件（the Stone Wall riots）」です。このバーは、ゲイやレズビアンの客にとって安全であり、尊重される場として知られていましたが、日常的に警察の手入れを受けていました。一九六九年六月二八日、警察が踏み込んだ際に、常連客たちが警察の嫌がらせに反撃し、これが四日間にわたる激しい暴動につながりました。ストーンウォール事件のニュースは多くの人に伝わり、アクティヴィズムへの呼び水となりました。歴史家や人類学者は、ストーンウォールの出来事を記録しようとする際に矛盾があることを認識しています。ストーンウォールを経験した世代は、一九八〇年代のエイズ危機で死亡していること、事件は計画的に行われたものではなかったこと、その場にいた人々は酩酊していたこと、多くの人々がＬＧＢＴＱ＋の歴史における重要な出来事として認識しているゆえに、本当はそこにいなかったのに、そこにいたと主張していること、などです（Carter, 2004 を参照）。実際に起きた出来事についての議論はさておき、ストーンウォールは間違いなく、ＬＧＢＴＱ＋に力を与える大きな転換点となりました。ゲイの権利団体は、性的解放を求めるアクティヴィストからなる「ゲイ解放戦線（GLF: the Gay Liberation Front）」をはじめ、全米に広がっていきました。ＧＬＦは英国やカナダにも広がり、一九七〇年には暴動から一年を記念して、ニューヨークで最初のゲイ・プライド・イベントが開催されました。一九七一年までに、プライド・イベントは米国の多くの州や、ロンドン、パリ、西ベルリンなどのヨーロッパの都市で開催されました。ゲイやレズビアンの解放運動が、プライド（Pride）として認知されるイベントに向かって進展したのに対し、多くの人にとって、同性への性的指向には依然として、個人的にも社会的にも恥ずべきものというレッテルが貼られていました。おそらくプライド・イベントの目的は、恥ずべきものという内面的な感情に対抗することにあったのでしょう。感情としての「プライド〔誇り〕」は、「恥ずべきもの」という否定的な感情の対抗勢力となります。「恥ずべきもの」という認識は、それ自体がＬＧＢＴＱ＋の人々に感情的、心理的な影響をもたらします。それゆえに、しばしば隠れるようにして生き、家族、友人、同僚との関係をオープンにしないことがあります。この「恥ずべきもの」は、宗教的・精神的、また内面的な葛藤にもなりうるのです。

## ゲイとレズビアンの神学

ゲイやレズビアンの解放の運動と並行して、神学においてもレズビアンとゲイの声が語られるようになりました。スザンナ・コーンウォール（Susannah Cornwall）が、レズビアンとゲイの神学を生み出した人々がいかに活動的な預言者であったかと次のように指摘するのはもっともなことです。

レズビアンとゲイの神学、そして長年にわたってこれらの神学を作り上げ、ともに生きてきた人々は、非異性愛者の生や非異性愛者の関係における神の良い働きを証する存在として、預言者の役割を担い続けている。（Cornwall, 2011: 68）

クィア神学の系譜は、多くの面において、解放の神学、フェミニスト神学、そしてレズビアンとゲイの神学によって拓かれた道筋を辿ることができます。ゲイとレズビアンの神学の最も初期の一つは、『ゲイは善か――倫理、神学そしてホモセクシュアリティ（*Is Gay Good ? Ethics, Theology and Homosexuality*）』（Oberholtzer, ed., 1971）と題された論文集で一九七一年に出版されました。倫理、牧会的対応、キリスト教の立場、教会の役割、そして愛という神学的観念の問題を検討しています。その中で、デル・マーティン（Del Martin）とフィリス・リヨン（Phyllis Lyon）[4]は、「神学へのレズビアン・アプローチ（A Lesbian Approach to Theology）」と題する重要な論文を著しました。二人は米国に住むレズビアンのカップルで、フェミニスト運動と同性愛者の権利運動に献身していました。その論文は、「同性愛者も神の子である」（Martin & Lyon, 1971: 219）ということを思い起こさせるものでした。

米国では、その後数十年の間にゲイの男性神学者たちも、アクティヴィストの精神に則り、ペンを走らせるようになりました。ゲイリー・デイヴィッド・コムストック（Gary David Comstock）は『弁明なきゲイ神学（*Gay Theology Without Apology*）』（Comstock, 1993）を執筆しました。コムストックは、神学と教会の教えがゲイ男性に与える否定的な影響を、身の上話の形をとって明確に表現しました。聖書の解釈は異性愛主義と家父長制に染まっており、それはゲイ男性やレズビアンにとって有害であると述べています。

> したがって、このような家父長制の枠組みの中では、レズビアンやゲイ男性は、自分たちを悪者扱いする聖句を見つけても驚いてはいけない。しかし、私たちは、同性愛を非難し、レズビアンやゲイ男性を攻撃しているように見える聖書箇所を弁明（apologize）しがちであった（Comstock, 1993: 38）。

親密な関係が共同体の源であるというテーマは、コムストックのテクストを貫いており、人間関係は神によってつながっていると洞察しています。「私たちは人間関係の中で創造され、破壊されると私は信じている。神は私たちの関係における相互性と互恵性であり、私たちをまとめ、和解させ、創造する説得力と変革の力である」（1993: 127）とコムストックは、述べています。

英国では、ショーン・ギル（Sean Gill）が論文集『レズビアンとゲイのクリスチャンのムーヴメント（*The Lesbian and Gay Christian Movement*）』（Gill, 1998）を編集しました。その中で、米国を拠点とする研究者のロバート・ゴス（Robert Goss）は、フェミニスト神学者やゲイやレズビアンのクリスチャンたちの、ポスト・クリスチャンへの転向を論じています。主流の教派を離れ、亡命（exile）のような形で行動に移したわけですが、このことをゴスは、「タイタニックのデッキチェアーを並べ替えるようなものだ」[5]（Goss, 1998: 192）と述べています。ゴスは、「暴力の遺産から免れ、レズビアンやゲイのスピリチュアルなニーズへの不適切な対応から自由になるキリスト教を創造できるか？」（1998: 192）と問いかけます。この問いは、レズビアンとゲイの神学が課題とすることの一部を下支えしています。

性的正義（sexual justice）[6]を探し求める中で、レズビアンとゲイのアクティヴィストたちは協働していました。この協働は多くの点で有益でしたが、レズビアンとゲイの経験の弱体化を懸念する

**4** 米国カリフォルニア州で同性カップルによる結婚が合法化された二〇〇八年六月一六日、サンフランシスコ市役所で、ギャビン・ニューソム市長の立ち会いのもと、結婚式を挙げる。

**5** 現在の問題の解決に何の貢献もしないことをすること。

**6** 性的正義とは、セクシュアリティに関して個人を公正かつ公平に扱うことを指す。

声もありました。「レズビアンとゲイ」と一つの括りにすることによって、それぞれのアイデンティティが希薄化され、失われてしまったのです。エリザベス・スチュアート（Elizabeth Stuart）は、ゲイの神学とレズビアンの神学の間の緊張関係を次のように強調しています。

> ゲイの神学は、一九七〇年代にゲイのクリスチャンがゲイ解放の運動について神学的考察を始めたことから始まった。その初期には、レズビアンについて、またレズビアンの代わりに神学を行うことができると感じていた男性たちによる考察が主流であった。（Stuart, 2003: 15）

実際、この緊張関係は、発言権を主張することにとどまりませんでした。レズビアンとゲイは一体となって、ホモフォビアや*ヘテロセクシズム／異性愛主義（heterosexism）に対して闘争していたのですが、その一方で、ゲイ男性が家父長制の問題と結びついたままであり、依然として男性の特権を享受していることに気づいたフェミニストたちがいました。スチュアートは、ゲイ男性が「家父長制の構造に関与していると認識されていた」（Stuart, 2003: 7）ことに気づいています。その他にも、ゲイとレズビアンの神学の間に横たわる緊張について次のように説明しています。

> 極めて大雑把に言えば、ゲイ男性はしばしばキリスト教という食卓に居場所を求めようとし、そのために既に存在し受け入れられている神学の概念や議論を利用することで満足しているようであった。しかし、レズビアンの神学は、そのテーブルそのものをひっくり返そうとした。

レズビアンの神学は、キリスト教神学が、家父長制、人種差別、異性愛、その他の排除的な信念や実践にあまりにも深く根差していること、そして、真に解放されるのであれば、キリスト教神学を再構築しなければならないと主張したのである。(Stuart, 1997: 2-3)

西暦二〇〇〇年前後に生み出されたゲイとレズビアンの神学において、クィア理論とクィア神学の影響が根付き始めていたことは明らかです。例えば、ゴスの『ジーザス・アクティッド・アップ――ゲイとレズビアンのマニフェスト(*Jesus Acted Up: A Gay and Lesbian Manifesto*)』(Goss, 1993)では、政治的な意味でクィアという言葉を使用しています。それはアクティヴィストの政治・社会的運動での使用を反映していました。クィアという用語を積極的なアクティヴィズムの表現として使ったのです。ゴスは、マニフェストの中で、ホモフォビア、HIV/AIDS、性的正義というテーマに取り組んでいます。解放の神学やフェミニスト神学の考えと同様に、家父長制という伝統的神学によって形成されたキリストを抑圧者として、しかしイエスという人物を解放者としてゴスは見ています。マニフェストでは実践神学への関与を伴い、クィア・クリスチャン・コミュニティにおいてクリスチャンがどのように信仰を生きることができるかを探求しています。最終章で、「クィアの怒りは聖なる怒りである。今こそ怒る時だ……クィア・クリスチャンはイエスの歩みに従う必要がある……クィア・クリスチャンは教会に対して行動し、教会の持つ嫌悪の情(hatred)を止める必要がある」(Goss, 1993: 177)と述べます。

ゲイとレズビアンの神学とクィア神学の間の決定的な移行期に関して、その一例がスチュアートの『ゲイとレズビアンの神学――決定的な違いを持った反復（*Gay and Lesbian theologies: Repetitions with Critical Difference*）』（Stuart, 2003）に見られます。[7] これは、ゲイとレズビアンの神学がクィア神学とどのように異なるかを明らかにする優れた橋渡し的なテクストです。スチュアートは、ゲイとレズビアンの神学がいかに行き詰まっており、新機軸を打ち出す必要があったかを説明しています。「ゲイとレズビアンの神学は神学的崩壊の状態に達し、それは、繰り返して現れるという傾向に見られる」（2003: 11）。スチュアートはフランス語の répétition という言葉を用いていますが、これは英語では「反復」という意味に加え、「リハーサル」という意味もあります。ゲイとレズビアンの神学がいかにリハーサルとして、「神学的に新機軸を打ちだすための準備」として機能してきたかをスチュアートは述べています（2003: 11）。この斬新な神学は、クィア神学、あるいは、複数形のクィア神学（queer theologies）として登場します。

## クィア理論の台頭

クィア理論の台頭は、二〇世紀の批評家たちの変革の輝きに根差した発展としてのみ捉えられるべきものではありません。クィア理論は、先に述べた第二波フェミニズムやゲイ・レズビアン解放の運動などのアクティヴィズムとともに発展してきました。アカデミックな場で芽生え始めた理論は、当時の社会的・政治的情勢によって育まれたのです。

クィア理論は、二元論的なジェンダーやセクシュアル・アイデンティティという長い間信じられてきた概念を攪乱するものです。理論としては、その複雑な言語と思想で知られています。この哲学的領域への「入り口」を提供するために、本節では、「クィア理論」の出現に先行し、影響を与えた哲学思想の発展について、ごく基本的な部分を辿るとともに、クィアが課題とすることについて説明していきます。

二〇世紀半ばのヨーロッパでは「構造主義（structuralism）」が、人間の生活や文化がより広範な構造との関係でどのように理解されているかを探求する人気のある手法でした。つまり、「もの」を個別のものとして見るのではなく、もの同士の関係に着目したのが構造主義だったのです。一例を挙げると、「光」という言葉は「闇」との関係において存在しています。つまり、「光」という言葉自体が、それが何であるかを記述するだけでなく、それが何でないかも記述するのです。この関係は、構造の中に物事を位置づけるのに役立ちます。ある一面において、ある対象を名付けるということは、存在と不在の両方を記述することだと構造主義は主張します。したがって、意味の制約を探求するために構造主義は働くと言えます。フェルディナン・ド・ソシュール（Ferdinand de Saussure）は、この区別を「シニフィアン（signifier／仏語 signifiant）」と「シニフィエ（signified／仏語 signifié）」として説明しました。シニフィアンとは、例えば「光」という単語のように、表わすもの（the word used）です。シニフィエとは、言葉そのものを越えて広がる精神的な概念のこ

7　日本語で読める関連文献として、工藤万里江『クィア神学の挑戦——クィア、フェミニズム、キリスト教』新教出版社、二〇二二年。第三章「キリスト教とはクィアなもの——エリザベス・スチュアート」が詳しい。

とです。「闇」は、シニフィエに該当する概念です。赤いバラが愛を象徴するのもシニフィアンとシニフィエの関係の例です。このようにシステムや構造に注目することで、対象を二元的な構造で理解することにつながります。その最もわかりやすい例が「男性／女性」です。構造主義は、システム、安定性、秩序、規則、規律に基づく方法でした。

ソシュールや構造主義的な思考を経て、ポスト構造主義*（post-structuralism）は、こうした安定した普遍的な真理の主張に対抗し、二元的な構造だけでなく、もっと多くの可能性があると主張したのです。アルジェリア出身の哲学者ジャック・デリダ（Jacques Derrida）は、一九六〇年代のフランスでポスト構造主義に関わる主要な人物の一人でした。デリダは、しばしば「脱構築*（deconstruction）の父」と呼ばれます。それは、デリダの脱構築の方法が、学問分野の枠を超えて研究に大きな影響を与え始めたからでした。デリダなら、脱構築の方法を定義することは不可能であると主張するでしょう。デリダは、ポスト構造主義において、定義がいかに危険なものであるかを明らかにしました。なぜなら、定義というのは、あるものが、何を意味するのかを指し示すものではなく、どのようにそれを意味するようになったかを指し示すものだからです。したがって、脱構築は、通常かつ受容されたテクストの読み方に逆らうものでした。この意味におけるテクストとは、単に文学的な文書を意味するのではありません。そうではなくて、様々なコンテクスト（*context*）〔社会的文脈〕を含みます。テクストは、出来事、状況、メディア、人々でありうるのです。コンテクストとは、私たちが誰であるか、どこにいるか、いついるのかに言及します。コンテクストが異なれば、解釈する可能性も異なります。したがって、真の構造、真の真実は存在しません。テクストやコンテクストを解釈する可能性は複数存在するのです。脱構築とは、テクストがどのように意味を獲得し、そしてその意味がどのように不安定であるかに関与する方法です。デリダは、「コンテクスト外なるものは存在しない〈there is no out-of-context〉(il n'y a pas de hors-texte)」という言葉で有名です。[8] 極言すると、デリダは、テクストは私たちが望む通りの意味を持ち、私たちは、私たちの立場——誰であるか、どこにいるか、いついるか——からテクストの意味に到達するのだと主張しています。つまり、テクストそのものには最終決定権がなく、最終目的地もないのです。

ポスト構造主義者はテクストを脱構築します。脱構築という方法は、西洋文化に挑戦することであって、新興の哲学ムーヴメントにおける主要な概念でした。脱構築は、社会的文脈に注目することによって、当然のことと想定されていた「正常」の意味を問いました。「構造」が実際には普遍ではないことを示すことによって、二項対立やヒエラルキーを排除したのです。私たちが何者であ

**8** Derrida, Jacques (1967) *De la Grammatologie*. Paris : Édions de Minuit, p.227.『根源の彼方に——グラマトロジーについて(下)』足立和浩訳、現代思潮社、一九七二年、三六頁においては、「テクスト外なるものは存在しない」と訳されている。フランス語の原文どおりである。英訳では、〈there is no out-of-text〉となるはずである。一九七六年に英訳をしたスピヴァクも、原典を引いて、There is nothing outside of the text [there is no outside-text; il n'y a pas de hors-texte].(Spivak, Gayatri Chakravorty (1976) *Of grammatology*, Baltimore : Johns Hopkins University Press, p.158) としている。その後、デリダ研究が進むにつれて、ここでデリダが意味しているのはテクストではなく、コンテクストであるという理解に転換したようである。したがって、本書の著者に倣い、ここでは「コンテクスト外なるものは存在しない」と訳す。参考　https://philpapers.org/rec/DEUINA-2

るかについて、単一の真理は存在しません。複数の解釈が存在するのです。したがって、ポスト構造主義の思想は、例えば科学や宗教の、真理に対する主張に対して非常に批判的です。

本質主義（essentialism）とは、ある一連の特徴を記述するために使われる用語です。そしてアイデンティティ「グループ」を示します。二〇世紀には、フランスの著名な哲学者たち（サルトル：Jean-Paul Sartre、ボーヴォワール：Simone de Beauvoir、カミュ：Albert Camus、メルロ＝ポンティ：Maurice Merleau-Ponty）が、人のアイデンティティは生まれながらにして決まっているという考え（生物学的本質主義：biological essentialism）に疑問を投げかけました。また、アイデンティティは幼少期の体験を通じて形成されるという考え（社会的本質主義：social essentialism）にも疑問を抱きました。脱構築は、人種、ジェンダー、セクシュアリティ、階級といったアイデンティティにおける本質主義に挑戦するものです。アイデンティティの各カテゴリーがいかに普遍的でないか、あるいは「真実」でないかを示します。ポスト構造主義的な考え方は、アイデンティティを文化的にそして社会的に形成されたものと見なします。アイデンティティが本質化されているのではなく、私たちはアイデンティティのカテゴリーを占有するのです。

デリダと並んで、ミシェル・フーコー（Michel Foucault）もまた、現代思想・哲学への貢献が評価されている思想家です。フーコーは批判的思想家で、精神病、歴史、セクシュアリティ、権力、そして監獄制度について著作を発表しました。フーコーは、『監獄の誕生――監視と処罰』〔原題 *Surveiller et Punir: Naissance de la Prison*, 1975, 英訳 *Discipline and Punish: The Birth of the Prison*, 1977, 田村俶訳、新潮社、一九七七／二〇二〇年〕の中で、権力と知識がいかに表裏一体であるかを明らかにしました。この著作はポストモダニスト思想におけるランドマークと見なされています。フーコーによれば、権力は知識を生み出します。フーコーは刑務所の例を使って、社会の権力構造がいかに刑務所に収監されている人々に反映しているかを示しています。この事例は、学校、病院、工場など、他の公的機関の権力構造にも及んでいます。フーコーの主な例の一つは、パノプティコン（panopticon）という考えを使うことにありました。パノプティコンとは刑務所内にある塔で[9]、囚人を常時、監視する役割を担っています。このような継続的な監視のせいで、囚人は自分自身の行動を規制するようになります。自分が見られていることを知っているからです。刑務所の矯正事業の手段としてよりも、むしろ、他者からの批判的な視線に基づき、人々が社会における自らの行動を修正することを説明するために、パノプティコンを用いることができるでしょう。批判的な視線を常に意識しているため、人々は否定的な反応（negative responses）、屈辱（humiliation）、反感（disapproval）を避ける手段として、自己提示や行動を自主規制するのです。つまりパノプティコンとは、「正常」であるべきものの調節器なのです。フーコーはこのプロセスを〈権力–知（power and knowledge）〉と呼びます。それは、権力というのはトップダウンのヒエラルキーから生まれるのではなく、むしろ、発想が巧妙に共有され、そのために人々は自己規制を行うからなのです。

フーコーは、代表的な著作『性の歴史　第1巻』〔原題 *Histoire de la sexualité, tome 1 : La Volonté de savoir*, 1976、英訳 *The History of Sexuality: An Introduction*, 1978、渡辺守章訳、新潮社、一九八六年〕におい

---

9　中央の一点から内部のすべてが視界に入るように、すなわち監視できるように円形に設計されている。

て、この着想を性に関連づけて探求します。つまり、性と知識の関連性を見出すのです。更に一般に受け入れられている「セクシュアリティ」の理解にも広げています。つまり、セクシュアリティは、科学や宗教といった権力‐知関係によって生み出されたというのです。フーコー自身、同性間の関係（same-sex relations）を経験し、ゲイの関係やセクシュアリティの表現を抑え込む社会的・法的立場を十分に認識していました。フーコーは、セクシュアル・アイデンティティを個人の人格の中心に据えることによって、社会制度がセクシュアル・アイデンティティをいかに構築しているかを指摘しています。フーコーは、同性愛を身体や快楽に関わる行為としてではなく、アイデンティティとして捉えます。異性愛が正常であるとされ、支配的であるためには、異性愛が存在できる「他者」を必要とし、その「他者」に依存することで異性愛は正常であるとされる地位を得ることができるのです（Foucault, 1978）。フーコーは、社会制度が同性愛者をどのように構築したかを示しました。つまり、社会制度は同性愛者を〈本質的に「異常な」〉他者として位置づけることで同性愛を重大な脅威としたのです。そして、同性愛はアイデンティティと見なされるため、医学、法律、更には宗教といった制度からの解釈にさらされることになります。こうして、異性愛が「自然」であり、非異性愛のセクシュアリティが「自然の理に反する」ものであるという考え方が生まれるのです。したがって、セクシュアリティは、人の本質の一部というよりも、むしろ権力の力学によって規定されているのです。

ポストモダニストの思想では、〈権力‐知〉の観点は人間の身体にしっかりと焦点が定まっています。それゆえ、ジェンダー、セクシュアリティ、人種、年齢、障害の有無、容姿といったアイデンティティの側面はすべて自己と他者によって規定され、それによって「正常」という観念が生み出されるのです。したがって、ポストモダニズム*（postmodernism）は、「真実」は存在しないという考え方に注目するよう呼びかけます。なぜなら、知は複数の権力構造という社会的文脈のシステムの中で生み出されるからです。力があるところに、抵抗（resistance）があります。この〈権力－知〉という考えは、神学をクィアし、クィア神学と支配的な主流神学との関係を検討する課題に反映されています。

## フェミニスト、ウーマニスト、そして「クィア」な理論家たち

フランスでポスト構造主義やポストモダニズムに関する批判的な理論が生まれていることに加え、新興のクィア思想に貢献したとして、以下に示す、第二波のフェミニストやウーマニストの思想家の多くがその功績を認められています。もっとも当時は「クィア」と見なされたり、「クィア」とラベル付けされたりすることはありませんでした。アドリエンヌ・リッチ（Adrienne Rich）、モニック・ウィティッグ（Monique Wittig）、ゲイル・ルービン（Gayle Rubin）、オードリー・ロード（Audre Lorde）、ベル・フックス（bel hooks）、ジュディス・バトラー（Judith Butler）です。

一九八〇年、リッチは異性愛について批判的な観点から考察しました。リッチは「強制的異性愛とレズビアンの存在（Compulsory Heterosexuality and Lesbian Existence）」（Rich, 1980）という論文を書き、異性愛がいかに社会的権力として機能し、人々が異性愛を規範として見るように圧力をか

けているかを論じました。リッチは、「おとぎ話、テレビ、映画、広告、流行歌、結婚式の華やかな式典から幼少期より浴びせられた異性愛のロマンスのイデオロギー」(Rich, 1980: 645)がいかに社会的条件づけの一部であるかを指摘しています。リッチによれば、人々が異性愛に順応するのは、そうすることで利益を得るからであり、そこから逸脱する者は損失を受けるからなのです。リッチは、人々がどのように順応するかを説明するために「強制的異性愛(compulsory heterosexuality)」という用語を作り出しました。この用語はクィアのテクストを通じて広まりました。リッチの論文では、男性が支配する家父長制のジェンダー関係を強く批判しています。リッチは著作の中で、「レズビアンの連続体(lesbian continuum)」という考えを導入しています。これは同性の女性に性的に魅かれること(same sex attraction)だけを指すのではなく、女性同士の絆や関係を見る方法を示したものです。異性愛に対する重要な批判的読みであるにもかかわらず、リッチの作品は、より広く周縁化されたセクシュアリティではなく、レズビアンの経験のみに焦点を当てたものであるとして批判を受けました。

リッチがセクシュアリティの問題に焦点を当てたように、ルービンの影響力ある論文「性を考える(Thinking Sex, 1984)は、人間のセクシュアリティが持つ多次元性を性の階層という形で探求しています。このヒエラルキーは、宗教、法律、メディア、主流文化といった社会の様々な側面によって規制されています。ルービンは、性について考える時、「正常」「自然」「健康的」といった言葉によって正当化される「特権サークル(charmed circle)」*を想定します。この「特権サークル」の内側には、異性愛、夫婦愛、一夫一婦制(monogamy)、生殖などが入ります。これに対して、レズビアンやゲイ、セックスワーカー、ポルノなど、否定的に捉えられている性的な行動はこの円の外側に置かれます。円の外側にあるもの（outer limits）は、「異常」「自然の理に反する」「不健康」と見なされ、「特権サークル」とは反対に機能します。ルービンは、性行為のヒエラルキー（the sex hierarchy）を性のピラミッド（erotic pyramid）として次のように定義しています。

結婚していて、生殖を伴う異性愛者は性のピラミッドの頂点に君臨するのである。カップルではあるが結婚していない異性愛者たちがその下に陣取り、その後にほとんどの異性愛者が続くのである。一人だけのセックスはあいまいにどっちつかずのまま存在している。……安定し、長期間続いているレズビアンやゲイのカップルは尊敬に値されるようになっているが、バーに通うようなレズビアン[10]や乱交好きのゲイはピラミッドの最底辺にある集団の少し上あたりをうろうろしているのだ。最も軽蔑される性的カーストは、今のところトランスセクシュアル、トランスヴェスタイト[11]、フェティシスト[12]、サドマゾキスト、売春婦やポルノのモデルなどのセックスワーカーであり、その中でもとりわけ低い位置にあるのが、性的な結びつきにより世代間の境界を侵犯するような人々とされている。（Rubin, 1984: 279）〔河口訳、一〇五－一〇六頁〕

10　レズビアンバーでセックスの相手を見つけようとするレズビアンのこと。
11　通常異性が着る服を着て楽しむ人。
12　特定の対象物から性的快感を得る人。

一九八〇年代に著作を書いたルービンにとって、ゲイとレズビアンの政治・社会的運動は、社会的統合を目指す同化主義的な政治が投影されたものでした。ゲイとレズビアンは、異性愛者と同等に、同じ権利を持つことを望んでいました。ルービンは、このような同化を問題視しています。なぜなら、「特権サークル」に入ろうと躍起になることで、他の集団が疎外され、円の外枠にとどめられてしまうからです。そのような集団は、「正常ではない」ゆえに、更に抑圧されることになります。ルービンは、組織化された宗教、特にキリスト教が、セックスは罪深いものだと教えていると指摘しています。

リッチの『強制的異性愛』から一一年後の一九九一年、ウィティッグは『ストレート・マインド(*The Straight Mind*)』(Wittig, 1991)を著しました。その中で、異性愛がいかに、考えたり、話したり、感じたりという日々の生活の実践の一部を形作っているかを暴いています。当然のことと前提されている異性愛が広まり、浸透しているからです。このことは、非異性愛がなぜ逸脱し、異質なものと見なされてきたかを示しています。実際、ウィティッグは、異性愛が文化の中であまりにも支配的であるため、その力は目に見えないと論じます。非異性愛者は、見えないけれども支配的な異性愛との関係において自分自身を振り返るのです。ウィティッグの研究は、「レズビアンは女性ではない(lesbians are not women)」(1991: 32)という物議をかもした発言によって広まりました。ウィティッグは、「女性(woman)」という発想が、女性の性的、子孫繁栄の機能を指していると批判しています。生殖という考えを用いて、ウィティッグは母系制(matriarchy)がいかに家父長制と同じように異性愛を基にしているかを述べます。ウィティッグにとって、人々が異性愛者の女性を考える時、「女性」であることは、ストレート[*]（straight）の世界でしか意味をなさないのです。「『女性』は異性愛者の思考体系においてのみ意味を持つのだから」（1991: 32）。

人種による差別や隔離をなくそうとした公民権運動が、ジェンダーの問題を見落としていたことに気づいたのは、黒人フェミニストたちでした。その黒人フェミニストたちの声が、ジェンダーの問題を補完することとなりました。実は、フェミニストの政治・社会的運動も同様に、人種問題を軽視していました。このようにして、黒人フェミニストたちの活動は、普遍的な用語としての「アイデンティティ」という考え方に疑問を投げかけるものでした。階級や人種に基づいて「女性」の間には多岐にわたる経験があったのです。

ロードは、黒人レズビアンのフェミニスト社会主義者です。論文「年齢、人種、階級、性――差異を再定義する女性たち（Age, Race, Class and Sex: Women Redefining Difference）」（Lorde, 1984）において、階級、人種、年齢による女性の中の特権の概念を明らかにしました。ロードは、抑圧行為を指摘し、「抑圧者に間違いを教えるのは、抑圧された者の責任である」（1984: 114）と述べています。特権を強調することで、ロードは周縁化された者が支配する者に教えるという皮肉を暴いています。つまり、黒人がいかに人種について白人を教育することが求められているか、女性がいかにジェンダーについて男性を教育するか、ゲイやレズビアンがいかにセクシュアリティについてストレートを教育するか、についてです。ロードにとって、「女性」というカテゴリーは白人女性の経験に基づいており、黒人女性は「別物」なのです。ロードはこう述べています。

自らのアイデンティティを構成する様々な要素に慣れ親しんでいる黒人のレズビアン・フェミニストの一人として、また、抑圧からの人種的・性的自由を追求する一人の女性として、私はいつも私自身のある一つの側面を切り取って、それを意味のある全体として見せるように促されているように感じる。それは同時に、自己の他の部分を覆い隠したり、無いものと否定したりすることである。しかし、これは破壊的で断片的な生き方である。（Lorde, 1984: 210）

「ウーマニスト」という言葉は、アリス・ウォーカー（Alice Walker）が黒人フェミニストを表現するために作った造語（Walker, 1983）で、黒人女性の歴史、文化、経験に根差しています。この言葉は、フェミニズムについて白人の思い込みを取り除きます。米国の作家、フェミニスト、社会主義者であるフックスは、『米国黒人女性とフェミニズム――ベル・フックスの「私は女ではないの？」』（*Ain't I a Woman?: Black Women and Feminism*, 1981）〔大類久恵監訳、柳沢圭子訳、明石書店、二〇一〇年〕と『ブラック・フェミニストの主張――周縁から中心へ』（*Feminist Theory: From Margin to Center*, 1984）〔清水久美訳、勁草書房、一九九七年〕を出版しています。ジェンダーとフェミニズムに関するフックスの研究は、女性が男性に同化することを求めても、その試みは無駄であることを明らかにしています。それは、女性がすべて平等であるわけではないからです。フックスは、フェミニズムに対して、ジェンダーの問題が人種、階級、セックスとどのように関連しているかということに目を向けるよう挑んでいます。また、フックスは、男性も平等を求めるキャンペーンに参加しなければならないことも主張しました。このように、ロードとフックスの作品は、ある種の抑圧が他の抑圧とどのように交差しているかという考え方の基本を形成しています。この考え方は、キンバリー・クレンショー（Kimberlé Crenshaw）の研究により、現在では、インターセクショナリティ／交差性（intersectionality）と理解されています。つまり、個人がアイデンティティのある一面のせいで既に疎外されているとして、他の面によって更に疎外が重なり、深まることがありうるのです。交差性とは、抑圧と差別のシステムがいかに多重的であるかを示すものです。したがって、最も周縁化された人々は、複数のマイノリティ・グループに分類されます。フェミニストやウーマニストの著作は、のちにクィア理論を特徴づけることになる思考（アイデンティティをカテゴリー化することに異議を唱え、周縁化の問題を探求する）の発展に関わる重要なものとなるのです。

バトラーは、しばしば、クィア思想の創始者の一人とされますが、バトラー自身は自分のことをそのような立場に置いてはいませんでした。「女性」のアイデンティティに関するバトラーの研究は、ジェンダー・カテゴリーを巡るバトラーの悩みを示しています。一九九〇年、バトラーの『ジェンダー・トラブル――フェミニズムとアイデンティティの撹乱（*Gender trouble*, 1990）』（竹村和子訳、青土社、一九九九年）は、フーコーをはじめとするフランスの批評家たちの知的理論を基本としています。バトラーの思想は、ジェンダーに関する本質主義的な考えを崩壊させています。ジェンダーは生物学的に固定されておらず、人は男性か女性として生まれるのではなく、身体として生まれるのです。バトラーは、ジェンダーがいかに社会的に構築されたものであるかを述べます。社会と文化は、男性または女性であることが何であるかについての考えを構築し、個人はこれらの考えを実行します。単純なレベルで、私たちが男性的、女性的と考えるものは、特に外見や着ている衣服で、個人によって演じられるのです。バトラーは、ジェンダーが生物学的な事実ではないことを明らかにするために、「ジェンダー・パフォーマティヴィティ（gender performativity）」という概念を打ち出しました。ミリアム・メイヤーホフ（Miriam Meyerhoff）は、パフォーマティヴィティがパフォーマンス（performance）とどのように異なるかについて、参考になる定義づけをしています。

> ジェンダーとセクシュアリティが持つパフォーマティヴな特質は、ジェンダー化され、セクシュアリティ化されたパフォーマンスとは一線を画す。パフォーマンスが統制されたものであり、おそらくはある程度の策略（artifice）によって特徴づけられるものだとすれば、パフォーマティヴィティは全く異なるものについて語る。ジェンダーがパフォーマティヴであるというのは、簡単に言えば、私たちがジェンダーをどう理解するか、また、他者との関係におけるジェンダー的あるいは性的な存在としての自分自身をどう位置づけるか、その繰り返しと実践によって達成されるということである。（Meyerhoff, 2014: 2）

したがって、ジェンダーは外性器や出生時に割り当てられた性とはあまり関係がなく、人々が行い、繰り返す行為のことです。ジェンダーに対する認識は、個人的にも集団的にも繰り返されるものです。バトラーにとって、ジェンダーとは、自分が誰であるかということよりも、自分が何をするかということなのです。

「クィア理論（Queer theory）」という言葉は、テレサ・ド・ローレティス（Teresa de Lauretis）による造語とされています。フェミニスト文化ジャーナルの『ディファレンス（*Differences*）』の特集で「クィア理論」という言葉を用いました（1991）。「クィア・セオリー――レズビアン／ゲイ・セクシュアリティ　イントロダクション（Queer Theory: Lesbian and Gay Sexualities; An Introduction）」〔大脇美智子訳、『ユリイカ』、青土社、一九九六年一一月号六六－七七頁〕というタイトルは、当時のローレティスの焦点がいかにセクシュアリティの問題であったかを示しています。今日のクィア理論はセクシュアリティの問題を超えていますし、あらゆるアイデンティティに関する考えを解体する（rupture）ものです。とにかく、「クィア」という言葉は、一九九〇年代に、ジェンダーとセクシュアリティの問題を巡る批評的思考に急速に応用されるようになりました。リッチの「強制的異性愛」やルービンのジェンダーとセックスの研究を基本に、マイケル・ワーナー（Michel Warner）は『クィア・プラネットの恐怖（*Fear of a Queer Planet: Queer Politics and Social Theory*）』（Warner, 1993）を編集し、*「ヘテロノーマティヴィティ／異性愛規範（heteronormativity）」という言葉を用いました。異性愛が社会によって正常であると見なされているという考えに言及するためです。異性愛規範とは、人々が異性愛者であるという前提と、いかに社会が異性愛を想定しているかを示す言葉です。異性愛規範の及ぶ範囲を説明する一つの方法は、非異性愛者や非シスジェンダーの人々が*「カミングアウト（coming out）」するということです。カミングアウトという行為は、異性愛を規範とする今日においては、非規範的な人々がとる特異な行為です。ここで重要なのは、「強制的異性愛」と「異性愛規範」は異なる概念であるということです。異性愛規範は、誰もがストレート（異性愛者）であるという前提です。一方、強制的異性愛とは、異性愛規範を促進し、維持するために絶え間ないメッセージを通して、その過程と強制を表すものです。

当時のもう一人の新進の批評家は、イヴ・コゾフスキー・セジウィック（Eve Kosofsky Sedgwick）でした。評論「子どもをゲイに育てる方法（How To Bring Your Kids Up Gay）」（Sedgwick, 1991）は、同性愛がいかに病理化され、異常なものと見なされてきたかを批判しています。セジウィックは、二元化されたジェンダーは二元化されたセクシュアリティに等しいとする前提が誤りであることに注意を促しています。また、同性愛者であることがどのように大人の間で受け入れられているかを考える上で、セジウィックは、精神分析家の間にはゲイに成長する可能性のある子どもは治療し、思いとどまらせるべきであるという制度的意図があることを指摘しています。また、『クローゼットの認識論（*Epistemology of the Closet*, 1990）』〔外岡尚美訳、青土社、一九九九／二〇一八年〕では、ジェンダーとセクシュアリティに関する二元的な定義が、人間のセクシュアリティを表現するにはあまりにも限定的で単純であることを述べています。「クローゼット」とは、隠された同性愛のメタファーです。同性に惹かれる経験をした人たちが、自分のセクシュアリティを隠し、隠そうとする場所のことです。セジウィックは文学作品から引用した例を用いて、個人が社会から受けるスティグマや結末にもかかわらず、人はクローゼットを出てその扉を閉じた時に最も解放されると主張します。

ジェンダーのパフォーマティヴィティとセクシュアリティの規定には、権力関係が作用しています。「正常」や「自然」と見なされるようになったのは、それが多数派によって演じられ、繰り返されたからにほかならないのです。前述した理論家たちが明らかにしたことは、ジェンダー及びセクシュアリティがもはや、本質的あるいは固定的なものとは認識されず、社会的に構築され、流動的なものであることです。同様に、キリスト教とキリスト教神学は権力関係によって構築されたものです。それらが固定されたものと見なされてきたのは、支配力のあるものが繰り返してきたからに過ぎないのです。クィア神学はこのような繰り返しを解体するものです。

クィア理論は、その発展過程において、まず、周縁化されたジェンダーやセクシュアリティに関心を寄せましたが、今や、クィア理論はそれを超えています。クィアという用語は多くの議論を呼んでおり、簡単に定義することはできません。定義づけされるとすれば、そこにはクィアが流動的で、固定化することが不可能だという認識が欠けていると言えます。デイヴィッド・ハルプリン(David Halperin)は、クィアという用語がいかに容易に定義できないかを説明しています。

> 定義上、正常なもの、正当なもの、支配的なものと対立すれば何でも、クィアに該当する。クィアが必ず参照する特定のものは何もない。クィアは本質を持たないアイデンティティである。
> (Halperin, 1995: 62)

ハルプリンは、更に続けて、クィアとはアイデンティティではなく、ポジショナリティ[13]（positionality）であると言います。このようなポジショナリティは、LGBTQ＋の人々に限らず、誰にでも該当することを意味します。二元的なジェンダーや異性愛といった強制的な考え方(compulsory ideas）に挑戦するものはすべてクィアとなりえます。カルヴィン・トーマス（Calvin Thomas）は、その編著『ひとひねりしたストレート（*Straight with a Twist*）』（Thomas, 2000）において、クィア理論がいかに異性愛を問い直し、同時にストレートをも含み、ストレートを代弁しているかを探っています。このテーマについては、第5章において更に発展させていきます。

クィアは定義できないので、クィアが何であるかを見るのではなく、クィアが何をするかを見る方が良いでしょう。あるいは、クィアが何を「不安定にする」のかを見ることがなお良いでしょう。以下は、クィア理論が適用される最も一般的な方針です。

［i］クィアは、分類するという考えに抵抗する。
［ii］クィアは、本質主義の考えに挑戦する。
［iii］クィアは、「正常」に挑戦する。
［iv］クィアは、二項対立的思考と思い込みを取り除く。
［v］クィアは、権力関係や階層を暴き、攪乱する。

### [i] クィアは、分類するという考えに抵抗する。

これまで、非異性愛者のアイデンティティのための説明の用語であることをクィアは超えていることを見てきました。クィアは、あらゆる定義やカテゴリーに抵抗します。アンナマリー・ジャゴース（Annamarie Jagose）は、「クィアそのものは、基本的な論理も、一貫した特性の集合も持ち得ない」（Jagose, 1996: 96）と述べています。つまり、クィアそのものを定義することはできないのです。定義されることは、規定化されることを意味します。クィアが定義に抵抗するのは、クィアを定義しようとする試みがクィアを制限してしまうからです。したがって、クィアは分類することに抵抗します。

### [ii] クィアは、本質主義の考えに挑戦する。

本質主義とは、アイデンティティには固定的で均一な特性があるとする考え方のことです。したがって、アイデンティティは普遍的なものと見なされます。エリザベス・スペルマン（Elizabeth Spelman）は、フェミニストのアイデンティティに関する著作の中で、「人のジェンダー・アイデンティティというのは、安物のビーズネックレスのビーズ玉が一本のビーズ糸に通されているように、その人が帰属する人種や階級につながっているわけではなく、その帰属から離れることもできる。しかも人種や階級の異なるビーズ玉を連なる別の『ビーズ糸』に通すことも可能である」（Spelman,

13　立場性、位置性とも訳される。

1988: 15）と述べています。つまり、クィアは本質主義の考え方に挑戦しています。というのは、個人のアイデンティティの各側面は、独自にひょっこり現れるものではありえないし、またアイデンティティのある部分が他の部分とどのように関連しているかを見ずして、アイデンティティがどうであるかなどと調べることはできないのです。したがって、アイデンティティは固定された本質を持つという考え方は誤りなのです。

### [iii] クィアは、「正常」に挑戦する。

フーコーとバトラーの研究は、アイデンティティが社会的な権力と支配のシステムの中にいかに組み込まれ、何が「正常」であると理解されるかを規制していることを示しました。異性愛規範は社会的に強力です。社会において支配的なセクシュアリティは異性愛だとされ、法律、ビジネス、教育、健康といった社会生活に結びついています。ジェンダーについても同様で、シスジェンダーが規範とされてきました。クィアは、生物学的な性別とジェンダーがいかに一致しないかを示します。規範として受け入れられているものは、社会的に構築されたものなのです。私たちが確定されたカテゴリーだと考えているものは、全く確定していないのです。あくまでもイメージと社会的条件づけによって決められているだけなのです。クィアは、正常という前提に挑戦します。画像を拡大するように、周縁にいる人々の経験を見つめることで、正常という概念がどう破綻するかを理解します。

**［iv］クィアは、二項対立的思考と思い込みを取り除く。**

男／女、異性愛者／同性愛者といったアイデンティティのカテゴリーは、現実には異性愛規範を強化する役割を担っています。なぜなら、二項対立でしか思考できないからです。このようなカテゴリーは規範を軸に機能します。例えば同性愛は異性愛という規範を軸に機能しています。クィアは、二項対立的な思考や前提を取り除きます。二項対立には限界があるのです。ジェンダーを例にすると、カテゴリーが男性と女性だけではないことを示すことで、二項対立を乗り越えようとします。例えば、トランス（trans）*、アジェンダー（agender）*、ジェンダーフルイドといったアイデンティティを持つ人々が存在するのです。

**［v］クィアは、権力関係や階層を暴き、攪乱する。**

クィアは、社会や宗教の中でしばしば目に見えない力関係を暴きます。クィアは、「当たり前」とされることを規定するために、権力がどのように使われてきたかを検討しています。クィアは、家父長制や異性愛に立ち向かい、これらのシステムがいかに特定の個人に他の個人よりも特権を与えているかということを明らかにします。伝統的に、特権は白人、異性愛者、シスジェンダー男性に与えられてきました。クィアは、そのような特権を暴き、そしてこの攪乱は変化を促進するきっかけとなりまた主体となりうるのです。

## クィア理論の応用

クィアという語は、〔二つの〕異なる意味を持つようになりました。すなわち、ＬＧＢＴＱ＋のアイデンティティの総称としてのクィア、そして理論としてのクィアです。周縁化された人々のための草の根レベルというよりは、高度に哲学的な課題であるクィア理論に関心が持たれてきました。クィア理論の著作で用いられる言葉は、しばしば難解で理解しがたく、複雑で、この分野に駆け出しの者にとってはなじみのないものです。聖書学者であるデリン・ゲスト（Deryn Guest）は、クィア理論で使用されている言語に関連して、「それがクィア聖書学やクィア神学の研究を著しく理論的で、専門用語にまみれた、高尚な言語ゲームにしてしまい、その結果、広範囲の読者を遠ざけている」（Guest, 2018: 440）と懸念を表明しています。

この言語ゲームは、難易度の高い仕事に取り組むことができるように、教育の機会を与えられてきた人々の間に亀裂を生むだけではありません。この知的追求に傾倒すること（intellectualism）はいったい誰のためなのかという疑問を投げかけます。もし、学術の世界に身を置かない（non-academic）人々が理解できないのであれば、それは学術の世界に身を置かない人々の政治的な力と主体性を失うことにならないでしょうか。ゲストは、その他にも複雑な言語がいかに亀裂を生み出すかを指摘しています。

クィアはエリート主義的な言説であり、専門家以外には近づき難く、草の根コミュニティの生きた現実に触れることはできないことが証明されるだろう……複雑な考えには複雑な用語が必要だという議論を向こうに回して、フェミニストの中には、自分たちが代弁しようとするコミュニティに関わり、そのコミュニティにとってわかりやすい方法で自分たちの考えを提示することに長い間尽力してきたフェミニストもいる。（Guest, 2005: 51）

ゲストは、クィアの言語は理解しやすいものであるべきだと提案しています。クィア神学者のマルセラ・アルトハウス＝リード（Malcella Althaus-Reid）も同じ懸念を共有し、「アカデミアにいる特権階級の女性だけが追求できるぜいたく品としてのクィア神学」（Althaus-Reid, 2008: 106）を疑問視しています。したがって、排除と周縁化のシステムと同様に、教育、階級、知的追究への傾倒に関わる問題自身が権力構造を生み出す可能性があるのです。

## 結　論

本章では、二〇世紀におけるクィア・スタディーズの発展における重要な概念を案内してきました。フェミニストやレズビアンやゲイのグループによるアクティヴィズム、抵抗、抗議は、周縁化された集団のために社会正義への道を整えました。このような背景に接して、フェミニスト理論、ウーマニスト理論、フェミニスト神学、ゲイやレズビアンの神学は、ジェンダーとセクシュアリティに関する伝統的なキリスト教の暗黙の了解を問い質し、その家父長制及び異性愛を規範とする権力構造を暴きました。クィア理論は、社会や文化における異性愛規範というのは、思い込みに過ぎないことを明らかにしました。クィア神学は、伝統的な神学を脱構築することによって、また、伝統的な神学の生成において、家父長制と異性愛規範が前提として働いていることを批判することによって、伝統的な神学を解き放ちます。クィア神学はキリスト教を家父長制と異性愛規範の束縛から解放するのです。第1章ではクィア神学の発展の歴史を簡単に紹介しましたので、第2章では、「伝統的」神学のクィアリング（queering）に取り組んでいきます。

### 基本文献案内

Barker, M. J. and Scheele, J. (2016) *Queer: A Graphic History London*, Icon Books. クィア理論の発展について、非常にわかりやすい入門書。テクストには複雑な用語を使わず、重要なアイデアが漫画によって描かれ、議論が展開していく。

Cornwall, S. (2011) *Controversies in Queer Theology*. London: SCM Press. コーンウォールは、クィア神学の重要な問題をこの一冊で詳細に探究する。本書は、「基本」を超えることを望む人々に、次のステップとなるテクストとしてぜひ読んでもらいたい。

Goss, R. E. (1993) *Jesus Acted Up: A Gay and Lesbian Manifesto*. San Francisco: Harper. ゴスのマニフェストは、教会によるレズビアンやゲイの人々の受け入れよりも、むしろ教会によるレズビアンやゲイの人々のための正義を求める。本書は、レズビアンやゲイのクリスチャンが、組織的な宗教を拒否し、福音書に見られるイエスを受け入れることの重要性を探求する。キリスト教とセクシュアル・アイデンティティの歴史において象徴的なテクスト。

Stuart, E. (2003) *Gay and Lesbian Theologies: Repetitions and Critical Difference*. Hampshire: Ashgate.　ゲイとレズビアンの神学からクィアの神学までの歴史を詳細かつ包括的に紹介する重要なテクスト。

https://www.queertheology.com/　このウェブサイトは、自分の信仰とＬＧＢＴＱ＋のアイデンティティの折り合いをつけたいと考えているクリスチャンを対象とする。ＬＧＢＴＱ＋のメンバーを歓迎する教会グループをサポートすることを目的とする。理論的な観点からクィア神学に関与するものではない。

## 文献リスト

Althaus-Reid, M. (2008) 'The Bi/girl Writings: From Feminist Theology to Queer Theologies', in Isherwood, L. and McPhillips, K. (Eds.) *Post-Christian Feminism: A Critical Approach*, pp. 105-116. Aldershot: Ashgate.

Butler, J. (1990) *Gender Trouble*. London: Routledge Classics [2006 print].〔ジュディス・バトラー『ジェンダー・トラブル——フェミニズムとアイデンティティの攪乱』竹村和子訳、青土社、一九九九年〕

Carter, D. A. (2004) *Stonewall: The Riots That Sparked The Gay Revolution*. New York: St Martin's Griffin.

Comstock, G. D. (1993) *Gay Theology Without Apology*. Cleveland: Pilgrim Press.

Cornwall, S. (2011) *Controversies in Queer Theology*. London: SCM Press.

Crenshaw, K. (1989) Demarginalizing the Intersection of Race and Sex: A Black Feminist Critique of Antidiscrimination Doctrine, Feminist Theory and Antiracist Politics. *University of Chicago Legal Forum*, 1 (8). Available at: https://chicagounbound.uchicago.edu/cgi/viewcontent.cgi?article=1052&context=uclf

Daly, M. (1968) *The Church and the Second Sex*. Boston: Beacon Press.〔メアリ・デイリー『教会と第二の性』

岩田澄子訳、未来社、一九八一年〕
Daly, M. (1973) *Beyond God the Father. Towards a Philosophy of Women's Liberation*. London: The Women's Press.
de Lauretis, T. (1991) Queer theory: Lesbian and gay sexualities. *Differences: Journal of Feminist Cultural Studies*, 3 (2), pp. iii-xviii.〔テレサ・ド・ローレティス「クィア・セオリー――レズビアン／ゲイ・セクシュアリティ」『ユリイカ』大脇美智子訳、青土社、一九九六年一一月号六六－七七頁〕
Foucault, M. (1978) [1976] *The History of Sexuality: 1: The Will to Knowledge* (trans. Robert Hurley). London: Penguin.〔ミシェル・フーコー『性の歴史Ⅰ　知への意志』渡辺守章訳、新潮社、一九八六年〕
Foucault, M. (1977) [1975] *Discipline and Punish: The Birth of the Prison* (trans. Alan Sheridan). Harmondsworth: Penguin.〔ミシェル・フーコー『監獄の誕生――監視と処罰』田村俶訳、新潮社、一九七七／二〇二〇年〕
Gill, S. (1998) The *Lesbian and Gay Christian Movement: Campaigning for Justice, Truth, and Love*. London: Continuum.
Goss, R. E. (1993) *Jesus Acted Up. A Gay and Lesbian Manifesto*. San Francisco: Harper.
Goss, R. E. (1998) 'Sexual Visionaries and Freedom Fighters', in Gill, S. (Ed.) *The Lesbian and Gay Christian Movement: Campaigning for Justice, Truth and Love*, pp. 187-202. London: Continuum.
Guest, D. (2005) *When Deborah Met Jael: Lesbian Biblical Hermeneutics*. London: SCM Press.
Guest, D. (2018) Review of Sexual Disorientations: Queer Temporalities, Affects, Theologies, by Brintnall, K., Marchal, J. and Moore, S. (Eds.) in *Reviews in Religion and Theology*, 25 (3), pp. 439-442.
Gutierrez, G. (1971) *A Theology of Liberation*. Maryknoll: Orbis (translation in 1973, originally published as *Teología de la liberación: Perspecrivas*. Lima: CEP, 1971).〔グスタボ・グティエレス『解放の神学』関望・

山田経三訳、岩波書店、一九八五／二〇〇〇年〕

Halperin, D. (1995) *Saint Foucault: Towards A Gay Hagiography*. Oxford: Oxford University Press.〔デイヴィッド・ハルプリン『聖フーコー――ゲイの聖人伝に向けて』村山敏勝訳、太田出版、一九九七年〕

Hampson, D. (1990) *Theology and Feminism*. London: Blackwell.

hooks, b. (1981) *Ain't I a Woman? Black Women and Feminism*. Boston: South End Press.〔ベル・フックス『アメリカ黒人女性とフェミニズム――ベル・フックスの「私は女ではないの？」』柳沢圭子訳、明石書店、二〇一〇年〕

hooks, b. (1984) *Feminist Theory: From Margin to Center*. London: Pluto Press.〔ベル・フックス『ブラック・フェミニストの主張――周縁から中心へ』清水久美訳、勁草書房、一九九七年〕

Jagose, A. (1996) *Queer Theory*. Melbourne: Melbourne University Press.

Kinsey, A., Pomeroy, W., Martin, C. and de Cly, E. M. (1948) *Sexual Behavior in the Human Female*, Philadelphia: W. B. Saunders.〔アルフレッド・C・キンゼイ他『人間女性における性行動　上巻』朝山新一他訳、コスモポリタン社、一九五四年〕

Kinsey, A., Pomeroy, W., Martin, C. and Gebhard, P. (1953) *Sexual Behavior in the Human Female*. Philadelphia: W. *B*. Saunders.〔アルフレッド・C・キンゼイ他『人間女性における性行動　下巻』朝山新一他訳、コスモポリタン社、一九五四年〕

Lorde, A. (1984) 'Age, Race, Class, and Sex: Women Redefining Difference', in Lorde, A. (Ed.) *Sister Outsider: Essays and Speeches*, pp. 114-123. California: Crossing Press.

Martin, D. and Lyon, P. (1971) 'A Lesbian Approach to Theology', in Oberholtzer, W. D. (Ed.) *Is Gay Good? Ethics, Theology and Homosexuality*, pp. 213-220. Philadelphia: Westminster Press.

McFague, S. (1987) *Models of God: Theology for An Ecological, Nuclear Age*. Philadelphia: Fortress Press.

Meyerhoff, M. (2014) 'Gender Performativity', in Whelehan, P. and Bolin, A. (Eds.) *The International Encyclopedia of Human Sexuality*, pp. 1-4. New Jersey: John Wiley & Sons. Available at: https://onlinelibrary.wiley.com/doi/full/10.1002/9781118896877.wbiehs178

Oberholtzer, W. D. (Ed.) (1971) *Is Gay Good? Ethics, Theology and Homosexuality*. Philadelphia: Westminster Press.

Petrella, I. (2007) 'Theology and Liberation: Juan Luis Segundo and Three Takes on Secular Inventiveness', in Althaus-Reid, M., Petrella, I. and Susin, L. C. (Eds.) *Another Possible World*, pp. 162-177. London: SCM Press.

Rich, A. (1980) Compulsory Heterosexuality and Lesbian Existence. *Signs*, 5 (4), pp. 631-660.

Rubin, G. (1984) 'Thinking Sex: Notes for a Radical Theory of the Politics of Sexuality', in Vance, C. S. (Ed.) *Pleasure and Danger: Exploring Female Sexuality*, pp. 267-319. London: Routledge and Kegan Paul.〔G・ルービン「性を考える――セクシュアリティの政治に関するラディカルな理論のための覚書」、『現代思想』５月臨時増刊「レズビアン／ゲイ・スタディーズ」河口和也訳、青土社、九四－一四四頁、一九九七年〕

Ruether, R. R. (1983) *Sexism and God-talk: Toward a Feminist Theology*. Boston: Beacon Press.〔ローズマリー・ラドフォード・リューサー『性差別と神の語りかけ――フェミニスト神学の試み』小檜山ルイ訳、新教出版社、一九九六年〕

Sedgwick, E. K. (1990) *Epistemology of the Closet*. Berkeley: University of California Press.〔イヴ・コゾフスキー・セジウィック『クローゼットの認識論――セクシュアリティの20世紀』外岡尚美訳、青土社、一九九九／二〇一八年〕

Sedgwick, E. K. (1991) How to bring your kids up gay. *Social Text*, 29, pp. 18-27.

Spelman, E. (1988) *Inessential Woman*. Boston: Beacon Press.

Stuart, E. (Ed.) (1997) *Religion is a Queer Thing*. London: Cassell.

Stuart, E. (2003) *Gay and Lesbian Theologies: Repetitions and Critical Difference*. Hampshire: Ashgate.

Thomas, C. (Ed.) (2000) *Straight with a Twist*. Urbana and Chicago: University of Illinois Press.

Walker, A. (1983) *In Search of Our Mothers' Gardens: Womanist Prose*. San Diego: Harcourt Brace Jovanovich.
〔アリス・ウォーカー『母の庭を探して』荒このみ訳、東京書籍、一九九二年〕

Warner, M. (1993) *Fear of a Queer Planet*. Minneapolis: University of Minnesota Press.

Wittig, M. (1991) *The Straight Mind*. Boston: Beacon Press.

# 第2章　「伝統的神学」のクィアリング

フェミニスト神学やゲイとレズビアンの神学は、アイデンティティに基づく問題に関心を寄せていました。本章では、まず、クィア神学がどのようにアイデンティティに基づく神学を超えていくのかを検討していきます。そして、マルセラ・アルトハウス＝リードの「下品な神学（indecent theology）」を検討しながら、神とキリストを不安定にするクィア神学について見ていきます。下品な神学は、キリスト教における、教え*（doctorine）、儀式、典礼などについての伝統的な解釈を攪乱します。時には、クィア神学は、なぜキリスト教がＬＧＢＴＱ＋の人々を受け入れるための空間を作るべきかについて、哲学的な理由を用いて議論を提供してきました。神学においては、これらの戦略は弁証の戦略（apologetic strategies）と呼ばれ、これまでのクィア神学は主にこの領域に焦点を合わせてきました。本章では、そうした弁証学*（apologetics）からの脱却を示唆する新しいクィア神学の呼びかけ（Tonstad, 2018）を簡潔に考察します。本章は、クィアな観点を通してキリスト教の伝統を考察し、特にクィアな礼拝とクィアなサクラメントを論じて締めくくります。

　クィア神学は、レズビアンとゲイの神学と同義語ではありません。クィア神学は、セクシュアリティを対象とすることにとどまりません。エリザベス・スチュアートはこう述べています。

クィア神学は、通常、セクシュアリティの問題から論じ始めるのだが、ゲイとレズビアンの神学がセクシュアリティについて論じるのと同じようにセクシュアリティに「ついて」論じるのではない。ゲイとレズビアンの神学では、セクシュアリティが神学を問う。それに対してクィア神学では、神学がセクシュアリティを問う。とはいっても、近代以降の神学（modern theology）がこれまで行ってきた、伝統という立場とは異なる立ち位置から問うのである。

（Stuart, 2003: 102-103）

クィア神学は、クィア理論と同じく、クィアなアイデンティティを超えていくものです。アイデンティティに基づいてＬＧＢＴＱ＋の人々に関心を持つのではありません。クィア神学からの見識の一つは、クィア神学が反アイデンティティであるということです。クィアはアイデンティティの帰属元となるカテゴリーを撹乱し拒絶するので、真の意味でのクィアなアイデンティティというものは存在しません。もちろん、セクシュアリティの問題は、クィアな観点を通して検討することができます。しかし、その観点はクィア理論の批判的見識を活用しようとするすべての人に開かれているのです。つまり、ゲイやレズビアンの人々の経験は、他の周縁化された人々の体験とともに、撹乱を必要とするキリスト教の強力な覇権的構造を示す上で、非常に効果的なのです。

ジェラード・ロッフリン（Gerard Loughlin）の論文「クィアとは何なのか？　アイデンティティに次ぐ神学（What is Queer? Theology after Identity）」（Loughlin, 2008）は、クィア神学が何を行うのか（あるいは無効にするのか！）を理解する上での有益な示唆を与えてくれます。論文の冒頭で、「神学とはクィアなものである。それは常にクィアなものであった」とロッフリンは述べています（Loughlin, 2008: 143）。ロッフリンは二つの方向性を示します。第一に、神学のクィアネス[1]（queerness）を指摘し、「クィア」の定義を奇妙な、常軌を逸したという意味で用います。神学が「現代社会に適合しない」ため、いかに「奇妙」であるか（2008: 144）を述べます。第二に、キリスト教の伝統と神学をクィアなフィルターを通して読むクィアリング（queering）という課題を指摘します。クィアリングとは、クィアな観点を用いてテクストと社会的文脈を再解釈することです。この大胆な企ては、想像力と創造力を駆使して、「もし〜だとしたらどうなるだろうか」と問いかけることです。したがって、クィアな読みは、伝統的な読みを不安定にします。クィア神学はキリスト教の構成要素を脱構築しますが、構成要素の断片を新しく、発展的な方法で新しく再形成するかもしれません。

　クィア理論と同様に定義することが不可能であるため、クィア神学が何であるかを考えるよりも、むしろ何をするかを考える方が有用です。クィア神学は、伝統、聖書、礼拝、交わり、教義*（dogma）、信仰といったキリスト教の神学的形態におけるあらゆる「正常な」あるいは「自然な」読みを撹乱するのです。後述のアルトハウス＝リードの「クィアな神」の概念に見られるように、クィアは二項対立的な思考や前提をも取り除きます。重要なことは、クィア神学はキリスト教会の制度における神学の生成に働く権力関係を暴くということです。なぜならキリスト教は階層的な教会構造を通じて制度的なレベルで機能しているからです。クィア神学は、制度的な階層性や、聖書や教えといった神学における権威の源泉とされてきたものに疑問を投げかけます。キリスト教の伝統は間違いなく家父長制であり、異性愛を規範とします。したがって、クィア神学は、ある程度、キリスト教を書き直し（re-write）、正します（right）。予想されるように、クィア神学の成果は、教会組織や保守的なクリスチャンといった権威的な構造に関心を向けられなかったり拒絶されたりすることがありました。クィア・スタディーズとキリスト教との間には、双方に不信感を抱かせる現実的な緊張関係が存在します。アルトハウス＝リードは、「一方では、クィア・スタディーズがキリスト教を侵害すると考えるクリスチャンがおり、他方では、キリスト教とのあまりに密接な関連性がクィア・スタディーズを汚染するのではないかという不信感もある」（Althaus-Reid, 2008: 107）と述べています。

スザンナ・コーンウォールは、「クィア理論とキリスト教が異なる言語で話している状況は、キリスト教の言語ゲーム（language game）に根差していないクィア理論家にとって全く意味をなさない」（Cornwall, 2011: 236）と見ています。異なる言語とは、クィア神学の傘下で研究を行う人々の間に異なる立場があることを示しています。キリスト教の伝統を構成する要素やキリスト教に共有された物語に忠実である一方で、クィアな観点を用いるキリスト教神学者たちがいるのです。神学において、組織神学*（systematic theology）はキリスト教の教えについて、聖書が教えていること、あるいは神について知られていること、真実であることを考察しながら、秩序だった、理にかなった説明を定式化しています。体系的に取り組むクィア神学者は、キリスト教神学における教えに研究の出発点と立ち位置を定め、クィアな解釈や観点を発掘していきます。スチュアートは、言語としての神学という考え方を用い、現代的で合理的、批判的な思想のみに焦点を当てることがゲイとレズビアンの神学の没落を招いたと、教えから出発するというこの選択がいかに望ましいかを語っています。

ゲイとレズビアンの神学は、キリスト教の伝統よりもむしろ現代性の流儀に究極の信頼を置くという過ちを犯した。その結果、時として神学として認識されなくなってしまった。そして、昨今のキリスト教対話における自らの地位を失ってしまった。なぜなら、もはや相手と同じ言語を話さず、同じ「文法的」規則にも従わないからだ。（Stuart, 2003: 105）

クィア神学へのもう一つのアプローチは、クィアが規制を解体するように、キリスト教の習わしから自由になる見解に基づくものです。クィア理論に立脚する研究者や著作家は、理論的な観点からキリスト教にアプローチしています。また、クィア神学は、しばしばコンテクスト神学と呼ばれるように、特定の社会的文脈や立場において生み出されるものであるとも言えます。リサ・イシャーウッド（Lisa Isherwood）とアルトハウス＝リードは、「神学は常に社会的文脈に置かれ、常に世界を解釈する理論的枠組みに依存してきた」（Isherwood & Althaus-Reid, 2004: 4）と述べています。グローバルな社会的文脈におけるクィア神学については、第3章において更に詳しく述べることにします。

したがって、クィア神学は二つの点で機能します。それは、組織神学の継承と、その攪乱です。アルトハウス＝リードは、クィア神学がいかに「真剣に疑うこと」（Althaus-Reid, 2000: 5）の実践であるかに注意を向けます。この点で、アルトハウス＝リードは、伝統的な神学を現実の人々の社会的文脈について関心を払わないものにしている神学的方法に、神学者たちは目を向けるべきであると提案しています。伝統的な神学の権力は、現実への無関心さに見出されるのです。それが、排他的で排斥的な伝統的な神学のやり方なのです。だからこそ、クィア神学はこれらの方法を再検討し、攪乱するのです。

また、クィア神学とクィア理論との関わりについても、懸念が生じています。クィア神学者らが学問的なステージへ登場した際は、クィア理論の人気と同期していたのですが、クィア神学は必ずしもクィア理論のテクストや批判的分析と関与していないことが指摘されています。コーンウォールはこの特徴を指摘し、「もしクィア神学者がクィア批判理論家と同じように専門用語を使わなければ、このことがクィア神学の知的ディスコースとしての信頼性を低下させるかもしれない」（Cornwall, 2011: 24）と懸念しています。

### 下品な神学

アルトハウス＝リード（1952-2009）は、ラテンアメリカの解放の神学者であり、クィア神学の分野における著名な研究者でした。アルトハウス＝リードは神学者として、多彩な顔を持っていました。フェミニストであり、解放論者であり、クィアでした。アルトハウス＝リードのクィア神学への多大な貢献は比類がないもので、没後にはクィア神学の未来に大きな空白と解決すべき論点を残しました。アルトハウス＝リードの思想は、徹頭徹尾、攪乱的で大胆な神学を生み出しました。体系的な秩序に依存するのではなく、感覚と行為を信頼したのです。アルトハウス＝リードのクィア神学は、感情と行動の熱情的な神学でした。アルトハウス＝リードは「クィアな大衆神学は手に負えないものである。キリスト教神学の実質的な概念体系に混沌と無秩序をもたらすかもしれないが、その影響は計り知れない」（Althaus-Reid, 2004b: 9）と述べています。その神学は、伝統的な神学、フェミニスト神学、解放の神学の鋳型から訣別していたのです。

アルトハウス＝リードの経歴を見ると、その神学的プロジェクトの背景が見えてきます。アルゼンチンを離れ、スコットランドで博士課程を修了し、研究者としてのキャリアをスタートさせました。アルトハウス＝リードの神学は西洋とラテンアメリカの要素の寄せ集めだという人もいるでしょうが、ラテンアメリカの社会的文脈を使用することによって、その神学がラテンアメリカの人々の生の経験に根差している神学であることを確かにします。つまり、アルトハウス＝リードはラテンアメリカの人々がおかれている社会的文脈と関連し、かつ重要な問題には渉りあっているのです。レオポルド・セルバンテス・オルティス（Leopoldo Cervantes Ortiz）は次のように述べます。

アルトハウス＝リードは、ヨーロッパで学んだラテンアメリカの神学者たちが繰り返し渡った道を歩んだが、その神学は、単なる学問上の仕事にとどまらなかった。冷淡でもなければ、計算づくでもない。ましてや、特定の聴衆に向けて遠隔操作されたものでもない。このことを理解するためには、アルゼンチンやスコットランドで、〔行政などから〕十分なサービスを受けていないコミュニティの中でアルトハウス＝リードが行った活動を思い出す必要がある。

（Cervantes Ortiz, 2016: 29）

二〇〇〇年、アルトハウス＝リードは神学の根幹を揺るがすような著書を発表しました。この『下品な神学（*Indecent Theology*）』（Althouse-Reid, 2000）で、あらゆる神学が性の神学（sexual theology）であることを明らかにしています。つまり「〔神学は〕性的カテゴリーと異性愛の二元論システムに基づいており、性的行動と性的秩序に付きまとう。すべての神学的言説が暗黙のうちに性的な言説であり、上品な言説であり、容認された言説である」（Althaus-Reid, 2000: 22）と『下品な神学』は、挑発的で、革新的で、性的に露骨なものでした。この神学の斬新な性質をちょっと覗いてみましょう。この著書はアルトハウス＝リードの故郷であるアルゼンチンの路上でレモンを売る貧しい女性たちの質問から始まります。アルトハウス＝リードは、この女性たちが働く時に下着をつけないことをそれとなく示し、下着をつけない神学者こそが、これまで支配的だった「上品な（decent）」神学に挑戦することができると主張します。アルトハウス＝リードは、この女性たちの貧しさ、仕事、交流、そしてセックスを生き生きと描いています。「下着をつけない神学は、個人的あるいは政治的な性的不幸を神学的実践の一部として反映させる必要がある人々によって作られた。下着のない神学のポイントはここにある」（2000: 28）とアルトハウス＝リードは言います。

また、『下品な神学』は、ラテンアメリカの宗教文化におけるマリアの表象の問題を提起しており、マリアが処女であることは、その地域の貧しい女性たちがマリアと自分を同一視することができないことを意味すると述べています。アルトハウス＝リードは、そこに生きる貧しい女性たちが処女であることは稀であるというのです。神学にとって重要となったのはイエスの母マリアではなく、キリスト教の伝統におけるマリアの構築であり、そのマリアは「宗教的に異教徒の聖母（the religious alien Virgin）」（Althaus-Reid, 2000: 72）になったとアルトハウス＝リードは指摘します。イエスの母マリアはキリスト教の伝統によって不適切な部分が純化されており、アルトハウス＝リードはマリアを「出歩かない金持ちの白人女性」（Althaus-Reid, 2004b: 30）と表現します。

「神学に対して下品なことを述べる」（Althaus-Reid, 2000: 87）という任務を十分に自覚しながら、アルトハウス＝リードはマリアの神学的理想に対する批判から、イエスが神学においてどのように構築されてきたかに考察を移行します。「ヘテロセクシュアルな（独身の）男性として装われてきたイエス。そして男性器を消されたイエス、エロティックな身体を除いたイエス」（2000: 114）とイエスを描写します。イエスは異性愛の男らしさを前提とされ、それが属性となるのです。神学がイエスを性的存在としてほとんど考慮しないという事実は、「イエスとイエスの共同体との関係、そしてイエスと私たちとの関係を、人が互いに関係しあう方法の実例として見ることを許さない」（2000: 114）のです。キリスト教学がイエスのセクシュアリティをこのように消去していることにアルトハウス＝リードは気づき、その欠落部分を埋めるために想像力を働かせます。「イエスがトランスヴェスタイト、男性的なレズビアン、ゲイ、あるいは異性愛者であったかもしれない」（2000: 114）と想像できると述べます。アルトハウス＝リードは、バイセクシュアルなキリストを意味する「バイ／キリスト（Bi/Christ）」を想像します。そしてそれは、イエスが異性愛者のアイデンティティから外れた存在であることを可能にします。二〇〇三年に、アルトハウス＝リードはこの考えを基に、『クィア・ゴッド（*The Queer God*）』（Althouse-Reid, 2003）を発表しました。

アルトハウス＝リードの仕事は、クィア神学における先駆けとなりました。「神学において最も価値があるのは、安定性ではなく、不連続性の感覚である」（Althaus-Reid, 2000: 4）と述べています。キリスト教の伝統がいかに不安定であるかを示すことは、クィアの戦略です。人々が繰り返すからこそ、あたかも安定しているように見えるのにすぎないのです。アルトハウス＝リードは、中央にあるものの言語を用いた周縁からの神学に関心を寄せていました。神学が真にラディカルであるためには、周縁から中心を問い直さなければなりません。『性の神学者（*The Sexual Theologian*）』（Isherwood and Althouse-Reid, 2004）の中で、イシャーウッドとアルトハウス＝リードは、クィア神学の位置がいかに周縁にあるかについて言及しています。

クィア神学は周縁からの神学である。しかも周縁にとどまろうとする神学である……周縁からの神学が中央に受け入れられようと願う時、その運命は恐ろしいものになる！　そうはせずに、クィア神学は、区別化と複数性を追い求める。……クィア神学は、政治的及び性的に神学のクィアリングであり、それは初期フェミニスト神学が有するジェンダー枠組みの思想を超える。同時に、ゲイとレズビアンの神学の固定的前提も乗り越える。(Isherwood & Althaus-Reid, 2004: 3)

アルトハウス=リードは、周縁からの神学を模索する中で、神学の源泉としての生(life)の物語の重要性に価値を置いています。『下品な神学』の一つの章をまるまる「性的な物語の神学」にしています。「人々の日常の生は常に、排除することなく、社会的文脈に即した神学を行うプロセスの出発点を与えてくれる」(Althaus-Reid, 2000: 4)のです。本書の第5章で、クィアな生との関わりから生まれるクィアな神学を探求することにします。

## 神/キリストのクィアリング

そして、下品な神学者らは、こう言うかもしれない。「神は、ホモ(the Faggot)[2]である。神は、ドラァグ・クイーン[3]である。神は、レズビアンである。神は、理想的な異性愛構造を受け入れない異性愛者の女性である。神は、一つに定まらず。(ambivalent)、簡単には性的に分類されない」。(Althaus-Reid, 2000: 95)

アルトハウス=リードは、神とマリアのセクシュアリティがどのようなものであるかを果敢に想像しました。これは、神学における人間のセクシュアリティや性的倫理の議論から、神のセクシユアリティという考えへの実質的な移行でした。セクシュアリティは、しばしばタブー視され、議論されない方がよいと理解されています。私たちは広告やメディアはもとより、性的な表象に囲まれていますが、セックスについて話すことはしばしば、不作法、不潔、あるいは下品と見なされます。セックスそのものが厄介なのです。それゆえ、神を性的なものとして想像することは、神を純化された存在と見せかけることから引き離し、人間自身が性的であるという経験ゆえに共感できる神を明らかにすることなのです。それゆえ、神を性的なものとして想像することは、下品なことなのです。アルトハウス＝リードは、「神学とは、神のスカートの下に手を入れる技であるか？」(Althaus-Reid, 2004a: 99) と問いかけています。アルトハウス＝リードは、「神もまたクィアである。おそらく、あらゆるものの中で最初のクィアである」(2004a: 103) と述べています。

　神についての伝統的な考えをクィアするために、衝撃と下品さを利用することは、アルトハウス＝リードの神学的作戦の一部です。クィア神学は、境界がなく、下品で、性的であり、親しげな言動を敬遠しません。結局のところ、そのような親密さは人間の生の一部なのです。主流の神学は、これまで貧しい人々や周縁化された人々を排除してきました。その人々は支配的な神学の中で居場所を与えられたり、あるいは注意を払われたりしてきませんでした。アルトハウス＝リードは伝統

---

**2**　ホモセクシュアルの男性、時には女々しいと思われる男性、（時には）レズビアン。しばしば軽蔑的で攻撃的な表現である。

**3**　華やかで、大げさで、パロディ的な女性的ペルソナを採用し、華やかで、奇抜な衣装や化粧をするパフォーマー（通常は男性）。

的な想像とはかけ離れた神とマリアの概念の表象を提供します。下品な神学は、性的、身体化された社会的文脈とキリスト教の伝統との間に対話を提供するのです。

二〇〇三年に出版された『クィア・ゴッド』において、アルトハウス＝リードは異性愛とキリスト教の伝統的な考え方の外側に神を想定することを目的にしています。この著書で神学的なクィアリングに取り組み、いかに異性愛が神学における理解を形成してきたかを指摘しています。神とキリスト教神学は、異性愛から解放されなければなりません。異性愛はキリスト教にとって拘束衣（*straight-jacket*）であり続けたからです。クローゼットから神を連れ出すことは神を自由にすることであり、アルトハウス＝リードが述べるように、「神学のクィアリング、神学的課題のクィアリング、そして神のクィアリングは、キリスト教がクローゼットから出ることのすべてである。キリスト教は、もはや単に古典的な神学の王道を歩むものではない」（Althaus-Reid, 2003: 4）のです。

クィア神学に取り組むにあたって、アルトハウス＝リードは、神学者自身による正直さがこの課題には必要であると言います。「神学者がホモセクシュアル、レズビアン、バイセクシュアル、トランスジェンダー、トランスヴェスタイト、あるいは（理想的な）異性愛者のクローゼットから出る勇気を持たない限り、神はクィアされえない。クローゼットから出た神学者は、個人的なことを脇においておくことはしないからだ」（Althaus-Reid, 2000: 88）と説明します。したがって、クィア神学者は自分自身とその背景について情報を提供するのです。これにより、クィア神学者の立場とその課題を明確にすることが可能になります。神学の成果における誠実さとは、クィア神学が中立的で普遍的であることを装わないことを意味します。

アルトハウス＝リードにとって、クィア神学は中心としての神（the God of the centre）という考えと格闘するものです。アルトハウス＝リードの考えるクィアな神とは、「教会と神学の門に立つよそ者である……神は真に周縁の神……であり、神の民とともに流浪の旅に出て、民とともにその地にとどまった神」（Althaus-Reid, 2004b: 146）なのです。もちろん、神を概念化することは人間の営みであり、これは神について考える人間の能力の限界を示す一つの領域です。スチュアートとアルトハウス＝リードはともに、コンテクスト神学がいかに〔その神学が展開されている特定の文化的、社会的文脈の価値観を映し出す〕鏡としての神を創造する傾向に陥るかを述べています（Stuart, 2003: 29; Althaus-Reid, 2003: 52）。しかし、こうした方法で神を表象することは、神学の方法を堕落させるものであり、アルトハウス＝リードによれば、クィア神学は「神学の対象と主体を移動し、参照点を変え、知識や啓示の体系を時には不適切な方法で再配置」（Althaus-Reid, 2003: 52）しなければならないのです。

神についてのクィアな概念に戻ると、ロッフリンは、伝統神学におけるトマス・アクィナス（Thomas Aquinas）の否定神学（Negative theology）に注目しています。否定神学は、人間が神とは何かを正確に述べることができないため、神が何でないかという本質を探究するものです。そこで、ロッフリンは伝統的な神学の著作の内側から、クィアとしての神の性質を論じることに取り組んでいます。トマス〔の神の存在証明〕に従って、ロッフリンは「神について言える最も重要なことは、神が存在するということである……同様に、クィアが存在すると言うことができる。たとえ、クィアを効果的に展開することの影響を指摘すること以外に、クィアが何によって構成されているかを言うことができないとしても」（Loughlin, 2007: 10）と述べます。ロッフリンは、クィアという考えは神の考えと似ていて、定義を拒むものだとし、「クィアは神の名前として提供されるかもしれない」（2007: 10）と主張します。

この他に、パトリック・チェン（Patric Cheng）の『ラディカル・ラブ――クィア神学入門（*Radical Love: An Introduction to Queer Theology*, 2011）』〔工藤万里江訳、新教出版社、二〇一四年〕は、「ラディカル・ラブ」[4]としての神の概念に焦点を当てています（Cheng, 2011: 50）〔工藤訳、六五頁〕。このラディカルな愛は「固定されたカテゴリーや境界を破壊する」（2011: 51）〔六六頁〕のです。チェンにとって、三位一体は「ラディカル・ラブの内なる共同体」（2011: 56）〔七二頁〕として想像されます。イエスは「ラディカル・ラブの具現」（2011: 78）〔九五頁〕なのです。そしてマリアは「ラディカル・ラブの育み手」（2011: 87）〔一〇五頁〕です。

チェンは、キリスト教の伝統の中で活動しキリスト教神学のテーマを支持することによって、信仰告白的でありながらもクィアな観点を持って、自身のクィアな読みを形成しています。この中で、罪、恵み、贖罪、サクラメントといった信条（creeds）とキリスト教神学の概念が、ラディカルな愛についてのチェンの議論の枠組みとなります。

## クィアな伝統

キリスト教が常にクィアであったことを述べるクィア神学は数多くあります。その議論を網羅することは、紙幅の都合上できないのですが、関心を持つ読者は、章末の〈基本文献案内〉の、特にロッフリン編の『クィア神学——西洋の身体を再考する（*Queer Theology: Rethinking the Western Body*）』（Loughlin, 2007）に取り組むことをお勧めします。この編著の著者の一人であるスチュアートは、「キリスト教神学は、クィア理論が発明される以前から、二千年前に既にクィアだった」（Stuart, 2003: 102）と主張します。スチュアートの主張は、キリスト教が身体に焦点を当て、そして身体を置き換える宗教であることです。処女懐胎、教会の比喩としてのキリストの体（Body of Christ）、磔刑によるキリストの死、ユーカリスト（Eucharist）を通じてキリストの体を記憶する行為は、神学者がキリスト教の伝統の主要な信仰について考察し、それらが既にいかにクィアであるか、破壊的であるかを検討できる事例です。つまり、キリスト教学の伝統はクィア理論が世に出るよりもはるか前からクィアであったという示唆が含まれているのです。

「クィアなバックミラー（queer-view mirror）」と私が呼んでいる観点を使う神学者もいます。これは車のバックミラーをもじったもので、神学者が後方にある伝統を振り返り、現在の観点から再検討することです。言うまでもなく「クィア」は、キリスト教の二千年にわたる歴史に存在していたわけではありません。あくまで現代の概念です。しかし、伝統の中にも、非規範的なジェンダーとセクシュアリティについて、多様なクィアな読みが見られます。今日私たちが手にしている「ク

4　ラディカル・ラブとは「この世界に存在するあらゆる境界線を消してしまうほどの極端な愛のこと」（工藤訳、四頁）。

ィア」に相当する呼び名が存在しなかったということなのでしょう。クィアなバックミラーは、受け継がれた伝統についてクィアな読みを手助けする際の、創造的、批判的、分析的な観点を提供します。しかし、そうは言うものの、ジェレミー・カレット（Jeremy Carrette）は、伝統の要素をクィアするだけでは十分ではないと言います。カレットは、キリスト教が真にクィアになるためには、キリスト教の基盤をクィアしなければならないとし、具体的に唯一神の信仰や真理の独占を挙げます。「私たちは今、キリスト教神学の歴史を書き直す必要がある」（Carrette, 2001: 297）と言明します。

伝統のクィアリングは、しばしば初代教会の教父や聖人の生涯や働きについてクィアな読み解きを伴います。ラテンアメリカの神学者であるマーティン・ウーゴ・コルドバ・クエロ（Martin Hugo Córdova Quero）は、「過去をクィアすることは、それに対して異なる質問をすることを意味する……つまり、伝統的に受け入れられてきたものを超えた答えを見つけようとする」（Córdova Quero, 2004: 26）ことと述べます。そしてクィアなバックミラー[5]を用いた例として、イングランド中世の修道士、リヴォールのアエルレド（Aelred of Rievaulx）の生涯を再検討しています。まず、アエルレドと同僚の修道士であるシモン（Simon）との関係を再検討します。シモンの死後、アエルレドは親友を悼む挽歌を口ずさみました。この嘆きは、シモンとアエルレドの兄弟愛とエロティックな愛の表現であると解釈されています。アエルレドは友愛の神学を展開し、修道院の修道士たちに身体で感情を表現することを許したのです。それによって身体及び同性との身体的接触に伴う、罪悪感、神への背徳感、羞恥心といった感情を取り除いています。コルドバ・クエロは、アエルレドが生きた時代の社会秩序を分析し、修道院がいかに「ホモエロティックな行為におよぶ男性が集まる場所であり、（修道院は）ある種の選択肢を模索する場であった可能性」（2004: 42）があったかを明らかにしています。

このクィアなバックミラーを通して検討されるのは、教父たちだけではありません。コルドバ・クエロは、マグダラのマリアをクィアな視点で読み解き（Cordova Quero, 2006）、キリスト教がいかにマグダラのマリアを罪人か聖女かという二元論に貶めていたかを暴いています。マグダラのマリアはキリスト教のきちんとした上品な物語におけるひび割れを象徴しています。コルドバ・クエロの考察は、マグダラのマリアが罪深い女性として描かれていたことから始まって、初期教会の高潔な指導者になったことを論証しています。マグダラのマリアの扱いが持つクィアネスを辿ること、そして、アルトハウス＝リードから借用した「下品な神学」というメタファーを用いることで、コルドバ・クエロは「あらゆる神学（theology）は、実際にはイデオロギー（ideology）であり、究極的には無垢な神学（innocent theology）というものはない」（2006: 82）と結論づけています。

先に紹介したロッフリン編『クィア神学――西洋の身体を再考する』（2007）の第4部には、クィアな伝統及び伝統のクィアリングに関する豊かな事例が集められています。ここでもまた、クィアなバックミラーを用いる方法が、伝統的な概念の再検討に役立っており、更なるクィアな考察

5　ジョン・ボズウェル『キリスト教と同性愛――1～14世紀西欧のゲイピープル』大越愛子・下田立行訳、国土社、一九九〇年、一七七・二三〇－二三四・三〇五頁を参考にされたい。

が詳述されています。例えば、初期教会の神父であるニュッサのグレゴリウス（Gregory of Nyssa）について、ヴァージニア・ブルス（Virginia Burrus）が再解釈しています。ブルスはグレゴリウスの神学における欲望の概念を検討し、[*]処女性・童貞性（virginity）、結婚、父性に関する概念を分析しています。エイミー・ハリウッド（Amy Hollywood）は、中世の女性について批評的に読みます。三人の神秘主義的女性——マグデブルクのメヒティルド（Mechthild of Magdeburg）、アントワープのハデウェイヒ（Hadewijch of Anvers）、そしてマルグリット・ポレート（Marguerite Porete）についてクィアな読みを提供しています。この三人の礼拝への献身は神聖なエロティシズムとして明らかにされ、また神秘的な著作の言葉は、ジェンダーの前提に挑戦しています。同様に、クリストファー・ヒンクル（Christopher Hinkle）は、十字架の聖ヨハネ[6]（Saint John of the Cross）についてクィアな読みを展開します。他の神学者がするように、ヨハネをゲイの聖人として読もうとする誘惑に抗して、ヒンクルはヨハネが支配力を持つ神への服従することを、燃える欲望と愛の行為として検討します。

クィア神学は、必ずしも文書やテクストに基づいているわけではありません。伝統のクィアリングの例としては、クィア・アートの形式が挙げられます。キトレッジ・チェリー（Kittredge Cherry）の『挑戦するアート（*Art That Dares*）』（Cherry, 2007）は、女性キリスト、ゲイのイエス、そして恋する聖人たちの劇的な新しい理想像を提示しています。チェリーの見事な作品集には、様々なアーティストの絵画、写真、彫刻がコレクションに組み込まれ、スピリチュアルで個人的な黙想のための新しい芸術的形態が見られます。絵画では、アレックス・ドニス（Alex Donis）が、イエスとヒンドゥー神話のラーマ神が情熱的にキスをする姿を描いています（Cherry, 2007: 36）。キスのテーマは、ベッキー・ジェイン・ハレルソン（Becki Jayne Harrelson）による「ユダのキス（＝うわべだけの行為）」に描かれたゲイの抱擁（Cherry, 2007: 42）や、マグダラのマリアとグアダルーペの聖母（the Virgen de Guadalupe）の情熱的なキス（Cherry, 2007: 39）にも引き継がれています。エリザベート・オールソン・ヴァリン（Elisabeth Ohlson Wallin）の作品は、「山上の垂訓」と題したイエスのイメージを、鎖と拘束具を身につけた半裸の革装束の男たちに囲まれている写真で表現しています（Cherry, 2007: 74）。オールソン・ヴァリンの作品は、母マリアがイエスの亡骸を抱いている象徴的な「ピエタ（Pietà）」の再描写へとつながります。オールソン・ヴァリンはこの作品をこのクィアに再概念化し、病棟にてエイズで死にゆくゲイの男性が青い服の女性に抱かれている姿に描いています。

クィアな表象は、クィアな生を反映し、クィアな生に語りかけるために用いられます。チェリーは、「従来のイエスがもはやふさわしくないために、新しい表象が生まれるのだ」（Cherry, 2007: 8）と述べています。ユダヤ教とキリスト教の歴史を通じて、偶像やイコンの表象を作る者は常に神への冒瀆の罪を犯してきました。ヘブライ語聖書／旧約聖書は、モーセに対する神の戒めの一つとして、「あなたは自分のために彫像を造ってはならない。上は天にあるもの、下は地にあるもの、また地の下の水の中にあるものの、いかなる形も造ってはならない」（出エジプト記20章4節）と神

---

6　十字架の聖ヨハネは一六世紀のスペインのカトリック司祭。

の造像を禁止しています。キリスト教の教派の中には、礼拝の焦点として表象を用いるものもありますが、チェリーは、宗教的な表象には権力構造が働いていることを辛辣に指摘しています。「宗教的な表象をコントロールすることで、人々をコントロールし、……公認されていない表象は公認されていない人々によって作られうるのだ」と述べるのです（Cherry, 2007: 9）。チェリーのコレクションにアクセスできるように、本章末の基本文献案内にウェブサイトのＵＲＬを載せています。

## 弁証の戦略を超えて

神学の研究において、弁証学（apologetics）とは、自分の信仰について詫びること（apologising）を意味するものではありません。この用語は、ギリシア語で「理にかなった弁明」を意味する「apologia〔アポロギア〕」に由来しています。したがって、伝統的な弁証学は、理性的な議論を通じてキリスト教の宗教的な教えを擁護することです。ジェンダーとセクシュアリティに関して、弁証の戦略は、性別移行や同性婚に関連する神学的な問題を検討することがあります。弁証学に携わるクィア神学者は、キリスト教がＬＧＢＴＱ＋のアイデンティティと相容れないという主張に対抗する方法を探っています。教えや聖書に目を向け、キリスト教のメッセージの中に、クィアな着想に訴えかけるような例を見出すでしょう。ゲイとレズビアンの神学そしてクィア神学は、主に弁証の戦略を用いてきました。

『クィア神学――弁証学を超えて（*Queer Theology: Beyond Apologetics*）』で、リン・トンスタッド

（Linn Tonstad）は、「クィア神学は弁証学のことではない、あるいは、少なくとも弁証学のことであってはならない、、、、」（Tonstad, 2018: 16）という立場です。「クリスチャンは、性的な道徳の問題について議論することを完全にやめ、その代わりに、クリスチャンは、神の前にある個人の良心の見極めに従うべきである」（2018: 38）と述べています。トンスタッドは、神学におけるクィア・プロジェクトの焦点が、いかに資本主義であるか——経済と性の関係であるか、を述べています。異性婚、一夫一婦制、生殖がいかに資本主義の歯車であるかをトンスタッドは次のように説明します。「子どもは資本主義の継続と成長のために必要なのである。子どもは生まれねばならず、服を着せられ、食べさせられ、教育されなければならず、そしてその結果、子どもたちは、今度は生産労働者と消費者となるのだ」（2018: 81）。宗教はこのプロセスを神聖化し、「神聖さ、神の意志、倫理的責任のオーラを与えている」（2018: 82）のです。

トンスタッドは自らの立場を述べるにあたって次のように言います。「私はクィア理論にも取り組むキリスト教神学者である。多くのキリスト教神学者と多くのクィア理論家は、両者の組み合わせが可能であると信じている。そのくせ、その協働作業がどのように行われるべきかについて、たいてい意見を異にする」（2018: 50）。トンスタッドは、クィアな弁証学は神学的価値をほとんど提供しないという主張を繰り返し、そして、自身の仕事が「ほとんどの神学者が好む以上に教えに偏りすぎている」（2018: 50）と評価されかねないことを認めています。

クィアは固定できません。したがって、複数形であるクィア神学（Queer Theologies）という用語は、クィア神学者が話す言葉の違いを強調するのに非常に適しています。クィア神学者はそれぞれの研究に、方法と忠実さに関する自分なりの好みを持っているものです。クィアは定義できないし、固定化もできません。それゆえ、クィア神学者は、クィア神学がどうあるべきか、あるいはどうあるべきでないかを述べる際に注意を払う必要がありますが、それは規範（normativity）を切り開く試みと見なされるからです。弁証の戦略が用いられるか否かにかかわらず、クィア神学は、攪乱、権力構造やヒエラルキーの除去、そして強固に固定された対象や立場の不安定性を示すという課題に取り組んでいます。クィア神学は多様であり、複数形です。クィア神学は多数の要素からなり、変化に富んでおり、その豊かさゆえに、異なりをそれぞれの神学者ごとに語ることができるのです。

クィア神学を特徴づける主要なテーマの一つは、伝統的な神学の継続と攪乱という考えです。クィア神学は、家父長制と異性愛規範の伝統が、検討されることなく、批判されることなく、破壊されることなく、攪乱されることないまま、継続することを拒みます。キリスト教の伝統が安定しているように見えるのは、その伝統が何世紀にもわたって繰り返されてきたからであり、その繰り返しが、神学、身体、信念を規制する権力構造の支配を確固たるものにしているからなのです。私はこれを「キリスト教的規範（Christian-normativity）」と呼んでいます（Greenough, 2018: 172）。伝統的なキリスト教を繰り返すことへの抵抗がクィア神学の課題なのです。アルトハウス＝リードが述べるように、「クィアの伝統は、誇りを持ち、抵抗とともにある人々の共同体が共有する、不連続と無秩序の記憶の奇妙な同盟でできている」（Althaus-Reid, 2003: 10）のです。ここで注目すべきは、身体としてのクリスチャンの共同体です。続いて、キリスト教の礼拝がクィアであるということを見ていきましょう。

## クィアな礼拝

クィアな人々は、教会の部外者ではない。キリスト教には常にクィアなメンバーがいただけでなく、また常にクィアされる対象となる可能性を秘め続けてきただけでもない。最初からラディカルなクィアネスのある現場であったのだ。(Larrimore, 2015: 2)

マーク・ラリモア(Mark Larrimore)は、教会の中に常にクィアなメンバーがいたことを論証し、そしてキリスト教は常にクィアであったと主張するスチュアートのような神学者と同じ立場です。LGBTQ+の人々を教会に包摂することに関する疑問が高まっています。なぜ、LGBTQ+の人々は、ホモフォビアとトランスフォビアの立場をとることの多い教会にとどまるのでしょうか。クリスチャンであることと、自分のアイデンティティの規範的でない部分をどのように調和させるのでしょうか。第5章では、クィア・クリスチャンの生から生まれるクィア神学を見ることで、これらの疑問のいくつかを取り上げるのですが、ここでは、周縁化された人々を包摂しようする動きが、キリスト教の教派の中で発展してきていることについて考察します。そして、キリスト教の礼拝がどのようにクィアな人々の生を反映していると見ることができるかを検討していきます。クィアな礼拝については、二つの視点から見ていきます。第一の視点では、「クィア」な人々のための礼拝に必要な要素と妥当性について考察します。第二の視点では、キリスト教の礼拝の中で通常とは異なる、あるいはクィアな要素を明らかにします。

キリスト教の教派の大半は、ゲイやレズビアン、ＬＧＢＴＱ＋に関連する組織を立ち上げています。例えば、ローマ・カトリックのクエスト（Quest）[7]、米国聖公会のインテグリティ（Integrity）[8]、メソジストのアファメーション（Affirmation）[9]、バプテストのアソシエーション・オブ・ウェルカミング・アンド・アファーミング・バプテスト（Association of Welcoming and Affirming Baptists）[10]、福音派のエヴァンジェリカルズ・コンサーンド（Evangelicals Concerned）[11]などが挙げられますが、それだけにとどまりません。組織上のヒエラルキーの立場はともかく、自分たちがＬＧＢＴＱ＋を歓迎し、教会を開放し、肯定していることを公にする教会も増えてきています。ＬＧＢＴＱ＋のクリスチャンの信念やアイデンティティを肯定するような礼拝を行うＬＧＢＴＱ＋フレンドリーな礼拝組織や教会が世界中に数多く存在します。メトロポリタン・コミュニティ・チャーチ（ＭＣＣ）は、ＬＧＢＴＱ＋の人々に特別に奉仕する教会共同体の一例です。この教会は、ストーンウォール事件の一年前に、トロイ・ペリー牧師（the Rev. Troy Perry）[原註1]によってカリフォルニアに設立されました。同教会のウェブサイトによると、現在、二二か国、約三〇〇の教会に四三〇〇〇人の教会員がいます。オーストラリア、ヨーロッパ、北米にあるＭＣＣの教会に加え、アフリカ（ケニア、ナイジェリアなど）、ラテンアメリカにも存在します。ロシアでは名実ともに存在感を発揮しています。というのも、近年の法改正により同性愛のプロパガンダに対する罰則規定が設けられているからです[12]。アジアでは、以下に示す教会で、ＬＧＢＴＱ＋の包摂とクリスチャンの宗教コミュニティにおけるクィア神学に関連して、重要な取り組みが行われています。インドネシアのジャカルタ神学校（The Jakarta Theological Seminary in Indonesia）、インドの全国教会協議会（The National Council of Churches）と連合神学校（The United Theological College）、フィリピンのＭＣＣ教会、台湾の同光教會（Tong Kwang church）、香港の基恩之家（Blessed Ministry Community Church）と性神學社（The Queer Theology Academy）などです。

アンディ・ブラウンストン（Andy Braunston）は、「クィアな教会」についての議論の中で、英国でＭＣＣの集会を設立し、主任牧師となった自身の経験を詳述しています。ブラウンストンは、主流の教会のルールに従うことを拒否することによって、クィアな礼拝がいかに自己を形成し、教会とは何かを創造することができるかについて指摘しています。これは伝統的な信徒組織を離れた人々にとって、力づけられる魅力的なことでした。ブラウストンは、クィアな教会やクィアな礼拝がどのようなものであるかを次のように詳細に述べています。

---

7　英国一九七三年創設。ウェブサイト（英語）https://www.consortium.lgbt/member-directory/quest/

8　米国一九七四年創設。二〇二二年四月解散。ウェブサイト（英語）https://www.integritylistensandspeaks.org/

9　米国一九七六年創設。ウェブサイト（英語）https://www.umaffirm.org/site/

10　米国一九九三年創設。ウェブサイト（英語）https://awab.org/

11　米国一九七五年創設。ウェブサイト（英語）https://ecinc.org/

12　「同性愛宣伝禁止法」：未成年を対象に同性愛などを肯定的に伝えるプロパガンダを禁止する（二〇一三年発効）。二〇二二年に対象が国民全体に拡大された。

私たちを結びつけているのは、自分たちでルールを作っているという感覚なのである。自分たちの生や愛を示す典礼や儀式を作り出すことができる……詩人や音楽家は今、私たちに賛美歌を書いている……自分たちで愛と生にとって力強く意味深い方法で教会を再創造している。（Braunston, 1997: 102）

キリスト教神学では、典礼[*]（liturgy）とは儀式（rites）、式次第（rituals）、式（ceremonies）、サクラメント（sacrament）を含む公的な礼拝の形式のことです。クィアな典礼について、『宗教とはクィアなもの（*Religion is a Queer Thing*）』（Stuart ed., 1997）が具体的な提案をしています。礼拝の一部に取り入れるエクササイズや振り返りなど、実践的な提案が展開されています。取り扱うテーマは幅広く、読者にとってわかりやすい言葉で、聖書、神、クィアなキリスト、救い、典礼、クィア倫理について議論しています。編者のスチュアートは、レズビアン、ゲイ、バイセクシュアル、トランスジェンダーの声をクィアな礼拝の構想に取り入れたいと考えています。スチュアートは「クィア神学が、世界の混乱と泥沼の中でクィアな生の現実を生きている人々の現実と霊性を反映している場合にのみ、クィアな人々だけでなく、すべての男性と女性を変革する潜在力を持つだろう」（1997: 4）と述べています。

スチュアートと同じように、マーティン・ストリンガー（Martin Stringer）は、礼拝の一部として、私たちの厄介な身体と生を受け入れることを提唱しています。ストリンガーはキリスト教がいかにクィアであったかを指摘する学者の一人であり、イングランド国教会／カトリックの礼拝をキャンプ（camp）[13]やドラァグ（drag）[14]として読み解いていきます。（Stringer, 2000）。ストリンガーは、礼拝がいかに身体的、感覚的な体験であるかに注視します。そしてこれらの要素に焦点を当てることで、礼拝を知的、精神的なものとする議論に対抗し、再び、身体に焦点を当てるのです。実際、ストリンガーは礼拝に身体が不可欠であることを指摘します。というのも、キリストの体と典礼の身体は神学で広く議論されていますが、これらの議論は「あらゆる現実の身体、特にあらゆる種類の『身体機能』から距離を置いている」（2000: 38）からなのです。それゆえ、身体は理想化され、人間の現実の身体は望ましくないと避けられることになります。こうして、ストリンガーに言わせると、礼拝における身体の議論では、機能的な、不潔な、罪深い、あるいは性的といった人間の身体のあらゆる資質が完全に無視されることになるのです。ストリンガーは礼拝のキャンプ的側面を強調する際、教会の聖具室[15]がいかに男性ばかりの環境で、これからパフォーマンスを行おうとしている男性がレースや宝石で身を飾るかを指摘し、ドラァグとの類似性を引き出しています。しかし、この遊び心にあふれた読みは冗談ではありません。ストリンガーが結論づけるように、「しかし、もし私たちがキャンプを超えて、礼拝においてもっとオープンに、直接的に私たちの性的自己を表現する別の方法を見つけることができるならば、もっと希望と喜ぶべき理由があるのかもしれ

13　意図的に、伝統的な、または一般的な趣味や礼儀の考え方に拘束されないこと。特に、芸術作品や娯楽作品、または演劇の様式や演出に関して用いられる。
14　男性によって着用される女性的な服装。また、女性的な服装をした男性が参加するパーティーやダンス。
15　聖職者の祭服や聖餐式の聖器が保管されている部屋。教派により名称は異なる。

ない」（2000: 54）のです。

クィアな人々は、教会や礼拝の共同体の一員です。シヴォーン・ギャリガン（Siobhan Garrigan）は、ＬＧＢＴＱ＋の人々の人生における重要な出来事は、教会の中でどのように記され、祝われるのかと問います。ギャリガンはカミングアウトの儀式、〔ジェンダー・アイデンティティに合う名前への〕改名の儀式、家の祝福、同性婚の祝福を想定しています（Garrigan, 2009: 213）。同様に、「ＬＧＢＴの人々の生について語られる説教を何度聞いたことがあるか」とも問いかけます。(2009: 214)。ギャリガンは想定する儀式が、公的な典礼の礼拝を補足する私的なものでなく、礼拝全体の一部となるよう求めています。それは何かを私的な行事とすることで、その状態を共同体から隠してしまうからです。この見解を述べるにあたって、クィア神学が礼拝に関わる際は、理論やイデオロギーではなく、むしろ実践的でなければならないとギャリガンは指摘します。神学と同様に礼拝もジェンダー化され、異性愛規範的であることを強調する中で、神に対する男性的な言及が取り除かれた時、礼拝が真にクィアとなると言います。「今や、革の服を着て[16]礼拝に来る人々を許すかどうかを提案する時ではなく、クィアな礼拝は、神を父以外の何かと呼ぶことを提案する時に最も議論を呼ぶ」（2009: 219）。フェミニスト神学が神に関する男性的な言葉について懸念を抱いていたように、クィア神学においても、神の描写は、礼拝者が好む用語を反映するのです。

この意味で、私たちはこの分野の中で最も論争になっている問題の一つに向き合います。クィアなアイデンティティ（ＬＧＢＴＱ＋）と、アイデンティティの解体として機能するクィアとの関係です。もしクィアがアイデンティティを攪乱するのであれば、クィアのアイデンティティをどのように表現し、あるいは支持することができるのでしょうか。アイデンティティを反映したクィア神学と、アイデンティティを超えたクィア神学は、しばしば曖昧な関係にあります。

この難しい問いに答えるために、私たちは、クィア神学が普遍的でなく、すべての神学者が同じ言語を話しているわけではないことを思い起さなければなりません。ある者にとっては、クィア神学は知的で理論的（アイデンティティのクィアな攪乱）であり、他の者にとっては実践的（クィアなアイデンティティへの奉仕）です。クィア神学は、二つの異なることを行っているかのように見えます。一方では、理論、伝統、理性に根差したトップダウンのアプローチから取り組んでいるように見え、他方では、クィアな人々の生に根差したボトムアップのアプローチから取り組んでいるようにも見えるのです。それぞれのアプローチには、複雑で挑戦的な問いがあります。このことが漠然とした部分を残し、また、両アプローチ間の相違につながることもあります。クィア理論は学問的な領域やアプローチとして、海を濁すものであることを忘れてはなりません。ですから、海は常に不透明で、波立っているのです。クィアは、多様なアプローチにおいて、学問の混乱状態を許容するのです。

クィアな礼拝共同体における包摂は、現実的なレベルで依然として重要な問題です。つまり、LGBTQ＋の人々が地元のコミュニティで友人や家族をはじめとする人々との礼拝を選択できるかという現実があるのです。包摂の問題は、理論的あるいは理性的とも言える立場にもかかわらず、

**16**　例えば、ＢＤＳＭ（第5章で紹介）のメンバーなど。

キリスト教にとって重要な挑戦であり続けています。それはまさにＬＧＢＴＱ＋でクリスチャンである人々が、日常の生において精神的な苦境にあるからです。自分のアイデンティティとは対立することと交渉し続けるのは、長期にわたり、困難で、そして情緒的な負担を伴うプロセスとなります。ある人は、個人として、主流の神学の中心にあるものを拒否することを選ぶかもしれませんし、ある人は主流神学に残ることを望むかもしれません。クィア神学と実践神学を融合させたこれらの議論は、ＬＧＢＴＱ＋のクリスチャンにとって決して軽んずることのできないことなのです。

宗教的共同体から見棄てられること、拒絶されること、孤立することは、クィアなクリスチャンの生に特徴的なものです。礼拝共同体の喪失は多大な影響を与えます。デリン・ゲストは、自分が育ってきた宗教的コミュニティが過去のものになる時、本当の喪失感があると述べています。救世軍を去る時の喪失と悲しみの経験をゲストは次のように回想しています。

> 私が予想しなかったのは、この行動がもたらす損失の大きさだった。私の叔母、叔父、姪、甥、いとこ、祖父母になろうとする人々によって作りあげられた、まるで愛に満ちた家族にも似た宗教的な家庭を失うこと。典礼的な環境、特に音楽や賛美歌の歌詞という遺産を失うこと――そのすべてが、ジェンダー的な固定観念や異性愛主義に基づくものではあったが、私にとっては深い意味を持つものだった。そして、神との関係を失うことでもある。（Guest, 2008: 202）

宗教的アイデンティティは、多くの場合、生まれた時から、地域の礼拝コミュニティや周囲の人々との関係を通じて構築されます。したがって、ＬＧＢＴＱ＋のクリスチャンにとって、包摂の問題は重要なものであり続けるのです。

## クィアなサクラメント

> クィア神学は、教会の伝統を度外視するものではない。しかし、クィアリングの過程で教会の伝統を根底から覆すかもしれない。（Althaus-Reid, 2003: 8）

アルトハウス＝リードは、キリスト教の伝統のクィアリングという実践的な課題がいかに攪乱的であるかを述べます。同様に、スチュアートはサクラメントの包括的なクィアな読みを提示しています（Stuart, 1997, 2007, 2010）。スチュアートが根底にする神学は、「キリストの体はクィアである。サクラメントを通して、キリストの体はクリスチャンが利用できるようになる」（Stuart, 2007: 66）というものです。キリスト教において、サクラメントは重要な通過儀礼で、クリスチャンを神に近づけます。カトリックと正教会[17]の伝統には、*洗礼（baptism）・ユーカリスト・*堅信（confirmation）・*ゆるし（reconciliation）・*病者の塗油（anointing of the sick）・*叙階（holy orders）・結婚の七つの主要なサクラメントがあります。プロテスタントは、上記のサクラメントのうち五つを否定し、洗礼と

---

**17**　正教会ではそれぞれ、洗礼機密・聖体礼儀・傅膏機密・痛悔機密・聖傅機密・神品機密という。

ユーカリストの二つを重要なものと見なしています。このクィアなサクラメントを概観する項では、洗礼とユーカリストについて検討します。また、キリスト教会における結婚問題を巡る論争に注目します。更にサクラメントではないクィアな通過儀礼、すなわち、「カミングアウト」の概念について考察します。

## 洗礼

クィアな視点で読むと、洗礼は、クリスチャンをアイデンティティを超えて変化させるサクラメントであることがわかります。洗礼は入信のサクラメントです。洗礼は個々人を命名し、教会に帰属させる儀式です。ある教派では、洗礼は生後数週間の赤ちゃんに授けられます。他の教派では、洗礼は、キリスト教を信じる人が大人になってから、自分の自由意志で教会の完全なる一員になることを選択するものです。洗礼を受けると、クリスチャンは自分の罪が洗い流されると信じます。水が洗礼の重要なしるしである理由です。その結果、クリスチャンは罪に対して死ぬのです。洗礼というサクラメントのクィアな読みにおいて、スチュアートは洗礼を新しいアイデンティティの獲得と見ます。アイデンティティを人間という標識を超越するものと見るのです。また、洗礼は同時に起こる二つの死であることを示します。一つは罪に対する死、もう一つはアイデンティティに対する死です。洗礼が「他のすべてのアイデンティティのあり様とそしてとそれに追いつきたいとする願望が適切でないことを明らかにする」(Stuart, 2007: 67) と述べます。スチュアートの洗礼に対する理解は、新約聖書のパウロのガラテヤの信徒への手紙に基づいています。そこではパウロは次のように宣言します。「ユダヤ人もギリシア人もありません。奴隷も自由人もありません。男と女もありません」（3章28節）。スチュアートにとって、洗礼はクリスチャンとしての新しいアイデンティティを持つことを意味し、それは地上の人々を隔てるアイデンティティのカテゴリーを消し去るものです。この信仰は、死後の世界で真に実現されます。キリスト教神学において、終末論（eschatology）は死、審判、死後の世界についての考察です。スチュアートの信念は、洗礼はパウロがガラテヤの信徒への手紙の中で述べた終末論的約束と完全に結びついています。永遠の死後の世界という約束が、洗礼を受ける者を「社会が恐れている死を自らの存在として背負う者」（2007: 73）にしていると指摘します。スチュアートは、クィアな肉体はサクラメントの肉体であると主張し、洗礼を通して、「キリストにあって、男性性と女性性、そしてゲイ・レズビアンとストレートは、洗礼の衣だけが残る恵みの座の前で消失するカテゴリーである」（2007: 75）と述べています。

　このアイデンティティ抹消の考え方を理想主義だと捉える研究者もいます。アンディ・ブーチェル（Andy Buechel）はスチュアートのサクラメントの読みを「豊かで説得力があるが、その理想主義には問題がある」（Buechel, 2015: 58）としています。スチュアートの洗礼の考えが、現在地上で起こっていることよりも、むしろ死後の世界で起こることに根差していると述べます。ブーチェルによれば、スチュアートの読みが意味することは、「もはや男と女、ゲイとストレート、あるいは他の人間のアイデンティティを介して互いに関係することはない」（2015: 63）ということです。ブーチェルはこの読みに応答して「クリスチャンが、洗礼を受けていない人と同じ文化的アイデンティティに今まで通り縛られていることは極めて明白である。事実、これらのアイデンティティの非多様性を暴くことに成功しているのは、しばしば非洗礼者である」(2015: 63)と言います。ブーチェルは、洗礼がクィアなクリスチャンにとっていかに問題であるか、特に、一つのクリスチャン家族に組み込まれることを次のように表現します。

洗礼を受けた者は、他の人と同じ文化的構造、交渉、策略を避けることができるような特権を与えられてはいない。実際、教会における性とジェンダーを巡る論争を見れば、全く逆のことを信じざるを得ないだろう。(Buechel, 2015: 65)

ブーチェルにとって、スチュアートが示唆するようにクリスチャンがアイデンティティの問題が解決されるのを死後の世界まで待たねばならないのは、遠回りすぎるのです。ブーチェルは、「終末論への訴えは、……今ここで対処される必要がある問題には十分な注意を払わないのかもしれない」(Buechel, 2015: 73)と述べています。

アイデンティティの問題を超えて、誕生と洗礼の関係も討議すべき問題です。アルトハウス゠リードは、洗礼が個人の人間性を認めず、評価せず、祝わない儀式であることを懸念しています。実のところ、洗礼は「生まれたばかりの人間の不完全さを前提とするという意味において、人間の価値を減ずる神学に基づく典礼行為だからである。しかし、それはまた、女性が社会から完全な人間として受け入れられる子どもを産むことができないかのような、女性の地位の格下げでもある」(Althaus-Reid, 2003: 136)。簡単に言えば、洗礼の必要性を明示することで、人間の出産の経験をむしばむのです。キリスト教における洗礼は出産よりも優れていると見なされ、この儀式を経験しない限り、人間はキリスト教の家族の一員ではないことを意味します。アルトハウス＝リードはまた、このような人間の格下げは産みの母にも及んでいると強調します。産みの母は〔自分自身が〕洗礼を受けるまでは、〔洗礼が前提とする状態の〕不完全な人間、あるいは不完全な存在ゆえに、子どもを産めないのです。アルトハウス＝リードは、「洗礼は、ここでは出生のサクラメント的補足として現れる」（2003: 136）と結論づけています。

## ユーカリスト

ユーカリストとは、キリスト教神学において、イエスが最後の晩餐で行った行為を想起するサクラメントのことです。カトリックでは「聖体」と呼ばれ、実体変化を信じています。実体変化とは、聖職者の祝福によって、パンとワインが実際のイエスの体と血に変えられるという信仰です。この考え方のために、ユーカリストのクィアな読みは、身体と血についての考え方を活用するのです。このような考えは、人間の身体化と人間の経験に関わります。ユーカリストにおけるキリストとクリスチャンの結合は、性的な観念によって形作られたイメージを用いることで、身体の融合として見ることができます。ユーカリストを通しての親密な経験の性的な心に浮かぶイメージは、ロバート・ゴスのエッセイ「キリストへの情熱的な愛――クローゼットから街へ」（Goss, 2000）という論考の中で展開されています。ゴスはユーカリストというサクラメントを祝福する時、「私はイエスと愛し合うことを心に描いた。自分が性的に興奮するのを感じ、キリストであるイエスとのオーガズムの結合で絶頂に達した……イエスは私のゲイの恋人だった」（2000: 300-301）と書いています。ゴスは、パートナーであるフランクとの愛の営みの中で、キリストの存在を表現し続けます。「私たちのセックスはユーカリスト的であり、激しく情熱的であり、激しく霊的であった。情熱的な愛の営みの中で、私は孤独なエロティックな祈りの中でしか経験しないような方法で、キリストを感じた。私たちの愛の営みにキリストを感じ、それを手放したくなかった」（2000: 301）。スチュアートもまた、「神はそこにいて、シーツの間をそよぎ、撹乱し、狂わせる」（Stuart, 2010: 114）ことに同意します。しかし、スチュアートにとって性的出会いの間に神の存在を経験するという満足感は一時的なものに過ぎないのです。スチュアートは、「ベッドの中であろうとなかろうと、神を人間に関わることに要約することは危険だ。なぜなら、人と人との関係は、どうしても神的なものへの重みに耐えられないからだ」と警告します。スチュアートのクィアなユーカリストは、人間の特性やアイデンティティが多様であることが、いかにキリストの体の一部であるかを示します。

> この身体の最大の特徴は、その驚くべき多様性である。あらゆる生物学的性、セクシュアリティ、人種、階級がこの身体の一部であり、まっとうで上品な者も下品な者も含まれる。私たちの個々の身体がその意味を見出すキリストの体は、完璧なクィア・コミュニティである。
> （Stuart, 2010: 122）

もう一つのクィアな読み方として、アルトハウス＝リードは、ユーカリストで神の肉体を消費することの身体的側面を強調します。ユーカリストを共食いの出来事と位置づけ、キリストの体と血を人間が口にすることはいずれも沈黙のうちに行われるが、カトリック教徒にとって不可欠なものであることを指摘します。アルトハウス＝リードは「神学において優雅に抑制され、表現された共食い的要素」（Althaus-Reid, 2000: 57）と耳目をひく表現をします。

## 結婚

結婚のサクラメントに関する議論については多少の不安があります。というのも、同性カップルの愛に満ちた関係や結婚を認めることに関して、教会の複雑で対立的な立場に注目することになるからです。この議論は第5章で更に展開していきます。スチュアートは、ＬＧＢＴＱ＋の人々がサクラメントに与るようには、教会は備えていないと見ています。「レズビアンやゲイ、トランスセクシュアルを教会での結婚に取り込むことを教会が拒否していることは、サクラメントの終末論的・キリスト論的側面への関与が欠如していることを示す」（Stuart, 2007: 73）とスチュアートは述べます。

本書の執筆時点〔二〇二〇年〕では、キリスト教の主な教派は、結婚を一人の男性と一人の女性の間の結合として概念化しており、結婚が性的に完全なものとなり、子孫繁栄につながるという理解を伴っています。サクラメント（の一つ）として、なぜ結婚をクィアに読むことが、これまで異性愛者でない人たちにとって重要であったかの理由を理解するのは難しいことではありません。更に、このことは同性間の結婚という議論を超えた問題を提起しているのです。二人を超えた関係、つまり別のパートナーを含む関係についてはどうでしょうか。また、子孫繁栄の原則は、子どもを産まないことを選んだ人や、子どもを産むことができない人にとって、そもそも悩み多き問題となります。養子縁組は、結婚における子孫繁栄の意味において、どのように位置づけられるのでしょうか。コーンウォールは『馴染みのない神学／お馴染みの神学（*Un/Familiar Theology*）』（Cornwall, 2017）において、これらの問題について広範な議論を展開しています。コーンウォールの馴染みのない神学／お馴染みの神学は、クリスチャンの伝統にとっては「馴染みのない」と呼ばれるかもしれない現実の社会経験の複雑さに注目することに先立って、神学的伝統、つまり結婚と生殖というお馴染みの概念を評価することに根を下ろしています。しかし、この現実社会が既に経験していることは、「まさに伝統がまだ受け入れていないものの一部である。したがって、馴染みのないものは、既に伝統の一部であると同時に、伝統がそうなる可能性のある部分」（Cornwall, 2017: 15）なのです。コーンウォールは、伝統を守りたいという選択者の立場と、伝統の中にいる多くの人々の生の現実を指摘することで、バランスをとっています。伝統は多少なりとも、どんな場合でも安定した不変のものではなく、現実の問題について、関与し、進化しなければならないのです。コーンウォールはこう言っています。

例えば同性婚が結婚を多少変え、例えば同性カップルや独身者による養子縁組が、例えば我々が家族や親であるべきと理解しているものをいくぶん変えるならば、これは嘆くべき逸脱ではなく、注意深く取り組むべき変化なのである。（Cornwall, 2017: 2）

コーンウォールは結婚について果敢に検討し、「クリスチャンは結婚を所有していない」（2017: 45）こと、「神が結婚を発明したのではない。人間が結婚を発明したのである。それゆえ、人間は結婚を再発明することもできる」（2017: 46）ことを私たちに気づかせるのです。

ユーカリストがキリストの体とクリスチャンとの肉体的な関係を描いているように、ヘブライ語聖書／旧約聖書には、神とイスラエルの民との関係の研究から浮かび上がる結婚のメタファーがあります。この神と民の関係という考え方は、キリスト教ではイエスと教会という概念で再解釈されています。ロッフリンは、ヨハネによる福音書のカナの婚礼の物語〔2章1―11節〕を取り上げ、私たちがいったい誰が結婚したのかわかっていない点を強調します。この物語は、イエスが水をワインに変えた奇跡を思い起こさせるものとして広く知られているのですが、ロッフリンはこの物語を再考し、キリストが弟子のヨハネと結婚していたことを示唆します。そしてこれが「クィアな結婚、すなわち婚姻における男たちの結合」（Loughlin, 2007: 2）であると指摘します。

性的表現は、伝統的な神学が主張するような、生殖だけを目的としたものではありえません。結婚を子孫繁栄のためのセクシュアリティと同一視することが、いかに親密な関係における快楽を否定しているかをゴスは指摘します。セクシュアリティを規制しようとする教会の企てが、教会の権力の現れであること、それゆえ、伝統的な結婚を転覆しようとし、快楽のためのセックスを促進しようとする試みが、教会にとっての脅威となることを暴きます。結婚や家族構造に対する脅威が、「セクシュアリティの社会的構造を革新的な意味と価値観に向けて開放する」（Goss, 1993: 136）のです。更にセクシュアリティとジェンダーが社会的にどのようにつながっているかという構造を明らかにすることによって、ゴスは同性間の結婚（same-sex union）を家父長制や異性愛規範の前提から自由であると見ています。つまり「同性婚には、結婚という制度に社会的に組み込まれている異性愛を前提とする性差別や夫婦間の固定観念がない」（1993: 137）のです。ゴスは、同性パートナーの結婚を承認するというよりも、むしろ神学はこの関係から学び得るというのです。

結婚が公的なイベントであり、結婚に関する禁止事項が読み上げられ、親しい友人や家族に祝ってもらうことから、チェンは、これが「カミングアウト」の経験と類似した肯定的承認であることを指摘します。チェンは「結婚のサクラメントはカミングアウトとも密接に関係している。なぜなら、カミングアウトこそが、同性同士の結婚をそもそも可能にするからだ」（Cheng, 2011: 124）と言います。ＬＧＢＴＱ＋の人々の生に特有の極めて重要な出来事として、カミングアウトには特有の儀式と変容があります。カミングアウトはクィアのサクラメントなのです。

## サクラメントとしてのカミングアウト

サクラメントから排除されてきた人々の存在は、ＬＧＢＴＱ＋の人々に対して敵対的な立場をとる教会があることから窺い知ることができます。クリス・グレイザー（Chris Glaser）は、ＬＧＢＴＱ＋の人々の生に敵対的な教会が与える影響について次のように論じています。

私たちが経験してきたみ言葉とサクラメントは、私たちを迎え入れようとする開かれた手ではなく、私たちを打ちのめそうとする霊的虐待のこぶしであった。私たちを抱擁しようとする開かれた腕ではなく、私たちを押し退けようとする腕であった。更にキリストの体すなわち教会を広く共有するというよりは、安全のために遮蔽するものであった。（Glaser, 1998: 5）

グレイザーは、「カミングアウト」こそがＬＧＢＴＱ＋の人々にとって最も重要なサクラメントであると主張しています。自己を肯定する行為としてのカミングアウトのプロセスは、個人が情報公開についていかなるコントロールも発言もできない「アウティングされる（outed）」こととは全く逆です。「カミングアウトは私たち独自のサクラメントであり、私たちの生において神聖なもの、すなわち、私たちの価値、私たちの愛、私たちのセックス、私たちの愛する人、私たちのコミュニティ、私たちの意味の社会的文脈、そして私たちの神を明らかにするという脆弱なる儀式である」（Glaser, 1998: 9）とグレイザーが述べているように、カミングアウトという行為はスピリチュアルなものです。グレイザーはユーカリストの儀式においてコミュニティが果たす役割を強調します。なぜなら、サクラメントの遂行には、個人だけでなく、共同体全体が関わっているからです。グレイザーは、「サクラメントの神聖な性質が、サクラメントの有効性を信じていない人にサクラメントを強制できないのと同じように、カミングアウトを受ける人々の協力と信仰が必要である」と述べています（1998: 9-10）。また、カミングアウトという行為が、伝統的なサクラメントとどのように反響しているかを見ています。例えば、洗礼においてクリスチャンは洗礼前の古い生に対して死に、カミングアウトという行為は、ＬＧＢＴＱ＋の人々がより本物の生を送り新しいコミュニティの一員となることができるように、この死を反映するものであると述べます。またサクラメントは、イエスの弱さと犠牲を思い起こさせ、それが神との結びつきにつながるように、カミングアウトがサクラメントの本質を反映しているとグレイザーは特徴づけます。

## 結論

本章では、クィア神学分野の基本を概観しました。本章で見てきた神、キリスト、そしてキリスト教の伝統に関する新しい概念は、伝統的な神学を再検討するために、クィアな観点を用いています。これらの新しい概念は、伝統的な神学を攪乱するものです。クィア神学は、周縁化された人々がキリスト教の物語の中に自らのアイデンティティと経験を位置づけることができるように、役立てることができます。更に、クィア神学は、神とキリストの表象を異性愛規範と家父長制の前提から解放します。実践的なレベルでは、本章は、サクラメントを通してクィアな礼拝とクィアなクリスチャンの性という概念に言及してきました。クィア神学が産まれ出る中で明らかになったことは、「クィア」という言葉が持つ問題です。クィア神学は矛盾を内包していると見なされています。それは二つの機能を持つためです。クィア神学はアイデンティティのカテゴリーを打破することを目的としていますが、一方でクィア神学は、キリスト教におけるＬＧＢＴＱ＋のアイデンティティの表象と包摂を提唱しようとしています。多くの点で、クィア神学は、この二つの機能の間の相容れない緊張があるがために、自分自身をクィアするのです。それらは、互いに他を解き放ちます。次章では、グローバルな社会的文脈におけるクィア神学の多種多様性について、更なる見識を述べていきます。

## 基本文献案内

Althaus-Reid, M. (2000) *Indecent Theology*. London: Routledge.　アルトハウス＝リードは、神学がいかに性的行為であるかを明らかにする。社会正義に関与し、神学と社会の強力な構造を変革する神学を提唱している。

Cheng, P. S.（2011）*Radical Love: An Introduction to Queer Theology*. New York: Seabury Books.　チェンは、クィア神学の概要を説明し、神、イエス、聖霊の役割を検討する。また、クィアな観点からサクラメントの議論や、同性婚というテーマで更なる理解を求める人のための包括的な参考文献リストも提供している（p.125, footnote 68）。

Loughlin, G.（Ed.）（2007）*Queer Theology: Rethinking the Western Body*. London: Blackwell.　西洋におけるクィア神学を探求する学術論文集。特に、キリスト教の教会、歴史、伝統に関する神学的考察を行う論文を収録している。

Stuart, E.（Ed.）（1997）*Religion is a Queer Thing*. London: Cassell.　LGBTQ＋の人々のためのキリスト教信仰の概説書。本書は、特に聖職者や教会コミュニティで働く人々にとって、親しみやすい洞察を提供するとともに、礼拝のための実践的なアイデアも提供している。

Tonstad, L.（2018）*Queer Theology: Beyond Apologetics*. Eugene: Wipf andStock.　トンスタッドは、クィア神学がもはや弁証の戦略であってはならないことを詳述する。クィア神学が資本主義により広く結びついていることの考察に先立って、弁証の戦略がどのようなものであるか、そしてなぜそれが十分ではないのかを検討している。

http://qspirit.net/blog/　このウェブサイトでは、聖書の物語や聖人をクィアな芸術作品へと変容させながら、キリスト教のクィアな読み方が考察されている。ブログには、クィア神学における書籍や主要概念の最新リストも掲載されている。

## 原註

1　https://www.mccchurch.org/overview/history-of-mcc/

## 文献リスト


Althaus-Reid, M. (2000) *Indecent Theology*. London: Routledge.

Althaus-Reid, M. (2003) *The Queer God*. London: Routledge.

Althaus-Reid, M. (2004a) 'Queer I Stand: Lifting the Skirts of God', in Althaus-Reid, M. and Isherwood, L. (Eds), *The Sexual Theologian*, pp. 99-109. London: Continuum.

Althaus-Reid, M. (2004b) *From Feminist to Indecent Theology*. London: SCM Press.

Althaus-Reid, M. (2008) 'The Bi/girl Writings: From Feminist Theology to Queer Theologies', in Isherwood, L. and McPhillips, K. (Eds.) *Post-Christian Feminisms: A Critical Approach*, pp. 105-116. Aldershot: Ashgate.

Braunston, A. (1997) 'The Church', in Stuart, E. (Ed.) *Religion is a Queer Thing*, pp. 96-104. London: Cassell.

Buechel, A. (2015) *That We Might Become God*. Eugene: Cascade Books.

Burrus, V. (2007) 'Queer Father: Gregory of Nyssa and the Subversion of Identity', in Loughlin, G. (Ed.) *Queer Theology: Rethinking the Western Body*, pp. 147-162. London: Blackwell.

Carette, J. (2001) Radical Heterodoxy and the Indecent Proposal of Erotic Theology: Critical Groundwork for Sexual Theologies. *Literature and Theology* 15 (3), pp. 286-298.

Cervantes Ortiz, L. (2016) '"Lifting up God's Skirt": The Postmodern, Post-liberationist and Postcolonial Theology of Marcella Althaus-Reid: A Latin American Approach', in Panotto, N. (Ed.) *Indecent Theologies: Marcella Althaus-Reid and the Next Generation of Postcolonial Activists*, pp. 25-40. California: Borderless Press.

Cheng, P. S. (2011) *Radical Love: An Introduction to Queer Theology*. New York: Seabury Books. 〔パトリック・チェン『ラディカル・ラブ――クィア神学入門』工藤万里江訳、新教出版社、二〇一四年〕

Cherry, K. (2007) *Art That Dares. Gay Jesus, Woman Christ and More*. California: AndroGyne Press.

Córdova Quero, M. H. (2004) 'Friendship with Benefits: A Queer Reading of Aelred of Rievaulx and His Theology of Friendship', in Althaus-Reid, M. and Isherwood, L. (Eds.) (2004), *The Sexual Theologian*, pp. 26-46. London: Continuum.

Córdova Quero, M. H. (2006) 'The Prostitutes Also Go into the Kingdom of God: A Queer Reading of Mary of Magdala', in Althaus-Reid, M. (Ed.) *Liberation Theology and Sexuality* (*Second Edition*), pp. 81-110. London: SCM Press.

Cornwall, S. (2011) *Controversies in Queer Theology*. London: SCM Press.

Cornwall, S. (2017) *Un/familiar Theology. Reconceiving Sex, Reproduction and Generativity*. London: Bloomsbury.

Garrigan, S. (2009) Queer Worship. *Theology & Sexuality*, 15 (2), pp. 211-230.

Glaser, C. (1998) *Coming Out As Sacrament*. Louisville, KY: Westminster John Knox Press.

Goss, R. E. (1993) *Jesus Acted Up. A Gay and Lesbian Manifest*. San Francisco: Harper.

Goss, R. E. (2000) 'Passionate Love for Christ: Out of the Closet, Into the Streets', in Kay, K., Nagle, J. and Gould,

B. (Eds.) *Male Lust: Pleasure, Power and Transformation, pp*. 297-304. New York: Harrington Park Press.

Greenough, C. (2018) *Undoing Theology: Life Stories from Non-normative Christians*. London: SCM Press.

Guest, D. (2008) 'Liturgy and Loss: A Lesbian Perspective on using Psalms of Lament in Liturgy', in Burns, S., Jagessar, M. N. and Slee, N. (Eds.) *The Edge of God: New Liturgical Texts and Contexts in Conversation*, pp. 202-216. London: Epworth Press.

Hinkle, C. (2007) 'Love's Urgent Longings: St John of the Cross', in Loughlin, G. (Ed.) *Queer Theology: Rething Western Body*, pp. 188-199. London: Blackwell.

Hollywood, A. (2007) 'Queering the Beguines: Mechthild of Magdeburg, Hadewijch of Anvers, Marguerite Porete', in Loughlin, G. (Ed.) *Queer Theology: Rething Western Body*, pp. 163-175. London: Blackwell.

Isherwood, L. and Althaus-Reid, M. (2004) 'Queering Theology', in Althaus-Reid, M. and Isherwood, L. (Eds.) *The Sexual Theologian*, pp. 1-15. London: Continuum.

Larrimore, M. (2015) 'Introduction', in Talvacchia, K. T., Pettinger, M. F. and Larrimore, M. (Eds.) *Queer Christianities. Lived Religion in Transgressive Forms*, pp. 1-10. New York: New York University Press.

Loughlin, G. (2007) 'Introduction: The End of Sex', in Loughlin, G. (Ed.) *Queer Theology: Rethinking the Western Body, pp*. 1-34. London: Blackwell.

Loughlin, G. (2008) What is Queer? Theology after Identity. *Theology & Sexuality*, 14 (2), pp. 143-152.

Stringer, M. (2000) Of Gin and Lace: Sexuality, Liturgy and Identity among Anglo-Catholics in the Mid-Twentieth Century. *Theology & Sexuality*, 13, pp. 35-54.

Stuart, E. (Ed.) (1997) *Religion is a Queer Thing*. London: Cassell.

Stuart, E. (2003) *Gay and Lesbian Theologies: Repetitions and Critical Difference*. Hampshire: Ashgate.

Stuart, E. (2007) 'Sacramental Flesh', in Loughlin, G. (Ed.) *Queer Theology: Rethinking the Westen Body*, pp. 65-

75. London: Blackwell.

Stuart, E. (2010) ‘Making No Sense: Liturgy as Queer Space’, in Isherwood, L. and Petrella, I. (Eds.) *Dancing Theology in Fetish Boots: Essays in honour of Marcella Althaus-Reid*, pp. 113-123. London: SCM Press.

Tonstad, L. (2018) *Queer Theology. Beyond Apologetics*. Eugene: Wipf and Stock.

# 第3章　グローバルな社会的文脈におけるクィア神学

本章では、クィア理論が生み出される社会的背景とグローバルな社会的文脈を取り上げます。まず、クィア理論とポストコロニアル批評の関係に着目します。議論全体を通じて、文化間の融合と出会いの考え方が際立っていることがわかります。次に、グローバルな社会的文脈の中で生まれたクィア神学の概観を提示します。具体的には、北大西洋（カナダ、英国、米国）、オーストラリアはもちろんのこと、アジア系アメリカ人、アジア、アフリカ、ラテンアメリカ、黒人、ウーマニストのクィア神学です。各セクションで、それぞれの社会的文脈におけるクィア神学の例を概説してはいますが、決して包括的なものではありません。本章の内容は、テーマが国際的に展開されている他の章とも合わせてお読みください。

## ポストコロニアル批評とクィア批評

歴史上、様々な国が他国を支配してきました。植民地主義とは、ある国を他国が政治的に支配することであり、その国からの移民を受け入れ、労働力の面で居住民を搾取することです。*ポストコロニアリズム（postcolonialism）は、このような植民地主義がもたらした影響を検討し、旧植民地に残る植民地主義の影響を明らかにするものです。ポストコロニアリズムに由来するポストコロニアル神学は、植民地主義の影響をキリスト教との関連で検討します。特に、異国の地でキリスト教を広めた人々、すなわち宣教師を通じて植民地化に関与してきたキリスト教の伝統の側面から分析します。宣教師がもたらしたキリスト教は西洋の社会的文脈や価値観に基づくものであって、現地の社会的文脈や価値観、慣習に基づくものではありませんでした。

香港生まれのフェミニスト神学者クオック・プイラン（Kwok Pui-lan）は、その著書『ポストコロニアル・イマジネーションとフェミニスト神学（*Postcolonial imagination and Feminist Theology*）』（Kwok, 2005）において、フェミニストの見解からポストコロニアル神学を読み、ポストコロニアリズムとセクシュアリティやジェンダーとの関係について検討しています。クオックは神学が「他分野におけるポストコロニアル研究からほぼ一世代遅れている」（2005: 149）ことを憂慮しています。このプロジェクトにおけるクオックの目的は、一つに、「白人、中流階級、ヨーロッパ中心の規範によって定義された男性神学の伝統に応答する」（2005: 144）ことでした。クオックはこの応答を、フェミニストやプロ・フェミニスト*（pro-feminist）、そして、ポストコロニアルな観点から働きかけようとする人々の、幅広い参加を歓迎する仕事であると考えています。クオックは、ポストコロニアルの観点で神学を読むことが、神学者に新しい方法での思考を課すと言います。その課題は、「神学のやり直し」（2005: 144）の一つと言えるでしょう。クィア神学の読みにおいて、クオックは既存の学問が「ゲイ、レズビアン、バイセクシュアル、トランスジェンダーの人々の闘いは、歴史を超えて、どこにおいても同じであるという誤った印象を与えている」（2005: 142）ことを憂慮しています。コンテクスト神学のポイントは、神に対する信仰と信仰の実践がどこでも同じではない、あるいは、歴史を通して見ても常に同じでないと示すことにあります。

クオックは、ロバート・ゴスの『ジーザス・アクティッド・アップ』（Goss, 1993）やエリザベス・スチュアート編の『宗教とはクィアなもの』（Stuart, 1997）といった研究者の著作を、「白人専用のクィア神学」（Kwok, 2005: 141）と見なします。クオックはクィア理論の系譜をさかのぼり、ミシェル・フーコーとジュディス・バトラーがともに、人種や植民地主義を考慮に入れなかったことを指摘します。クィア理論は、草創期から白人的で西洋的であると見なされてきました。クィア理論が主に西洋的な実践であったという考え方は、ジェラード・ロッフリン編の『クィア神学』の副題である「西洋の身体を再考する」（Loughlin, 2007）において強調されています。スザンナ・コーンウォールは、クィア神学とポストコロニアル神学の間にどのような差異と緊張があるのかに注目します。クィアが「それ自身の規範性を再認識する責任がある」（Cornwall, 2016: 15）かもしれず、その規範性というのが、白人で西洋ということにあると警告しています。

クィアとポストコロニアル批評は両立しうるのでしょうか？〔世界の様々な地域の哲学的な考え方や視点を研究する〕大陸間哲学（Intercontinental philosophy）、ポストモダン思想、社会的文脈化は、クィアとポストコロニアル批判のための基盤として利用されています。ジェレミー・パント（Jeremy Punt）は、クィア理論とポストコロニアル理論との交差に特に注目しています（Punt, 2008）。パントは、「誤解のないように言うと、クィア理論とポストコロニアル理論の、理論的及びその他の対立を軽視してはならないし、あるいは、両理論の複雑さと葛藤、多様性と混淆性を否定してはならない」（2008: 24.2）[1] ことを注意深く警告しています。パントは両者のフレームワークについていくつかの見解を示しています。第一に、クィアとポストコロニアル思想の類似性です。「クィア理論とポストモダン、ポストコロニアル思想との結びつきが出現するのは、社会の下層から社会秩序に関わる時、そして従来の、正常の、伝統的な、あるいは確立されたものとして提示されるパターンに必然的に疑問を投げかける時である」（2008: 24.3）と言及しています。第二に、クィア理論とポストコロニアル理論はともに、アイデンティティと社会的位置、例えば、混淆的な、あるいは多様なアイデンティティの概念を非常に重視することです。パントは、「クィアとポストコロニアルの理論は、聖書学の言説において、世界に対する預言的ビジョンと呼ばれるものを享受する。そして両者は共通する闘争に関する利害関係や、互いの歴史と現実の特異性や偏在性をも認識している」（2008: 24.7）と指摘します。第三に、普遍的あるいは支配的な規範に対して疑義を呈する際に、ポストコロニアル理論とクィア理論が交差することです。「ポストコロニアル理論と同様に、クィア理論も、人間の存在、生、社会を、現代の、従来の社会的パターンとは必然的に異なる方法で理論化する」（2008: 24.6）とパントは見なします。

シャロン・ボン（Sharon Bong）はポストコロニアル批評に関する著作において、アジアにおけるキリスト教を「植民地的遺産とその重荷」の一部とし、聖書は「植民地のテクスト」（Bong,

1　オンラインジャーナルなので、オンライン上で示される頁番号。

2006: 497）であると述べています。ボンは、「ポストコロニアル」という用語がいかに問題であるかを論じます。というのも「ポストコロニアル」という用語は、植民地主義を意味する「コロニアリズム」に由来するため、植民地主義というカテゴリーに従属することになるからです。ポストコロニアリズムは「皮肉にも、それが回避しようとする支配の構造を復活させる」（2006: 511）のです。サラ・アーメッド（Sara Ahmed）に倣って、ボンはこの「ポストコロニアリズム」が更なる問題点を持つことを強調します。この用語は「現在では、植民地主義が克服された」（Bong, 2006: 498; Ahmed, 2000: 10）ことを含意するのです。ボンは、特定の社会的文脈のニーズを探求することの重要性を強調します。なぜなら、その探求が「アジアの人々による、アジアの人々の、アジアの人々のための神学を正当なものと認めるための試金石となる」（Bong, 2006: 511）からなのです。「『ポストコロニアル』という社会的文脈における神学は……奇妙な出会いを伴う」（2006: 498）と述べます。

同様に、ラシア・スギルタラージャ（Rasiah Sugirtharajah）は、インドにおけるポストコロニアル神学についての研究（Sugirtharajah, 2004）の中で、文化の融合という考えを用いています。スギルタラージャは、組織神学が植民地主義と自らの研究分野との関係を取り上げるのに消極的であることに着目しています。スギルタラージャは、キリスト教の宣教師がカースト制度によって不利益を被っていた多くの人々に福祉を提供したため、インドの一部では植民地主義を批判することに消極的であったことを暴いています。また初期には、キリスト教への改宗者の多くが、キリスト教が妙な宗教ではなく、ヴェーダの伝統の一部であると主張し、自分たちを愛国的なインド人として見せようとしたことを指摘しています。その際、スギルタラージャは「初期の改宗者らが、ヴェーダのテクストが既にキリスト教的あるいは近代的であったことを立証するために、古文書を洗いざらい調査し、キリスト教への改宗は決してインドへの不忠実な行為ではないことを示した」（2004: 31）と述べています。インドにおけるキリスト教神学は、植民地主義への対応として形成されました。しかし同時に、国家建設の行為としても形成されたのです。スギルタラージャは、インドにおける神学が「主に所有とアイデンティティについてであり、インドのクリスチャンがいかにインドのキリスト教のアイデンティティと交渉してきたか、またこれからも交渉し続けるか」（2004: 35）と論じています。そこで、「神学的想像力は特定の地理上の地域と調和する必要はないようだ」（2004: 36）と指摘します。「コスモポリタンな文化とその土地特有の文化を創造的に融合させる」（2004: 37）ことが一つの選択肢としてあり、これはアイデンティティと歴史の喪失につながる、他者の文化に溶け込むことではなく、「他者の文化の解放的要素のいくつかを自分の文化に溶け込ませること」（2004: 37-38）であるとスギルタラージャは提唱するのです。

出会い、融合、相互作用という概念を提唱しているのは、ボンやスギルタラージャだけではありません。グロリア・アンサルドゥーア（Gloria Anzaldúa）も、著書『辺境の地――新しいメスティーサ（*Borderlands/La Frontera: The New Mestiza*）』（Anzaldua, 1987）で、同様に注目しています。アンサルドゥーアは、レズビアンであり、メキシコ出身の女性であるチカーナ*（chicana）という自身のアイデンティティをもとに、様々な人々の間に存在する目に見えない「境界線」という考えを明らかにしました。例えば、ラティーナとラティーノ、非ラティーナと非ラティーノ、男性と女性、異性愛者と同性愛者などの間に引かれる境界線です。メスティーサ（mestiza）とは、ラテンアメリカの先住民族とヒスパニック系の子孫である女性を指す言葉です。このメスティーサは、アンサルドゥーアによれば、文化的・精神的価値がある文化から別の文化に移される「混合（mix）」の考え方に沿っています。[*]

アルトハウス＝リードは、ポストコロニアル神学と解放の神学が神学の「テーマパーク」と見なされる危険性を指摘します（Althaus-Reid, 2000）。ポストコロニアル神学が西洋の一部の人々からいかに目新しいもの、あるいは特定の地域的なカテゴリーとして見られているかについて言及し、「西洋の人々は、まるで植物園に行くかのように、ポストコロニアル神学を訪れることを奨励される」（2000: 42）と述べます。つまりポルトコロニアル神学が、テーマパークへの遠足と見なされるかもしれないことをアルトハウス＝リードは警告します。アルトハウス＝リードによれば、「テーマパークとして提示されることで、その地域の神学が構築される際に空想的な側面が目立つ。地域の神学というのは、ただその地域に土着するだけであって、本当の神学は別のところにあるという事実を強調する」（2000: 42）のです。ここには、クィア神学やポストコロニアル神学が西洋の組織神学を撹乱する一つのきっかけとなる領域が広がっています。アルトハウス＝リードは「問題はまさに、西洋の理論的構築の基礎に通じる国境とトンネルを開くことである」（2000: 45）と続けます。そして、クィア神学やポストコロニアル神学は、規律に捕われた組織神学の支配的かつ覇権的な性質に対して挑戦することができるのです。

クィア神学やポストコロニアル神学は、実践的神学の一形態で、神学を形成するために個人やコミュニティと関わります。本章ではこのあと、グローバルな社会的文脈におけるクィア神学を検討する際に浮かび上がるテーマや関心事を概観していきます。具体的には、アジア系アメリカ人のクィア神学、アジアのクィア神学、アフリカのクィア神学、ラテンアメリカのクィア神学、黒人とウーマニストのクィア神学、そしてカナダ、英国、米国、オーストラリアのクィア神学を扱います。この概観では、「テーマパーク」的な記述を提示するのではなく、これらの神学が伝統的な神学をどのように攪乱し、それぞれの社会的文脈において実践的なレベルで機能しているかに焦点を当てています。なお、この議論における限界の一つは、引用したテクストが英語で書かれていることです。これらの地域の言語で書かれたテクストにアクセスできないことは、私の研究の限界であると自覚しています。加えて、グローバルな社会的文脈におけるクィア神学を論じる際に、腹話術師の出す声をお聞かせすることが私の目的ではないことも意識しています。この落とし穴を避けるために、クィア神学におけるグローバルな研究成果を大いに活用し、読者が自らこれらのテクストを探求することを奨励します。ただし、注意していただきたいのは、以下に述べるグローバルな位置づけが堅固な一枚岩（monolithic）であると解釈される危険性があることです。メアリ・アン・トルバート（Mary Ann Tolbert）は「あるテクストについて、フェミニストの見解やフェミニストの読みは一つではない。……ウーマニストの見解、ヒスパニックの見解、アジアの見解、レズビアンの見解なども一つではない」（Tolbert, 1995: 273）と明言しているのですが、私も同じ立場です。トルバートは、社会的な場所やアイデンティティの重要性を否定しようとはしていないのですが、むしろ、このような経験が、それぞれの特定の社会的文脈で普遍的なものとして考えられてはならないことを警告しているのです。本章のグローバルな社会的文脈における様々なクィア神学の読みは、この原則、すなわち、社会的な場所、アイデンティティ、社会的文脈によって、様々な複数の経験、アイデンティティ、声が可能になることに沿っています。繰り返しになりますが、クィアは本質主義のカテゴリーを解体するので、クィアの読みは、いかなる形であれ、普遍的あるいは均質化されたものとして考えられるべきではないのです。

## アジア系アメリカ人のクィア神学

パトリック・チェンは、アジア系アメリカ人のクィア神学研究の第一人者です。チェンの研究は、「レズビアン、ゲイ、バイセクシュアル、トランスジェンダー、インターセックス、クィア、クエスチョニング、ツースピリットフォークス[2]といった『クィア』を自認するアジア系の人々や、私たちのアライの間で、神学・宗教学が新たに生まれていることを示し、祝福する」(Cheng, 2011: 236) ものです。チェンは虹のメタファーを用いて北米のアジア系クィア信仰者の経験を検討する中で、多重性 (multiplity)、ディアスポラ[*] (diaspora)、混淆性 (hybridity) をテーマに探求しています。そして、この三点からアジア系クィア神学がどのようなものであるかを示唆しています。まず多重性についての考察の中で、チェンはアジア人、クィア、スピリチュアル、宗教といった複数のアイデンティティの共存を探求しています。そして、こうしたアイデンティティのそれぞれの指標の中に、更に複数のアイデンティティが存在することを指摘しています。ディアスポラという考え方は、チェンの論考の中で非常に重要な位置を占めています。それは、自国で生活しているとは決して感じられないような、多くのアジア系北米人の現実の体験を描写しているからです。チェンは、「私たちはしょっちゅう、『あなたの母国は、本当は（*really*）どちらですか？』、『あなたはもともと（*originally*）、どちらのご出身ですか？』という厄介な質問を受けてきた」と述べています（2011: 244）。ディアスポラという考え方は、宗教とスピリチュアリティに関するＬＧＢＴＱ＋文学の資料において、「それらの著作には、クィアなアジア人の経験についての考察が事実上なされていない」ということ、そしてまた「クィアなアジア人の経験についてほぼ一様に沈黙している」（2011: 245）ということにも及んでいます。北米におけるアジア人のクィア・アイデンティティを巡る混淆性の感覚は、前述のボン、スギルタラージャ、アンサルドゥーアによる地理上の地域に見られる着想と関連しています。チェンは、「信仰のあるクィアなアジア人は、一方で我々のセクシュアリティ、他方で我々の人種的アイデンティティの交わりによって生み出される『第三の空間』に生き、存在する」（2011: 246）と述べています。

チェンにとって疎外と抑圧は交差するものであり、チェンは複数のマイノリティ・グループに属することによる差別の経験に言及しています。チェンのクィアの読みは、反アイデンティティ（anti-identity）であるクィア理論よりは、むしろ、セクシュアル・アイデンティティとの関係にあ

---

**2**　北米先住民で男女両方のスピリットを持つ。参考、ウェブサイト https://www.theindigenousfoundation.org/articles/the-history-of-two-spirit-folks

るのです。チェンは、「私は、虹の神学者である。解放の神学者でもなければ、ポストコロニアルの神学者でもない。ましてやクィア神学者でもない。もちろん私はこれらが大事にしてきたものの要素を活用し、恩義を感じているが」（Cheng, 2011: 248）と言います。チェンが虹の神学者と名乗るのは、自分の立場の複雑さを反映するためなのです。つまり、自分が何者であるかを認識するための複数の指標、居場所のない感覚、目立たない第三の空間の占有といった立場で、そこでは相容れない、あるいは競合しうるアイデンティティの複雑さが繰り広げられるのです。

アジア系アメリカ人のクィア神学を概説する際、チェンは、キリスト教の伝統がいかに多様であるかを熟考していきます。四人の福音書記者と、三位一体の神に言及することで〔傍点訳者〕、数字でその多様性の例を示します。ディアスポラの経験とは、人種やセクシュアリティのせいでまるで自分の国で生活していないような感覚と表現されますが、それはアジア系コミュニティにおける家族的価値観の重視の程度にもよるのです。排除は、教会とキリスト教神学における二重の排除です。つまり、〔両者は〕「福音がいかに私たちの性的及び人種的アイデンティティの両方と密接に結びついているかを理解しようとしないことが多い世界」（Cheng, 2011: 251）なのです。

混淆性の概念がクィアなアジア系アメリカ人の実践にどのように影響を与えるかに関して、チェンはキリスト教の礼拝にアジアの瞑想の実践を持ち込む方法について述べています。チェンは、キリストを「神と人間の間の『第三のもの（third thing）』」（Cheng, 2011: 253）とする形で、アジア系のキリスト論*（Christology）を構想しています。「虹の神学」という考え方は、アジア系の人々に固有のものではなく、クィアな黒人、ラテンアメリカの人々、アフリカ系アメリカ人のコミュニティや社会的文脈とより深く関わることをも求めます。虹の神学は「実践と社会的アクティヴィズムに根差し続けなければならない」(2011: 258) のです。チェンにとって、虹の神学は階級と経済的正義の問題にも関わるべきものなのです。

## アジアのクィア神学

ジョセフ・ゴー (Joseph Goh) は、アジア発のクィア神学の探求に取り組んでいます。ゴーはマレーシアのトランスセクシュアルであるマッ・ニャー (mak nyahs) について述べています。マッ・ニャーは、男性から女性への性別移行者で、中にはセックスワーカーもいます。マッ・ニャーは、マレーシアのイスラム教及びキリスト教の伝統に基づく異性愛規範の価値観に挑んでいるため、差別と迫害を経験しています。ゴーの著作は、キリスト教神学が、聖母マリアの処女性を神聖なものとしてマリアの身体を規制してきたことと同様に、マレーシア社会がしばしばマッ・ニャーの身体を規制しようとすることを比較しています。マッ・ニャーは、身体に対する強制的な規制とともに、自分たちのセクシュアリティとジェンダーが、いかに自分たちのスピリチュアリティを表現するための手段になっているかを明らかにしています。ゴーはこのことをマリアの物語と結びつけて考えます。マリアとマッ・ニャーの「身体的経験と神的経験は、たとえこれらの経験が時に葛藤的な心境や感情をはらむものだとしても、容赦なく絡み合っている」(Goh, 2012: 229) のです。それゆえ、マリアとマッ・ニャーの身体はともに聖なるものです。ゴーは、またマレーシアのゲイやバイセクシュアル男性におけるセクシュアリティと信仰の交差を探ることにも取り組んでいます（Goh, 2018）。

香港では、イップ・ライシャン（Yip Lai-shan）が、セクシュアリティと信仰について非異性愛者へのインタビュー調査を行い、クィアなカトリック信者の経験を検討しています。イップはキリスト教の性倫理を研究テーマとし、中国語で広く発表しています。同じく香港で、チャン・プイマン（Chan Pui-man）が二〇一八年に三つのＬＧＢＴ推進宗教団体を調査し、ＬＧＢＴＱ＋の人々だけでなく、多様な社会的少数派を歓迎する包摂的なメンバーシップを目指して、どのように取り組んでいるかを検討しています。チャンの研究は、「虹の契約（The Rainbow Covenant）[3]」という団体内の交わりと活動を詳述しています。様々な考えを受け入れる教会の一例として、牧師のスーザンが次のようにコメントしています。

嬉しいことに、今日のパンには干しブドウやベリーなど、様々な種類のドライフルーツが入っています。まさに、神が望んでおられる私たちの姿、つまり、それぞれに違いがあり、その違いを受け入れていることに似ています。あなたのセクシュアリティ、ジェンダー、人種、職業、そしてアイデンティティが何であれ、私たちはあなたを、聖なる聖餐式に歓迎します。（Chan, 2018: 1461）

クオックは、「性の神学の歴史は、アジアでは比較的短く、多くのアジアの教会はいまだに公の場で性の問題を論じることを恥ずかしく思っている」（Kwok, 2010: 40）ことを指摘します。また、クィアなアジアの神学の課題は、キリスト教の伝統からのみではなく、アジアの文化的遺産から身体とセクシュアリティを検討することであると述べています。クオックはアジアの遺産に由来するクィアな改革論者の例として、ボンの二〇〇七年の論文を挙げます。ボンは、レズビアンの母親やレズビアンの修道女のイメージを用いて、キリスト教における女性性、母性、異性愛という概念に異議を唱えます。アジアに生まれたクィア神学は、主として、実体験を通じて、セクシュアリティとジェンダーの問題に関心を寄せています。多くの点で、アジアのクィア神学は、宗教と、宗教がキリスト者の生に与える影響を、ジェンダーとセクシュアリティの観点から読み解くプロジェクトに取り組んでいると言えます。

編著『移民のクィアリング――アジアに向け、アジアから、アジアを超えて（*Queering Migrations: Towards, From, Beyond Asia*）』（Cordova Quero, Goh & Sepidoza Campo eds., 2014）は、エスニシティ、移民、セクシュアリティ、宗教の交差（intersection）を考察しています。アジアに向け、アジアから、そしてアジアを越えて、著者らはＬＧＢＴＱ＋の人々の生の経験に取り組んでいます。著者の一人である平野邦輔（Kunisuke Hirano）は、「セクサイルズ（sexiles）」という、セクシュアル・アイデンティティを理由に母国を離れる人々の物語を語ります。日本の文化や社会では、人々

**3**　参考ウェブサイト　https://rainbowcovenant.com.hk/en/「THE CREED OF INCLUSIVITY」全文 https://rainbowcovenant.com.hk/en/creed/

は異性愛者であるという期待がいまだに根強く、「セクサイルズ」たちにとって、海外移住はより良い生活を約束するものなのです。『移民をクィアする』の著者らは、クィア神学やクィアな宗教との関わりにはあまり関心を示さないのですが、平野の論考はクィアネスと人種やエスニシティとの関連という観点に基づき、個々人の生を照らし出しています。特に強く主張しているのは、異性愛という社会的・文化的前提が、あたかも異性愛が神の欲望であり、それからの逸脱は神に対する罪であるかのように、宗教と分かちがたく結びついている点です。また、日本の堀江有里（Horie Yuri）が、同性愛を巡る公的な議論の中で、レズビアンの存在がゲイに比して不可視であることを明らかにしました（2007）。堀江は、プロテスタント教会の日本基督教団で、あるゲイ男性が経験したホモフォビックな差別に呼応して、女性たちのアクティヴィズムが結集したことについて述べています。この抵抗のアクティヴィズムは、レズビアン、バイセクシュアル、ヘテロセクシュアルの女性たちによって形成されました。堀江は、女性たちが自分たちの経験した性差別とホモフォビアとの間に類似性を見出したと述べています。そして、この女性たちのアクティヴィズムを、アドリエンヌ・リッチの「レズビアン連続体（lesbian continuum）」の思想の中に位置づけています（リッチについては第1章を参照）。

インド国内では、英国統治時代に同性愛が刑事犯罪となるまで、同性間関係に対する法律が存在しなかった経緯があります。二〇一八年、インドでは最高裁判所が同性愛を合法化したのですが、同性婚は認められていません。法的な動きはあるものの[4]、ＬＧＢＴＱ＋の人々はいまだ差別に直面することが多いです。ジョージ・ザカリア（George Zachariah）とヴィンセント・ラージクマール（Vincent Rajkumar）は、ＬＧＢＴＱ＋の声をキリスト教社会と対話させるために活動しています。二人が編集した『攪乱的な信仰、包括的なコミュニティ――教会とホモフォビア（*Disruptive Faith, Inclusive Communities: Church and Homophobia*）』（Zachariah & Rajkumar, 2015）では、キリスト教信仰共同体を変革し、ＬＧＢＴＱ＋の人々の包摂と正義を促進しようとする論考を編んでいます。インドの教会共同体との連携という点では、同様に、フィリップ・クルヴィラ（Philip Kuruvilla）が、『人間、セクシュアリティ、ジェンダーの多様性の問題に対するキリスト教の応答――インドの教会へのガイド（*Christian Responses to Issues of Human, and Sexuality and Gender Diversity: A Guide to the Churches in India*）』（Kuruvilla, 2017）と題するハンドブックを編集しました。このハンドブックは、主に教会の指導者や教会共同体が対象ですが、ＬＧＢＴＱ＋の問題や生についてもっと理解したいと願う親や家族、教師、友人たちにも参考になる内容です。

## アフリカのクィア神学

アドリアン・ヴァン・クリンケン（Adriaan van Klinken）とリリー・ピリ（Lilly Phiri）は、「アフリカは今や広く同性愛嫌悪と結びついており、同性愛者には最悪の大陸とさえ考えられている」（van Klinken & Phiri, 2015: 36）と述べています。このような環境からクィア神学が出現し得たのは、

---

4　二〇二三年四月現在、最高裁にて審議中。https://digital.asahi.com/articles/ASR4P5T17R4MUHBI02P.html

大多数のアフリカ諸国の法的状況や、アフリカ大陸全体に伝わる「伝統的な」キリスト教の考え方とは相容れないように思われます。本稿執筆時点〔二〇二〇年〕で、アムネスティ・インターナショナルのデータによれば、モーリタニア、スーダン、北部ナイジェリア、南部ソマリアといったアフリカ諸国・地域において、同性愛行為（homosexual acts）を行った場合の死刑が依然として有効です。更に、同性間性交（same-sex acts）あるいは同性同士の関係（same-sex relationships）が非合法化されている国は以下の通り。アルジェリア、アンゴラ、ブルンジ、カメルーン、コモロ、エジプト、エリトリア、エチオピア、ガンビア、ガーナ、ギニア、ケニア、リベリア、リビア、マラウイ、モーリタニア、モーリシャス、モロッコ、ナミビア、ナイジェリア、セネガル、シエラレオネ、ソマリア、南スーダン、スーダン、スワジランド、タンザニア、トーゴ、チュニジア、ウガンダ、ザンビア、ジンバブエです。[5] 残りの国々では、同性間の性的行為（same-sex activities）や同性同士の関係を結ぶことは合法です。ベナン、ボツワナ、ブルキナファソ、カーボベルデ、中央アフリカ、チャド、コンゴ共和国、コートジボワール、コンゴ民主共和国、ジブチ、赤道ギニア、ガボン、ギニア・ビサウ、レソト、マダガスカル、マリ、モザンビーク、ニジェール、ルワンダ、サントメ・プリンシペ、セイシェル、南アフリカ。[原註1]

一九世紀、アフリカの多くの国にキリスト教がもたらされました。宣教師の役割は、キリスト教を広め、先住民がキリスト教に改宗することを奨励することでした。宣教師たちは、性行為とセクシュアリティに関する非常に厳格な道徳観を持ち込み、改宗者たちはその道徳観を受け入れました。したがって、アフリカにおける性的な行為（sexual activities）とキリスト教に関する議論は、たいていは宣教師たちの保守的な英国ヴィクトリア朝時代の考え方に基づいていることを記憶にとどめておくことが重要です。このヴィクトリア朝時代の考え方は、社会的、文化的に定着し、繰り返されてきました。社会の様々な場面において、この保守的な価値観が採用され、今やアフリカの価値観と密接に絡み合っているのです。これらの価値観は「品位（decency）」という概念を生み出し、それを強固に保持することによって、非異性愛者の性的行為（non-heterosexual activities）をキリスト教的でないもの、したがってアフリカ的でないものとして排除するのです。このことは、植民地以前の時代には同性同士の関係に対する考え方が今日ほど敵意あるものではなかったことを考えると、いささか皮肉な話に思えます。ヴァン・クリンケンとエズラ・チタンド（Ezra Chitando）は次のように見ています。

**5**　本稿翻訳中の二〇二三年五月二九日に「反同性愛法」が成立した。ウガンダ国会は同年三月、同性愛者と認定されただけで刑罰の対象となる法案を可決したものの、ヨウェリ・ムセベニ大統領はこの「世界最悪」とも指摘された法案への署名を拒否し、成立しなかった。今回成立した法では同性愛者認定だけで違法とはならないものの、「同性愛行為への関与」に終身刑を科すほか、同性愛行為を繰り返した場合には、死刑の適用も可能と定められた。朝日新聞デジタル「ウガンダ、『反同性愛法』が成立　行為繰り返せば死刑も」（二〇二三年五月三一日）https://digital.asahi.com/articles/DA3S15650188.html. BBC: Uganda's President Museveni approves tough new anti-gay law（29. May 2023）https://www.bbc.com/news/world-africa-65745850. なお、ジャスティン・ウェルビー、カンタベリー大主教はウガンダ聖公会（スティーブン・カジンバ大主教）に対し、ムセベニ大統領が最近署名した反同性愛法を支持したことを受け、「ＬＧＢＴＱの犯罪化を拒否」するよう求めた。https://www.anglicancommunion.org/communications/press-and-media/press-releases/archbishop-of-canterbury-urges-church-of-uganda-to-reject-anti-lgbtq-law.aspx（9. June 2023）

> アフリカの先住民の社会と文化は、比較的寛大な文化によって特徴づけられており、曖昧なジェンダー・アイデンティティや非異性愛の慣習に対して、一定の余地を残していた。それがのちに、宣教師や植民地統治者による厳格なジェンダーと性規範の押しつけによって締めつけられるようになった。（van Klinken & Chitando, 2016: 4）

キリスト教の価値観が同性同士の恋愛や性的な関係に対する文化的・社会的態度と絡み合っているところでは、同性愛は西洋社会からの輸入品であり、したがってアフリカのものではないという共通認識があるようです。更に、グローバルな*アングリカン・コミュニオン（Anglican Communion）においてアフリカのキリスト教が大きな役割を果たしていることから、英国ヴィクトリア朝につながる伝統的な価値観は、しばしば世界を舞台に討論され、争われています。このような背景から、アフリカ諸国の宗教指導者は、教会コミュニティ内でのＬＧＢＴＱ＋の受け入れに関する進歩的な立場にしばしば公然と反対してきたのです。

南アフリカで同性への性的欲望（same-sex desire）、同性同士の恋愛や性的な関係、キリスト教という主題に取り組んだ初期のテクストの一つが、『神の家の異邦人――南アフリカにおける同性愛とキリスト教信仰（*Aliens in the Household of God: Homosexuality and Christian Faith in South Africa*）』（Germond & De Gruchy, 1997）です。この本は、南アフリカの同性愛者が経験した課題、偏見、差別を探り、問題なのは同性愛なのではなく異性愛主義であると指摘したものです。本書には、南アフリカの人々の生や教会・地域社会との関係から得た様々な証言が収録されています。アフリカの教会指導者や神学教育者との協働において、ジェラルド・ウェスト（Gerald West）、シャーリーン・ヴァンデルウォルト（Charlene van der Walt）、カピア・ジョン・カオマ（Kapya John Kaoma）は、アフリカにおけるキリスト教の新しい闘いの場は、ＬＧＢＴＱ＋の存在と同性愛嫌悪であると指摘しています（West, van der Walt & Kapya, 2016）。ウェストらは、ＬＧＢＴＱ＋の体験の生きた現実が、セクシュアリティに関する神学を伝えるためにいかに重要であるかということを述べています。また、「一般民衆の神学」という手法を求め、次のように述べます。

> 一般民衆の神学は、単に「本物」に近づくためのステップなのではない。一般民衆の神学が本物なのである。一般民衆の神学とは、目に見える人々と見えない人々との間の矛盾に対処しようとするものである。一般民衆の神学は、「特定の人々」を優先して「それ以外の人々」を拒絶する定義に支えられているのではなく、見えないものとされた人々であっても、創造主の似姿として、すべての人間の神聖さを認めようと探し求める。（West, van der Walt & Kapya, 2016: 2）

伝統的な神学と聖書が「通常、ＬＧＢＴＱ＋の人々を折檻するための鞭となってきた」（West, van der Walt & Kapya, 2016: 2）ので、一般民衆の神学は、神学における権力の中心に焦点を当てません。なぜなら、権力の中心に焦点を当てることは「中心によって行われる暴力に参加すること」

(2016: 3）になるからです。ウェストラは、クィアなクリスチャンが神学における自分たちの存在を取り戻すことを求めて言います。「クィアなクリスチャンは、自分たちを苦しめ、深く傷つけてきた伝統そのものと再び対峙するために、神学的に徹底的に装備されなければならない」(2016: 3)。

ヴァン・クリンケンは、アフリカにおける非規範的なセクシュアリティと新興のクィア神学の問題について抜きん出て優れた研究者となり、その卓越した業績はここで詳しく検討するに値します。二〇一三年の著書、『アフリカのキリスト教における変容する男性性（*Transforming Masculinities in African Christianity*）』(van Klinken, 2013）は、ＨＩＶ／ＡＩＤＳの流行に照らして、ジェンダー、特に男性性の概念を巡るアフリカのキリスト教神学の議論を探求しています。ヴァン・クリンケンの研究は、「アフリカにおけるクィア研究の新たな（しかし争点となる）体系」(van Klinken 2015: 948）の一部をなすものです。クィア・スタディーズがアフリカにおいて探求の可能性がある場として議論されてきた理由は、クィア・スタディーズの歴史とそれが白人の西洋思想として認識されることによります。ヴァン・クリンケンは、「アフリカン・クィア・スタディーズの不／可能性（im/possibility of African queer studies）」(van Klinken, 2017: np〔ページ番号なし〕）を論じ、クィア・スタディーズを西洋のプロジェクトと考え、そのアプローチがアフリカの社会的文脈で全く機能し得ないのではないかと疑問を呈する研究者らについて言及しています。ヴァン・クリンケンは、「クィア・スタディーズが本当にアフリカのクィアな主観性を真摯に受け止めるならば、アフリカの多くのＬＧＢＴがその存在に声高に反対する宗教的伝統に自らを位置づけざるを得ないという事実と戦わなければならない」(2017: np）と言います。アフリカのクィア神学に取り組む非アフリカ人研究者は、地元の政治、命名の方法、草の根の文化に取り組むことによる理論化に敏感になるべきだと警告しているのです。

ヴァン・クリンケンとピリの研究は、アフリカの社会的文脈におけるクィア神学の発展を探求しています。グローバルな社会的文脈の中で生まれる多くのクィア神学と同様に、クィア・プロジェクトは、周縁化された性の現実の生から始めなければならないため、二人はザンビアのゲイ男性に焦点を当て研究を行っています。そして、周縁化され、議論の対象となる非規範的なセクシュアリティについて、神学の根拠を示すことの重要性を指摘しているのです。

> クィア神学は、神の姿を理解する中心に、あらゆるセクシュアリティを据える。これは近年のアフリカの状況と間違いなく関連している。特定のセクシュアリティが厳しく取り締まられ、政治化され、同性を愛する人々が排除され、疎外されてきたのである。(van Klinken and Phiri, 2015: 44)

ザンビアにおける研究で、同性愛に対する差別は主流のペンテコステ派キリスト教の信仰に由来し、その結果、同性愛者が「悪魔または反キリスト者」(van Klinken and Phiri, 2015: 45) と見なされていると調査協力者は信じています。ゲイの調査協力者は、神が自分たちを神の子として創造し、「神はセクシュアリティに無関心である (indifferent)」(2015: 47) と確信しています。ヴァン・クリンケンとピリは、同性愛のクリスチャン男性に関する草の根研究 (grassroots study) がアフリカのクィア神学の基準ではないことを認識し、ＬＧＢＴＱ＋コミュニティのゲイ以外の人々の声が聞かれる必要があることを言明しています。アフリカの草の根神学（African grassroots theology）は、アフリカの文脈におけるクィアな方法で、人々が神のかたちに創られたと考えることを容認します。しかし、「アフリカにおけるクィア神学は可能であり、時宜を得ているものの、それはアフリカという状況における社会的、文化的、政治的特異性と慎重さ、感受性を認識する場合に限る」（2015: 45）と、ここでもまた、クィア神学の構築には、社会的文脈に特別な注意を払うように警告しています。同時に、アフリカは同性愛嫌悪の地だとレッテルを貼ろうとすることに対しても、社会的文脈の特異性に配慮し、慎重であるべきなのです。ライアン・ソールソン（Ryan Thoreson）は、同性同士の関係に対する態度については地域によって理解が異なること、またホモフォビアの定義は難しく、それゆえ、アフリカにおけるホモフォビアが「上昇」する可能性、あるいは「下降」する可能性を突き止めることも難しいとはっきりと述べています。アフリカをホモフォビア大陸と表現することは、「性に関する政治の微妙な違いと特異性を受け入れる余地が少ない」（Thoreson, 2014: 24）ため、人種差別になると明言します。

アフリカという文脈では、宗教がしばしばホモフォビアの源であるとして言及されるにもかかわらず、ヴァン・クリンケンは「一般に宗教は現代アフリカにおけるホモフォビアの主要因と考えられているが、それはまたクィアの主観性とエンパワメントの資源であるようだ」（van Klinken, 2015: 960）と、宗教が自己肯定の源でもあることを指摘しています。草の根という文脈からのエンパワメントの実例がクィアなアフリカ人の日常の生と経験の中に見出されます。利用可能なデジタル技術を取り入れて、アフリカのクィア女性の声は、オンラインプロジェクトである「アフリカでの愛の行動の拠点（Hub of Loving Action in Africa: HOLAA!）」を通して聞かれてきました。[原註2] HOLAA!は、宗教的経験の一部として必ずしも宗教的問いを直接論じることなく、セックス、セクシュアリティ、アフリカ人の経験について、公開フォーラムにおいて議論ができるようになっています。更に、『私たちの生の物語（*Stories of Our Lives*）』（The Nest Collective, 2015）のような新しい文献にも、アフリカのクィアな人々の生についての物語が掲載されており、キリスト教をテーマとしているものもあります。

神学の源泉として生の体験を収集する際、ヴァン・クリンケンは自伝をアフリカのクィア神学の源泉として用いています（van Klinken, 2018）。社会的文脈を優先することに忠実でありつつ、ヴァン・クリンケンは、個人が自らのクィア体験とアイデンティティを回想する草の根的なクィア神学を発展させています。それはクィアが「アフリカ的でない」「キリスト教的でない」という主張に対抗するものです。ヴァン・クリンケンは、「クィアな人々の物語は一般的に語られないままであり、クィアたちの声はアフリカ神学において大部分は抑制されたままである」（2018: 128）ことを述べます。ライフストーリー研究への転換は、アフリカのクィア神学がいかに〈単なる〉理論的な作業でないかということを示しています[6]。「アフリカのクィア神学は、〈唐突に〉成長するものではなく、アフリカのＬＧＢＴＩの信仰物語の中に既に存在している」（2018: 213）ことを明示する

6　ＬＧＢＴＩのＩはインターセックス（intersex）を指す。

のです。ヴァン・クリンケンは、「アフリカの神学は、アフリカのクィアの人々がその神学の中に自分たちを位置づけることができるように書かれるべきであり、クィアのライフストーリーはその出発点である」(2018: 217) と述べます。このような物語を探し出し、伝えるという作業が、今、具体的に始まっています。ヴァン・クリンケンが述べるように、「クィアなストーリーテリングは、アフリカにおける草の根のクィア神学を発展させる鍵であり、同時に、覇権的なアフリカのキリスト教と神学において、性的多様性を取り巻く沈黙とタブーを破壊するための鍵」(2018: 229) なのです。クィア神学のより広い戦略として、物語を共有することの重要性については、第5章で更に論じます。

## ラテンアメリカのクィア神学

アルゼンチンのロサルナ出身のマルセラ・アルトハウス＝リードは、ラテンアメリカの神学者で、解放の神学、フェミニスト神学、クィア神学の領域に大きな影響を及ぼしました。ラテンアメリカという社会的文脈におけるアルトハウス＝リードの生の体験の影響は、その研究を通して詳述されています（第2章で、アルトハウス＝リードの『下品な神学』を詳細に取り上げています）。自身の神学を実生活に根付かせる中で、アルトハウス＝リードはその神学のスタイルをスペイン語で他者とともに歩むという意味のカミナータ*（caminata）と表現します。そして「この神学の旅はリスクを冒すことを含む」（Althaus-Reid, 2004: 2）と言います。それはつまりクィア神学者が「性的・

経済的排除という周縁からの道」（2004: 4）に歩み出すことなのです。この道は、キリスト教神学においてタブー視されてきた二つの問題、すなわちセクシュアリティと貧困を探求するものです。このことは、解放の神学とそれに続くクィア神学が、経済と資本主義の問題と関わってきた主な理由の一つです。

ガブリエラ・ゴンザレス・オルトゥーニョ（Gabriela González Ortuño）は、アルトハウス＝リードの神学を衝撃的なまでに目の覚めるような、「バケツ一杯の冷水を浴びせられたような感覚」（Gonzalez Ortuno, 2016: 94）であったと評しています。貧しいレモン売り、ロザリオを持ち歩くゲイバーの常連客、あるいはフェティシストなど、ラテンアメリカの日常における周縁化された人々の生活に自身の神学の根拠を置こうとします。そのことによって、アルトハウス＝リードは、「クィアな神、つまり、多くの神学者の仕事の中で支配的な男性を反映しない、クィアな神のイメージに近づくため」（2016: 90）の神学的説明を求めます。その際、アルトハウス＝リードにとって、神学には性的な誠実さが必要となるのです。

クィア神学とは、「アウティング神学（Outing Theology）」、すなわち、行動と考察の方法として神学をアウティングするプロセスである。まず、古典的神学（Classical theology）が自らの現実のセクシュアル・アイデンティティを白状する必要がある。そうして初めて、目標や目的を設定することができる、という意味である。私は別のところで、すべての神学は性的な神学であると述べているが、それは神学が伝統的に、すべての神学が性的な神学であると認めていないという意味である。それゆえ、真の性的な性質に関して、神学はいまだにクローゼットの中にいるというわけである（Althaus-Reid, 2001: 60）

アルトハウス＝リードの革新性、洞察力、情熱は、ニコラス・パノット（Nicolas Panotto）編『下品な神学者たち――マルセラ・アルトハウス＝リードとポストコロニアル・アクティヴィズムの次世代を担う人々（*Indecent Theologians: Marcella Althaus-Reid and the Next Generation of Postcolonial Activism*）』（Panotto, 2016）の著者たちによって更に明らかにされています。いくつかの論考や執筆者はラテンアメリカの社会的文脈に立脚しており、多くの論考は執筆された言語から英語に翻訳されました。この論集は、下品な神学がなすべきことがもっとあることを明示しています。一つの事例を見てみましょう。ブラジルの最貧困層の実生活を振り返って、クラウディオ・カルバリエス（Claudio Carvalhaes）が、アルトハウス＝リードのこれまでの主張を繰り返しています。つまり解放の神学が「貧困層の生活における身体と性的なテーマ、すなわち欲望、性的衝動、ふさわしくない性行動、主体の性的な概念、性的（無）指向、逸脱）」（Carvalhaes, 2016: 157）に関して、口をつぐんできたということです。カルバリエスは、こうしたテーマが無視されてきた理由として、家父長制、人種差別、同性愛嫌悪の問題に言及します。更に重要なこととして、ポストコロニアリズムの歴史がラテンアメリカの人々の自己理解に大きな影響を与えてきたことを明らかにしています。つまり、「征服者」がラテンアメリカの人々の植民地化された身体と精神の上に構築し、押しつけた結果として表象される自己は、今もなお私たちが自分自身をどう見るかに影響を与えている」(2016: 206)のです。

クィアな人々のライフストーリーや経験に耳を傾けるという考えは、ジェームズ・ニコロフ(James Nickoloff)の仕事の特徴です。ニコロフは、米国在住のラテンアメリカ出身の男女のためのラティーノ・ラティーナ(Latino/a、Latino－男性、Latina－女性)[7]神学における重要な特徴として、関係性、同性愛、コミュニティ、そして家族を挙げています。ニコロフは、性的に疎外された人々の声に耳を傾けることの効果は、それを語る個人のためというよりも、より広いコミュニティのためにあると言います。「それはコミュニティをより純粋に『ヒスパニック』にするだろう。つまりより真にメスティーサに、より深く相互につながり、より真に愛するものにするだろう」(Nickoloff, 2003: 32)。

ミゲル・デ・ラ・トーレ(Miguel De La Torre)は『家族に――私たちの家族、聖書、性的指向とジェンダーについての対話(*A La Familia: A Conversation about Our Families, the Bible, Sexual Orientation and Gender*)』(De La Torre, 2011)と題した、家族や地域社会との関わりについての本を著しました。この本は、スペイン語と英語を併記し、ラテンアメリカのコミュニティにおけるLGBTQ＋の人々の包摂を促進することを目的としています。このテクストは、ラテンアメリカのコミュニティがコミュニティのために作成したものです。そこには三つの主たる目標があります。まず、

7 Latino/Latinaというバイナリーな表現に対し、ノンバイナリーな用語として、Latinx(ラティンクス)・Latin@などがある。

性的指向、性自認、宗教に関して、ラテンアメリカの家族の間で健全な会話に近づくためのアドバイスを提供すること、そして、ラテンアメリカのコミュニティを構築すること、更に、ラテンアメリカの信仰の指導者たちが完全な包摂のために努力することを奨励することです。

ロビン・ヘンダーソン＝エスピノッサ（Robyn Henderson-Espinoza）は『ワイリー・ブラックウェル　ラティーノ／ラティーナ神学への手引き（*The Wiley Blackwell Companion to Latino/a Theology*）』（Henderson-Espinoza, 2015）においてクィアの見解に基づいたラテンアメリカ神学について執筆しています。その論文「クィア理論とラティーナ／ラティーノ神学化（Queer Theory and Latina/o Theologizing）」では、ラテンアメリカの神学における三つの大きな特徴、日常（cotidiano）、一体感（conjunto）、そして政治・社会運動が取り上げられています。cotidiano は毎日の生活と関係し、conjunto は共同体の中で一緒に行うものです。ヘンダーソン＝エスピノッサは、ラテンアメリカ神学を特徴づける、個々の語りのために用いられている物語について論じています。ジェンダーに中立的な形容詞として Latin@[8] という表記を造り、ヘンダーソン＝エスピノッサは、いかに Latin@ のクィア神学がセクシュアリティ、欲求、アイデンティティの役割に注意を向けさせているかをストーリーテリングという手法を使って説明します。メスティーサを土台に、この Latin@ を使うという考えを、ヘンダーソン＝エスピノッサは、ラテンアメリカのクィア理論家であるアンサルドゥーアから援用しています。アンサルドゥーアはこの用語を用いて、混合性と中間性がクィアネスの特徴であることを表現しているのですが、ヘンダーソン＝エスピノッサは、この混合性あるいは中間性という考え方は、理論、人種、民族、神学を交差させることができるため、有用な方法論となることを指摘しています。一つの例を挙げるならば、クィアな人々が生物学的な家族か、友人関係を通じて育まれる家族のどちらかを選ぶ必要にせまられたとしましょう。その時に、異質なものが入り混じったメスティーサとして発展した家族という発想が、伝統的な家族という観念をクィアするのです。

## 黒人とウーマニストのクィア神学

大文字で始まるBlackはアフリカにルーツを持つ人々を指し、小文字で始まるblackは黒という色を示すというルール[9]を本書でも採用するのは、私が関わっている著者の大半がこの習慣を守っているためです。付け加えると、「白」には同様の決まりは存在しませんので、白人を示す際に大文字にすることはありません。黒人神学とウーマニスト神学は、人種と民族の問題に直面し、米国で誕生しました。黒人神学は解放の神学として登場したのです。簡単に言えば、黒人の歴史が奴隷の歴史と深く関わっていることから、経済的な困窮だけでなく、世界の中で黒人であることの体験に関心を持った神学なのです。一九六九年、ジェイムズ・コーン（James Cone）は『イエスと黒人革命（*Black Theology and Black Power*）』〔大隅啓三訳、新教出版社、一九七一年〕を著しました。コー

8　パトリック・チェン（2013）は「LatinX（ラティンクス）」を使用。
9　この大文字で始まるBlackを「黒人」と訳す。

ンにとって、黒人神学は、アフリカ系アメリカ人の教会での経験とともに始まります。米国における公民権運動とブラック・パワー・ムーヴメントを背景に、コーンは黒人の経験を「米国で、黒人であるということは、皮膚の色とはほとんど関わりがない。黒人であることは、あなたの心、あなたの魂、あなたの知性、あなたのからだが、非搾取者がいるところにあるということを意味する」(Cone, 1969: 151)〔大隅訳、二六八頁〕と表現しています。しかし、その後、コーンは人種というテーマをもう少し詳しく検討していきます。「白人の神学再考(White Theology Revisited)」と題する論文[10]の中で、コーンは白人の教会が人種の問題に適切に対処できていないと批判しています。黒人神学は黒人の文化に根差しているので、神学書、音楽、そして黒人霊歌(スピリチュアルズ)をはじめとして、アフリカ系アメリカ人の文化に由来するものが黒人神学の一部を構成しています[11]。黒人霊歌とは、奴隷制のもとで経験した辛く困難な抑圧を描写したキリスト教の歌のことです。黒人霊歌は、アイデンティティ、信仰、黒人の苦難の側面を含み、奴隷制の感情的、身体的負担を描写しています。ジュビリー*(jubilees)として知られる黒人霊歌の中には、自由の未来に希望を見出すものもあります。

ドロレス・ウィリアムズ(Dolores Williams)は、黒人女性の経験が考慮されていなかったとして、コーンの著書は差別的であったと評しました。一九九三年、ウィリアムズはフェミニストの見解に基づき、黒人神学を再定義しました。フェミニスト神学が白人女性の経験に関連し、そして黒人神学は黒人男性の経験に関係するものであったので、ウィリアムズはウーマニスト神学(womanist theology)の発展において重要な人物となりました。ウーマニストという専門用語は、黒人女性及びその経験を扱ったフェミニストの著作を呼ぶ際に使われています。ウィリアムズの著書『荒野の姉妹――ウーマニストのゴッドトークへの挑戦（*Sisters in the Wilderness: The Challenge of Womanist God Talk*）』（Williams, 1993）では、次のような点に焦点が当てられています。

黒人女性の経験は、私たちが物事の根源を見るための観点となり、私たちの神学の内容を形成する論点を提供し、神とアフリカ系アメリカ人の生や世界一般との関係について私たちの問いを形成するのに役立つ。（Williams, 1993: 12）

ウィリアムズの著作は、女性として疎外され、更に黒人女性として疎外されることとの交差性を示しています。セクシュアリティを論じるという点では、ケリー・ブラウン・ダグラス（Kelly Brown Douglas）の極めて重要な著作『セクシュアリティと黒人の教会（*Sexuality and the Black Church*）』（Douglas, 1999）が、黒人の文化においてセクシュアリティというテーマがなぜタブー視されているのかを探っています。パメラ・ライトシー（Pamela Lightsey）は、初めてダグラスの本を手にした時の喜びの反応をユーモラスに描写し、「本を家に持ち帰り、既に亡くなっている白人

**10**　Cone, J. (2000). *Risks of Faith: The Emergence of a Black Theology of Liberation, 1968-1998*. Beacon Press に収録されている。一三〇－一三六頁。

**11**　日本語では「黒人霊歌」と表現するが、英語では奴隷制下にあったことを強調して slave spirituals とするようである。

男性たちが書いた退屈な読み物を脇に置き、黒人の説教者がセックスしているところを読むのが待ち切れなかった」（Lightsey, 2015: 4）と述べています。ダグラスの意図は、黒人のセクシュアリティに関する沈黙を破ることでした。そして、ＨＩＶ／ＡＩＤＳが黒人のコミュニティに与える影響について書いています。つまり、もはや問題を黙殺することはできないのです。ダグラスは、教会がいかにセックスを規制し、人間のセクシュアリティを軽んじ、悪者にしてきたかを検討しています。教会の目を通して、性的行為がいかに「肉欲的で理性がなく、かつ悪魔的な行動ですらある」（Douglas, 1999: 29）と見なされているかを述べています。これによって、教会はセクシュアリティの規制において信じられないほどの権力と支配力を持つことができたのです。ダグラスは、セクシュアリティと権力の関係を更に検討し、白人文化が黒人の身体を官能的でエキゾチックなものと見なすことによって、いかに黒人のセクシュアリティを支配してきたかを明らかにしています。更に、女性にとってはそれが脆弱性と身体への攻撃をもたらすことになったと述べています。白人文化による黒人のセクシュアリティの植民地化は、黒人女性を誘惑者として、黒人男性を性的に捕食者として位置づけます。ダグラスは、黒人のコミュニティや教会におけるセクシュアリティを規制する領域としてのホモフォビアを、レズビアン、ゲイ、バイセクシュアルの人々とともに告発しています。

多くの黒人のコミュニティでは、同性愛を一種の疫病と見なす傾向があります。それゆえ、ゲイであることが罪のあるセクシュアリティとされるのです。ロジャー・スニード（Roger Sneed）は『同性愛の表象（*Representation of Homosexuality*）』（Sneed, 2010）において、黒人のゲイ男性の宗教的な経験に注目しています。スニードは、黒人教会において宗教と神学がいかに同性愛を解決すべきやっかいな問題と見なしてきたか、つまり、ゲイの人々は何らかの形で悪魔化されていることを公にしました。スニードは、黒人教会は異性愛規範であり、たとえ信徒が同性愛者を受け入れていると主張する教会でさえ、「黒人の解放の神学は、『神はあなたを愛している』というような単純な声明以上の進歩はなかった」（2010: 6）と見ています。スニードの研究は、ゲイの神学者がいかに黒人のゲイの経験を検討してこなかったか、また、解放の神学やウーマニスト神学がいかにセクシュアリティの問題と関わってこなかったかを明らかにしています。スニードは、「黒人の解放の神学とウーマニスト神学は、単なる寛容のレトリック以外に、黒人のクィアに提供するものは実質的にほとんどない」（2010: 177）と述べています。スニードに言わせると、黒人神学は、クィアな黒人の経験が存在することを認識できていないのです。スニードは、黒人のコミュニティにおけるホモフォビアのせいで、多くの同性愛者が教会に受け入れられず、それがすさんだライフスタイルを送る原因になっていることを強調しています。「閉ざされたものではなく、開かれた神とスピリチュアリティの異なる概念」を議論し、黒人のクィア神学が「神の前提としての善性と、黒人のセクシュアル・アイデンティティにおける危機を改善する上での黒人教会の有効性に疑問を呈する」（2010: 190）勇気をいかに持つかをスニードは論じます。解放の神学、黒人神学、ウーマニスト神学における非異性愛者の排除を概説する中で、スニードは「静止し、変化せず、不変である神学や倫理は存在しない」（2010: 176）と、すべての神学が前進するという事実を指摘しています。

　黒人教会では、黒人女性が信徒の大半を占める傾向にあるのですが、指導者は依然として男性で占められています。黒人神学のクィア的解釈の一つとして、スティーブン・フィンリー（Stephen Finley）は、教会に黒人男性がいない理由として、黒人男性がイエスとの身体的な関係に入ることに苦労している可能性を論じています。フィンリーは、「男性黒人の身体構成と、全能の男性神を巡る同性同士の象徴的関係との間の葛藤」（Finley, 2007: 305）を見ているのです。異性愛についてのクィアな読み方において、フィンリーは米国のバプテスト教会の男性たちを対象にしたフィールドワークの研究をしています。性的なメタファーを用いて、フィンリーは、信仰心のある異性愛者の黒人男性の中には、礼拝を通じて男性の神に服従することができない人がいることを述べています。「男性が関係の中で『女性的』あるいは受動的な受け手の立場におかれる」（2007: 317）からです。

　黒人のクィア神学とはどのようなものなのでしょうか。E・L・コルネゲイ（E. L. Kornegay）は、「黒人（という人種）が既にクィアであることを受け入れなければならない」と論じます。「黒人と黒人神学的言説は、まだ自身のクィアネスを受け入れていない」（Kornegay, 2012: 331）のです。コルネゲイによれば、人種は「私たちの魂の中に不快に眠っている」（2012: 333）のであり、コルネゲイはクィア理論がジェンダー、セックス、人種、宗教といった私たちのアイデンティティにおける「ミスマッチ」をいかに暴くかを示しています。このようなミスマッチは、解放の神学によって、想像力を膨らませるという手段を用いて検討されており、その想像の一例が黒人のキリストの姿なのです。コルネゲイは、この順応性こそが、「黒人神学を定義上クィアとする」（2012: 334）方法として使われていると述べます。二〇一三年に、コルネゲイは『黒人神学のクィアリング――ジエイムズ・ボールドウィンのブルース・プロジェクトと福音の散文（*A Queering of Black Theology: James Baldwin's Blue Project and Gospel Prose*）』を執筆し、黒人の小説家・社会評論家であるボールドウィン（James Baldwin）の著作を検討しています。コルネゲイの執筆のねらいは、ポスト公民権、ポスト解放、ポストモダンの方法論を用いて黒人神学に関与することにあります。そうすることでやがて「黒人教会とコミュニティにおける、ジェンダー化され、セクシュアル化された身体の多様な表象に対する信仰と繁栄」（2013: ⅰ）が可能になるのです。

性的なテーマに根差した黒人のクィア神学の一例として、ブリトニー・クーパー（Brittney Cooper）は快楽の黒人フェミニスト神学を提唱しています。クーパーは、欲望の問題をキリスト教と結びつけることに対して憎しみのこもった反応を受けたことがあり、この問題を取り上げたかつての著作のせいで黒人教会コミュニティから疎外された経験を「私の作品を読んだ多くの黒人女性が、私を神の子であるはずがないと叫び、聖句をナイフのように投げつけ、要するに他の女性を迷わせたとして私を地獄に突き落とした」（Cooper, 2018: 193）と語ります。黒人女性にとってセックスが何らかの罪深いものであり、罪悪感や恥の問題と結びついていることを強調する中で、クーパーは「黒人女性は土曜日にセックスをして、日曜日にはその同じ『罪』を祭壇に置くだろう」（2018: 198）と述べます。クーパーはセックスを悪魔のようなものとして見るのではなく、神聖なものとして示すことを目的としています。クーパーの快楽の黒人神学は、しばしば性的な快楽に関連する罪悪感の体験から女性を解放します。重要なことは、その到達点が黒人女性の快楽にとどまらず、クィアの生も包含していることです。したがって、黒人のクィア神学は、「黒人女性、クィア、トランス、及び／または社会が規定するジェンダーには適合しない（gender nonconforming）[12]身体に関する政策に率直に関わること」（2018: 199）を要求していることになるのです。

ライトシーは、クィア・ウーマニスト神学の著作において著名な人物であり、「英米のクィア研究から離脱するクィア・ウーマニスト」（Lightsey, 2012: 340）を提唱しています。ライトシーのクィア・ウーマニスト神学は、白人のクィア思想家を土台とするのではなく、アフリカ系アメリカ人コミュニティの生と体験に根差しています。ライトシーは「クィア」という言葉を問題視しており、特に理論よりもアイデンティティに言及する際に問題があると言います。ライトシーは、自分がクィアであると言った時に、黒人コミュニティの人々の見せる反応について黒人英語そのままに、ユーモアを交えて表現します。「『クィア』って一体どういう意味なんだよ、『クィア』って！ふざけんなよ！（Shiit dat muthafucka jus'funny!）」（2012: 341）。ライトシーは、自己認識の指標として「クィア」という言葉を使うことは、あまりにも曖昧で弱すぎると考えています。黒人のクィア・コミュニティに対して、教会がカミングアウトしなければならないと、ライトシーは言います。「黒人教会が『カミングアウト』し、その黒人性を本当に愛するまでは……神、自分自身、そして多くの多様なメンバーをあるべき姿で愛することはできない」（2012: 347）。

ライトシーはまた、ウーマニストのクィア神学を社会的に文脈化する『私たちの生を粗末にするな――ウーマニスト・クィア神学（*Our Lives Matter: A Woomanist Queer Theology*）』（Lightsey, 2015）を著したのですが、そのタイトルは、黒人に対する警察の扱いに対する米国の「黒人の命を粗末にするな（Black Lives Matter）」キャンペーンと国民的抗議行動のスローガンを採用したものでした。

ウーマニスト・クィア神学は、ライトシーが指摘するように、黒人女性、黒人文化、黒人教会にのみ関わるものではないのです。

とはいえ、ウーマニスト神学の唯一の関心事が黒人女性と黒人文化である、と示唆するのは正しくない。私たちの関心は、特に黒人女性に対する差別、更に女性全体への差別を明らかにすることにある。とりわけ黒人のコミュニティについて注目するが、被造物全般についても注目する。現在は、エコロジカルなニーズ、質の高い教育を求める闘い、セルフケア、貧しい人々や抑圧された人々のためのケアの質など、広範囲にわたって取り組んでいる。(Lightsey, 2015: 13)

このように私たちは、交差的な出来事がクィア神学のプロジェクトの一部となり、アイデンティティに基づく諸問題を超えて、貧困、教育、環境といった社会的な問題を検討していることを目の当たりにしているのです。

12 カタカナでジェンダー・ノンコンフォーミングと訳されることが多い。

## 北大西洋のクィア神学（カナダ、英国、米国）

北大西洋の社会的文脈において、英国、米国、カナダのクィア神学は、初期のレズビアンとゲイの神学にその系譜を遡ります（レズビアンとゲイの神学の簡単な概観については第1章を参照ください）。クィア神学の発展のルーツを強調するために、米国の神学者ゴスは、「一九八〇年代後半から一九九〇年代にかけての爆発的なアクティヴィズムが、ゲイ神学をクィア神学へと変容させ、その対話相手を広げた」（Goss, 1998: 189）と述べています。ゴスは、ゲイとレズビアンの神学に欠けていた、クィア神学の包摂的な可能性に注目しています。ゴスはクィアの定義として、最も初期に、神学に関連する一つの定義を提示しています。

> 動詞としてのクィア（queer）は、「効果を台無しにする、邪魔をする、攪乱する、傷つける、状況を悪くする」という意味である。クィアリングは、既に私たちを排除している同性愛嫌悪と異性愛主義の政治神学を脱構築する批判である。文化的象徴を覆し、とうに私たちには用済みとなった価値ある神学と教会実践を貶め、攪乱する。クィアリングは神学・スピリチュアリティ・教会の実践を新しく、包括的な構成で、想像力豊かに再構築することである。（Goss, 1998: 194）

レズビアンとゲイ神学からクィア神学へのムーヴメントの中で、注目される分野の一つが性の神学（sexual theologies）です。一九七九年、米国の神学者ジェームズ・ネルソン（James Nelson）が『具体化（*Embodiment*）』（Nelson, 1979）を出版し、「性の神学」という言葉が登場しました。ネルソンは「性の問題は宗教的な問題でもある」（Nelson, 1979: 15）と述べました。そして、神学において性的倫理の問題を見ることを超えて、人間の性的経験がいかに神学の根拠となり得るかを検討することを提唱しています。ネルソンの思考は、多くの人がタブー視する非伝統的な空間から神学を位置づけるという点で、勇気ある、画期的なものでした。ネルソンの神学は、幻想（fantasy）、自慰、性交、サド・マゾヒズムなど、様々な性的実践を具体的に取り上げています。一九八八年には、男性のセクシュアリティに特化した『インティメート・コレクション（*Intermate Collection*）』（Nelson, 1988）が出版されました。ネルソンの著書は、性の神学に関する古典的なテクストと見なされています。

英国では、エイドリアン・サッチャー（Adrian Thatcher）が『解放する性（*Liberating Sex*）』（Thatcher, 1993）という本の中でキリスト教の性の神学を提唱しています。サッチャーは、この本が「作り直し（remaking）、解き放ち（unmaking）、お祭り騒ぎ（merrymaking）」（1993: 1）についての本であると言います。そして、「私たちを性的存在として作り直すことで、神は聖霊を通して、神と永遠に存在する選ばれた関係に似た関係を作る力とビジョンを与えてくださる」（1993: 2）と述べています。「解き放ち」の過程で、家父長制がキリスト教の伝統に残した遺産が明らかになるのですが、一方「お祭り騒ぎ」は、「キリスト教の歴史の大半に見られる、性的行為につきまとう死を招くような深刻さを解毒する対抗手段」（1993: 3）なのです。サッチャーは、伝統的なキリスト教神学、批評理論、現代の生に基づいて、人間のセクシュアリティと性倫理について包括的な議論を行います。『解放する性』は、キリスト教の性の神学の先駆けとして、セクシュアリティ、結婚、同性間関係、禁欲主義*（celibacy）、マスターベーション、セーフセックスなどを大胆に論じています。

スピリチュアリティとセクシュアリティの関係、セクシュアリティとジェンダーの流動性、教会がクィアな人々とどのように関わるか、エロティックで身体的な自己に焦点を当てることが神学にどのように反映されるか、などはピーター・スウィーシー（Peter Sweasey）が編集した『クィアから永遠まで（*From Queer to Eternity*）』（Sweasey, 1997）で取り上げられた問題です。スウィーシーの論集は、様々な宗教、信条、精神性にまたがっているものの、同性愛擁護の議論を拒否しています。というのも、同性愛は異性愛と同様に正当であるため、そのような議論を必要としないからです。

北大西洋の社会的文脈では、ゲイとレズビアンの神学への懸念や諸問題、並びにクィア神学が性の神学やアクティヴィズムに根拠を置くことが見られます。英米の学者たちは、『クィア神学――西洋の身体を再考する』（Loughlin, 2007）において、伝統的な神学が既にいかにクィアであるかを読み解くことに目を向けています。ロッフリンは、神学がかねてより奇妙なものであり、現代社会に適合していないことから、神学をクィアとして捉えています。ロッフリンは、身体性とセクシュアリティについての考察を求める声が、いかにキリスト教の伝統の中から出てくるものかを見ています（本書第2章参照）。ロッフリンは、「ゲイのセクシュアリティがキリスト教の思想や文化にとって周縁にあるのではなく、奇妙なほど中心にあることを、クィア理論と同様に、発見するからこそ、クィア神学はまたクィアなのだ……最も正統なものが、最もクィアであることが判明する」（2007: 9）と主張しています。ロッフリンは、「聖霊の動き、聖人や罪人、神学者や聖職者の生や献身に常に存在したクィアな関心」（2007: 9）を通じて、キリスト教は常にクィアであったと見ています。米国では、マーク・ジョーダン（Mark Jordan）がロッフリンと同じ立場に立ちます。「クィア神学はクィア理論の後に来たのではない……それはクィア理論の内部にずっとあったのだ。実際、クィア理論以前に、クィア理論と張り合う親として、学問的根源として、ライバルとして」（Jordan, 2007: 573）と述べます。

英国を拠点とする学者であるコーンウォールは、クィア神学の分野に多大な貢献をしており、特に著書『クィア神学における論争（*Controversies in Queer Theology*）』（Cornwall, 2011）においてその功績が認められています。クィア神学を学術的な場だけでなく教会に根付かせるために、コーンウォールは『セクシュアリティ――包摂的な教会のために用意された資料（*Sexuality: the Inclusive Church Resource*）』（Cornwall, 2014）をはじめとする著作を執筆しています。この資料は、聖職者や教会組織を対象としており、イングランド国教会のセクシュアリティに関する議論から引用しています。コーンウォールは、教会の教えと神学を変える必要性を指摘します。

時代や文化ごとに、新しい可能性や挑戦が生まれる。クリスチャンが歩んでいかなければならない一連の新しい社会的文脈が生まれる。聖書はティンダー（Tinder）やグラインダ（Grindr）のような出会い系アプリを使うことや、インターネットでのデートの倫理について述べていない。小児性愛（paedophilia）を明確に非難しているわけでもない。ギリシア＝ローマ世界では男性と少年の間の性的関係が蔓延していたのだから、非難していたならば、実に驚くべきことだ。また、アダルトグッズや嗜虐的プレイについても、聖書は沈黙しており、マスターベーション、オーラルセックス、アナルセックスについても無言である。（Cornwall, 2014: 59-60）

コーンウォールは、セクシュアリティに関する議論が、同性間関係を超えてどのように問題を提起するかを見出しています。コーンウォールの広範な研究成果には、特にインターセックスやトランスジェンダーの神学に関連する先駆的な貢献が含まれています（本書第5章参照）。

カナダの研究者、マーガレット・ロビンソン（Margaret Robinson）は、バイセクシュアリティと神学に注目しています。「伝統的にキリスト教神学はバイセクシュアリティを無視し、代わりに同性愛をすべての同性の魅力と表現を網羅するものとして定義してきた」（Robinson, 2015: 644）ことを指摘しています。しかし、ロビンソンによれば、ゲイの神学、レズビアンの神学、そしてクィア神学もまた、バイセクシュアリティを含めるための適切なスペースを与えておらず、実際に「バイフォビック（biphobic）」（2015: 646）と解釈されうる知識を生み出してきたのです。ロビンソンはバイセクシュアル神学における三つの重要な問題点を注目しています。

（一）人間のセクシュアリティに対する全体論的視野……。（二）対立するように見えるカテゴリーを一括りにする統合的な傾向。（三）セクシュアリティが階級、人種、ジェンダーなどのカテゴリーによってどのように形成・構築されるかを検討する交差的観点の使用。（Robinson, 2015: 649）

興味深いことに、ロビンソンは、バイセクシュアル神学の強みの一つは、バイセクシュアル神学それ自身をカテゴリーとして採用しない傾向があることだと見ています。「バイセクシュアル神学の最大の貢献は、私たちの神学的言説を『バイセクシュアル神学』というラベルのついた別の箱に展開することではなく、バイセクシュアルの神学的洞察をすべての神学者に採用してもらうことにあると言ってよい」（Robinson, 2015: 653）と述べています。

## オーストラリアのクィア神学

オーストラリアでは、マイケル・バーナード・ケリー（Michael Bernard Kelly）とジリアン・コックス（Jillian Cox）の著作にクィア神学を見ることができます。ケリーは、二冊の著書、『神の愛に誘惑されて――現代のスピリチュアリティ、ゲイの経験、クリスチャンの信仰（*Seduced by Grace: Contemporary Spirituality, Gay Experience and Christian Faith* ）』（Kelly, 2007）と『キリスト教神秘主義のクィアな炎――現代のゲイ男性の生におけるスピリチュアリティ（*Christian Mysticism's*

*Queer Flame: Spirituality in the Lives of Contemporary Gay Men* )』（Kelly, 2018）において、ゲイ男性の現代のスピリチュアリティを探求しています。『神の愛に誘惑されて』ではケリーの自伝的な見解から始まり、同性愛を理由にオーストラリアのカトリック教育機関でのキャリアを強制的に終了させられたことが詳細に描かれています。手紙、記事、エッセイといった様々なスタイルの作品を集め、信仰とセクシュアリティをうまく折り合いをつけるという個々人の経験を探求しています。二〇一八年の著書では、米国出身の、八人のゲイ男性の霊的な人生の旅へ読者をいざないます。

コックスは、伝統的な神学をクィアすることでクィア神学へ関与します。特にマルティン・ルター（Martin Luther）とパウロの手紙に焦点を当てた研究です。オーストラリアの社会的文脈に焦点を当てたものではないのですが、コックスの研究は、クィアなバックミラーの観点を通して伝統的な神学を再検討する一例です。コックスは、これまで伝統的あるいは規範的な神学と見なされてきたものを覆すことが、いかにクィア神学にとって有益であるかを示しています。ルターを読解する際、コックスは、自分の神学への関与を維持しつつ、その倫理的アプローチが「レズビアンやゲイ、そして広くクィアの人々への神学的反応に拡張されるべきものであり、これを達成するためのツールがルターの伝統に存在している」（Cox, 2013: 366）ことを論じています。更に当時ルターがいかに聖書的・伝統的神学に挑戦し、クィア神学のアプローチに似た新しい社会的文脈に根差した神学を考察していたかに言及しています。パウロのローマの信徒への手紙とコリントの信徒への手紙の読みにおいて、コックスは、愛が人間の知識へのこだわりに勝ることを明らかにしています。「愛は知識に勝る（Love is Better than Knowledge）」（Cox, 2015）という論文タイトルは、これを明確にしています。コックスは研究を支える議論を次のように述べます。「神学は、信仰を持つ人々とその共同体にとって適切で変革的であるために、聖書と伝統を非宗教的な思想と結びつける必要がある。そうすることで人間であることの意味についてより良いビジョンを提案することになるのである。これが私のテーマである」(2015: 54)。

## 結　論

ポストコロニアル神学の新たなテーマは、アイデンティティに関連する混淆性の概念です。この考え方は、以下の例のように異なる社会的文脈で出現します。チェンの「第三の空間(third space)」(2011)、ボンの「奇妙な出会い(strange encounters)」(2006)、アンサルドゥーアの「メスティーサ(mestiza)」(1987)、スギルタラージャの「混合(blending)」(2004)です。クィア神学とポストコロニアル神学に共通するのは、「主流」あるいは「伝統的」なキリスト教と考えられてきたものとの関係です。クィア神学とポストコロニアル神学は、私たちが主流あるいは伝統的な神学と考えるものは、それが行われ、繰り返されているからこそ、主流であり伝統的であると見なされているのだということを暴いているのです。クィア神学とポストコロニアル神学は、伝統的なキリスト教神学に疑問を投げかけ、批判的に検討しています。しかし一方で、コーンウォールは、クィア神学の系譜が、ある人々にとっていかに問題であり続けているかについて指摘しています。

クィア神学は白人や西洋社会に固有なものではない。つまり、クィア神学は、白人であり、西洋人であることを強いているわけでもなく、非白人文化を排除するものでもない。しかし認識しておかなければならないのは、クィア神学が西洋のレズビアン、ゲイ、フェミニストの神学に（そして最も重要なのは、西洋のキリスト教に）由来するということが、クィア神学とは、白人社会の、白人文化の神学だという偏見をもたらしているかもしれないということだ。したがって、その歴史的経緯から連想される不快感ゆえに、クィア神学の傘下に身を置くことを良しとしない人々が常に存在する可能性は否めない。（Cornwall, 2011: 105）

更にコーンウォールは、ポストコロニアル神学とクィア神学が、自らの経験と抵抗を明確にするために、類似した言語を用いる、と述べています。この章では、クィア批評とポストコロニアル批評の葛藤と共通の課題を考察してきました。両者はともにポストモダン思想の方法を用い、また、異なる社会的文脈における生の体験に根差した実践的神学を優先させることによって、神学の主流を問い直すのです。これは、コルビー・ディキンソン（Colby Dickinson）とメーガン・トゥーミー（Meghan Toomey）が指摘するように、伝統的な神学において確立され、統制されてきたものを超えていきます。

神学をクィアすることは、抵抗の姿勢をとり、問いかけの態度を示し、そして脱構築によって知らされた知性を引き継ぐことである……クィアである神学が私たちに求めるのは、既に知られているものを超えること、確立されているものを過去のものとすること、そのような構築物に対する支配を完全に手放すことである。（Dickinson & Toomey, 2017: 13）

現代のクィア神学が交差的アプローチに関心を持たないということは、もはや許されることではありません。なぜなら、それはクィア神学以前のフェミニスト神学やクィア理論によって繰り返し強調され続けてきたことだからです。弁解の余地はありません。交差性とグローバルな社会的文脈における実践的神学への関与を通じて、クィア神学は、ヴァン・クリンケンとピリ（2015）が提案する「草の根神学」となり、個人とコミュニティの声と経験が優先されるのです。経験から神学するためには、アルトハウス＝リード（2004）が提唱したカミナータという歩みを必要とします。クィア神学の成果において、クリスチャンの生に注目すべきことについては、第5章で更に見ていきます。

次章ではクィアな聖書批評を見ていきましょう。

## 基本文献案内

### ・アジア系アメリカ人のクィア神学

Cheng, P. S. (2013) *Rainbow Theology: Bridging Race, Sexuality, and Spirit*. New York: Seabury Books. チェンは、クィアな黒人神学、クィアなアジア系アメリカ人神学、クィアなラティーナ・ラティーノ神学〔ラテ

ィーナ／ノ、ヒスパニック、チカーナ／ノ、メスティーサ／ソ、ムヘリスタ、ラティンクス、その他関連するアイデンティティ・マーカーを持つ人々による、あるいは彼らに関する聖書学・神学研究〕を含む、クィアと有色人種の神学、更にはツースピリット先住民の研究についても同様に、示唆に富む議論を提供している。

**・アジアのクィア神学**

http://www.queerasianspirit.org/　アジアのクィア神学の基本的な概要を提供するウェブサイト。アジアのクィア神学について更に詳しく調べたい人のために、出版物の包括的なリストを提供している。

**・アフリカのクィア神学**

Van Klinken, A. and Obadare, E. (Eds.) (2019) *Christianity, Sexuality and Citizenship in Africa*. London and New York: Routledge.　本書は、サハラ以南のアフリカにおけるキリスト教、セクシュアリティ、公民権の関係を、ＨＩＶ／ＡＩＤＳの危機やＬＧＢＴコミュニティの認知度の高まりに注目しながら考察している。

**・ラテンアメリカのクィア神学**

Panotro, N. (Ed.) (2016) *Indecent Theologies: Marcella Althaus-Reid and the Next Generation of Postcolonial Activities*. California: Borderless Press.　主にラテンアメリカのクィア神学に焦点を当てた論文集。

**・黒人とウーマニストのクィア神学**

Douglas, K. B. (1999) *Sexuality and the Black Church*. New York: Orbis Books.　黒人教会におけるセクシュアリティの重要性を探求した最初の研究書の一つ。ダグラスは、黒人文化においてセクシュアリティがタブー視されてきた経緯と理由を明らかにし、セクシュアリティの問題に取り組むために教会は何をすべきかを説いている。

Lightsey, P. R. (2015) *Our Lives Marter: A Womanist Queer Theology*. Oregon: Pickwick Publications.　ライトシ

ーは、黒人教会におけるセクシュアリティと人種の問題を概観し、ウーマニストの観点からクィア神学を紹介。テクストはわかりやすく書かれている。

## 原註

1 https://www.amnesty.org.uk/lgbti-lgbt-gay-human-rights-law-africa-uganda-kenya-nigeria-cameroon

2 Hub of Loving Action in Africa (HOLAA!): http://holaafrica.org

## 文献リスト

Ahmed, S. (2000) *Strange Encounters: Embodied Others in Post-Coloniality*. London: Routledge.

Althaus-Reid, M. (2000) 'Gustavo Gutiérrez Goes to Disneyland: Theme Park Theologies and the Diaspora of the Discourse of the Popular Theologian in Liberation Theology', in Segovia, F. F. (Ed.) *Interpreting Beyond Borders*, pp. 36-58. Sheffield: Sheffield Academic Press.

Althaus-Reid, M. (2001) Outing Theology: Thinking Christianity out of the Church Closet. *Feminist Theology*, 9 (27), pp. 57-67.

Althaus-Reid, M. (2004) *From Feminist to Indecent Theology*. London: SCM Press.

Anzaldúa, G. E. (1987) *Borderlands/La Frontera: The New Mestiza*. San Francisco: Aunt Lute.

Bong, S. A (2006) 'Post-colonialism', in Sawyer, J. F. A. (Ed.) *The Blackwell Companion to the Bible and Culture*, pp. 497-514. Oxford: Blackwell.

Bong, S. A. (2007) 'Queer Revisions of Christianity', in Brazal, A. M. and Si, A. L. (Eds.) *Body and Sexuality: Theological-Pastoral Perspectives of Women in Asia*, pp. 234-249. Quezon City: Ateneo de Manila University

Press.

Carvalhaes, C. (2016) 'Oppressed Bodies Don't Have Sex: The Blind Spots of Bodily and Sexual Discourses in the Construction of Subjectivity in Latin American Liberation Theology', in Panotto, N. (Ed.) *Indecent Theologies: Marcella Althaus-Reid and the Next Generation of Postcolonial Activists*, pp. 155-212. California: Borderless Press.

Chan, P-M. (2018) Desexualizing Sexual Identity Politics: The Framing of Pro-LGBT Christian Organizations in Hong Kong. *Sexuality & Culture*, 22 (4), pp. 1452-1465.

Cheng, P. S. (2011) The Rainbow Connection. *Theology & Sexuality*, 17 (3), pp. 235-264.

Cone, J. (1969) *Black Theology and Black Power*. New York: The Seabury Press. 〔J・H・コーン『イエスと黒人革命』大隅啓三訳、新教出版社、一九七一年〕

Cooper, B. (2018) How Sarah Got Her Groove Back, or Notes Toward a Black Feminist Theology of Pleasure. *Black Theology*, 16 (3), pp. 195-206.

Córdova Quero, H., Goh, J. N. and Sepidoza Campo, M. (Eds.) (2014) *Queering Migrations: Towards, From, Beyond Asia*. New York: Palgrave Macmillan.

Cornwall, S. (2011) *Controversies in Queer Theology*. London: SCM Press.

Cornwall, S. (2014) 'A Theology of Sexuality', in Cornwall, S. (Ed.) *Sexuality: the inclusive church resource*, pp. 53-112. London: Darton, Longman and Todd.

Cornwall, S. (2016) 'Strange Encounters: Postcolonial and Queer Intersections', in Panotto, N. (Ed.) *Indecent Theologies: Marcella Althaus-Reid and the Next Generation of Postcolonial Activists*, pp. 3-24. California: Borderless Press.

Cox, J. E. (2013) 'The Only Safe Guide is Love': Models of Engaging Luther's Ethical Hermeneutic for Theological

Responses to the Affirmation of Same-Sex Sexuality. *Dialog: A Journal of Theology*, 52 (4), pp. 365-372.

Cox, J. E. (2015) Love is Better than Knowledge: Paul, Luther and a Theology of Being Human. *Theology & Sexuality*, 21 (1), pp. 53-69.

De La Torre, M. (2011) *A La Familia: A Conversation about Our Families, the Bible, Sexual Orientation and Gender*. Available at: https://assets2.hrc.org/files/assets/resources/A_La_Familia_Final_Curriculum_Nov_2011.pdf?_ga=2.233047390.1165034153.1558376633-1850997694.1558376633

Dickinson, C. and Toomey, M. (2017) The continuing relevance of 'queer' theology for the rest of the field. *Theology & Sexuality*, 23 (1-2), pp. 1-16.

Douglas, K. B. (1999) *Sexuality and the Black Church*. New York: Orbis Books.

Finley, S. (2007) Homoeroticism and the African-American Heterosexual Male: Quest for Meaning in the Black Church. *Black Theology*, 5 (3), pp. 305-326.

Germond, P. and De Gruchy, S. (Eds.) (1997) *Aliens in the Household of God: Homosexuality and Christian Faith in South Africa*. Claremont: David Philip Publishers.

Goh, J. N. (2012) Mary and the Mak Nyahs. *Theology & Sexuality*, 18 (3), pp.215-233.

Goh, J. N. (2018). *Living Out Sexuality and Faith: Body Admissions of Malaysian Gay And Bisexual Men*. London: Routledge.

González Ortuño, G. (2016) 'Sexual Dissidence, Faith and Release in Marcella Althaus-Reid', in Panotto, N. (Ed.) *Indecent Theologies: Marcella Althaus-Reid and the Next Generation of Postcolonial Activists*, pp. 87-104. California: Borderless Press.

Goss, R. E. (1993) *Jesus Acted Up. A Gay and Lesbian Manifesto*. San Francisco: Harper.

Goss, R. E. (1998) 'Sexual Visionaries and Freedom Fighters', in Gill, S. (Ed.) *The Lesbian and Gay Christian Movement: Campaigning for Justice, Truth and Love*, pp. 187-202. London: Continuum.

Henderson-Espinoza, R. (2015) 'Queer Theory and Latina/o Theologizing', in Espín, O. O. (Ed.) *The Wiley Blackwell Companion to Latino/a Theology*, pp. 329-346. Chichester: John Wiley & Sons.

Hirano, K. (2014) 'In Search of Dreams: Narratives of Japanese Gay Men on Migration to the United States', in Córdova Quero, H., Goh, J. N. and Sepidoza Campo, M. (Eds.) *Queering Migrations: Towards, From, Beyond Asia*, pp. 77-97. New York: Palgrave Macmillan.

Horie, Y. (2007) Possibilities and Limitations of 'Lesbian Continuum'. *Journal of Lesbian Studies*, 10 (3-4), pp. 145-159.

Jordan, M. (2007) Religion Trouble. *GLQ*, 13 (4), pp. 563-575.

Kelly, M. B. (2007) *Seduced by Grace: Contemporary Spirituality, Gay Experience and Christian Faith*. Melbourne: Clouds of Magellan.

Kelly, M. B. (2018) *Christian Mysticism's Queer Flame: Spirituality in the Lives of Contemporary Gay Men*. New York: Routledge.

Kornegay, E. (2012) Baldwin on Top. *Black Theology*, 10 (3), pp. 328-338.

Kornegay, E. (2013) *A Queering of Black Theology: James Baldwin's Blues Project and Gospel Prose*. New York: Palgrave Macmillan.

Kuruvilla, P. (Ed.) (2017) *Christian Responses to Issues of Human Sexuality and Gender Diversity: A Guide to the Churches in India*. Bangalore/Delhi: CISRS/ISPCK.

Kwok, P-L. (2005) *Postcolonial Imagination and Feminist Theology*. London: SCM Press.

Kwok, P-L. (2010) 'Body and Pleasure in Postcoloniality', in Isherwood, L. and Petrella, I. (Eds.) *Dancing*

*Theology in Fetish Boots: Essays in Honour of Marcella Althaus-Reid*, pp. 31-43. London: SCM Press.

Lightsey, P. R. (2012) Inner Dictum. *Black Theology*, 10 (3), pp. 339-349.

Lightsey, P. R. (2015) *Our Lives Matter: A Womanist Queer Theology*. Oregon: Pickwick Publications.

Loughlin, G. (Ed.) (2007) *Queer Theology: Rethinking the Western Body*. London: Blackwell.

Nelson, J. B. (1979) *Embodiment*. Minneapolis: Augsburg Publishing House.

Nelson, J. B. (1988) *The Intimate Collection*. Philadelphia: The Westminster Press.

Nickoloff, J. B. (2003) Sexuality: A Queer Omission in U.S. Latino/a Theology. *Journal of Hispanic/Latino Theology*, 10 (3), pp. 31-51.

Panotto, N. (Ed.) (2016) *Indecent Theologians Marcella Althaus-Reid and the Next Generation of Postcolonial Activists*. California: Borderless Press.

Punt, J. (2008) Intersections In Queer Theory And Postcolonial Theory, And Hermeneutical Spin-Offs. *The Bible and Critical Theory*, 4 (2), pp. 24. 1-24. 16.

Robinson, M. (2015) ‘Bisexual People’, in Thatcher, A. (Ed.) *The Oxford Handbook of Theology, Sexuality and Gender*, pp. 640-656. Oxford: Oxford University Press.

Sneed, R. (2010) *Representations of Homosexuality: Black Liberation Theology and Cultural Criticism*. New York: Palgrave Macmillan.

Stuart, E. (Ed.) (1997) *Religion is a Queer Thing*. London: Cassell.

Sugirtharajah, R. S. (2004) ‘Complacencies and Cul-de-sacs: Christian Theologies and Colonialism’, in Keller, C., Nausner, M. and Rivera, M. (Eds.) *Postcolonial Theologies: Divinity and Empire*, pp. 22-38. St. Louis: Chalice Press.

Sweasey, P. (Ed.) (1997) *From Queer to Eternity. Spirituality in the Lives of Lesbian, Gay and Bisexual People*. London: Cassell.

The Nest Collective (2015) *Stories of Our Lives*. Nairobi: The Nest Arts Company.

Thatcher, A. (1993) *Liberating Sex. A Christian Sexual Theology*. London: SPCK.

Thoreson, R. R. (2014) Troubling the waters of 'a wave of homophobia': Political economies of anti-queer animus in sub-Saharan Africa. *Sexualities*, 17 (1/2), pp. 23-42.

Tolbert, M. A. (1995) 'Reading for Liberation', in Segovia, F. F. and Tolbert, M. A. (Eds.) *Reading From This Place, Vol. I. Social Location and Biblical interpretation in the United States*, pp.263-276. Minneapolis: Fortress Press.

van Klinken, A. (2013) *Transforming Masculinities in African Christianity: Gender Controversies in Times of AIDS*. London: Routledge.

van Klinken, A. (2015) Queer Love in a 'Christian Nation': Zambian Gay Men Negotiating Sexual and Religious Identities. *Journal of the American Academy of Religion*, 83 (4), pp. 947-964.

van Klinken, A. (2017) 'Queer Studies and Religion in Contemporary Africa: Decolonizing, Post-secular Moves', *Scholar & Feminist Online*. Available at: http:// sfonline. barnard.edu/ queer-religion/ queer-studies-and-religion-in-contemporary-africa-decolonizing-post-secular-moves/2/

van Klinken, A. (2018) Autobiographical Storytelling and African Narrative Queer Theology. *Exchange*, 47, pp. 211-229.

van Klinken, A. and Chitando, E. (Eds.) (2016) *Public Religion and the Politics of Homosexuality in Africa*. Oxford: Routledge.

van Klinken, A. and Phiri, L. (2015) 'In the Image of God': Reconstructing and Developing Grassroots African Queer Theology from Urban Zambia. *Theology & Sexuality*, 21 (1), pp. 36-52.

West, G., Van der Walt, C. and Kapya, J. K. (2016) When faith does violence: Reimagining engagement between churches and LGBTI groups on homophobia in Africa. *HTS Teologese Studies/ Theological Studies*, 72 (1). Available at: http://www.scielo.org.za/pdf/hts/v72n1/64.pdf

Williams, D. (1993) *Sisters in the Wilderness: The Challenge of Womanist God Talk*. New York: Orbis.

Yip, L-S. (2012) 'Listening to the Passion of Catholic Nu-tongzhi: Developing a Catholic Lesbian Feminist Theology in Hong Kong', in Boisvery, D. and Johnson, E. (Eds.) *Queer Religion: Homosexuality in Modern Religious History*, pp. 63-80. Santa Barbara: Praeger.

Zachariah, G. and Rajkumar, V. (Eds.) (2015) *Disruptive Faith, Inclusive Communities: Church and Homophobia*. Bangalore/Delhi: CISRS/ISPCK.

# 第4章　クィアな聖書

本章では、聖書をクィアに読み、解釈するという行為に焦点を当てます。クィア聖書学（queer biblical studies）の分野では多くの刺激的な探究がなされています。レズビアン、ゲイ、バイセクシュアル、トランスジェンダーによる解釈は、クィア批評に由来する分析方法と同様に、聖書への革新的なアプローチを提供するものです。本章の前半では、クィア神学における聖書の影響力と権威に関して、聖書の役割を検討します。次に、非規範的なセクシュアル・アイデンティティ及びジェンダー・アイデンティティの立場での聖書のクィアな読みについて考察します。続いて聖書の明示的なクィアな読みを見ていきます。ここでは、クィア聖書研究における三つのアプローチ、（一）*聖書解釈学（hermeneutics）と同性間関係（same-sex relationship）について、（二）聖書のクィアリングについて、（三）クィアな語り方について、議論します。具体的なクィアな読みの例も紹介します。最後に、グローバルな社会的文脈におけるクィアな読みに注目し、アジア系アメリカ人、そしてアジア、アフリカ、ラテンアメリカの読者の反応、及び黒人やウーマニストの反応を見ていきます。

## 権威のクィアリング

歴史的に、聖書は社会と文化の発展に重要な役割を果たしてきました。現代社会においても、聖書は著しい影響を与えています。事実、多くの国で法廷での宣誓の際に聖書が使われるように、公的な場において権威あるものと見なされています。社会におけるジェンダーやセクシュアル・アイデンティティと聖書の関係について、デリン・ゲストは、聖書が「かなりの意義と影響力を持つ文化的な人工遺物（cultural artefact）[1]であり、トランスセクシュアル、シビル・パートナーシップ〔法的に承認されたパートナーシップ関係〕、反差別法、ゲイの養子縁組や子育てなどの問題についての声明を後押しするために政治的に用いられるのが常である」（Guest, 2012: 29）ことを指摘しています。公共圏における聖書の重要性は、どんなに評価してもしすぎるということはありません。したがって、聖書学が性的多様性とジェンダークィア*（genderqueer）のアイデンティティの問題に取り組むことは、非常に重要なことなのです。

公共的、社会的、文化的なレベルにおける聖書の影響力にもかかわらず、聖書の地位と権威をキリスト教は見誤っていることが少なくありません。エイドリアン・サッチャーは、聖書が自ら神の言葉であると主張しているわけではないことを指摘します。「ひとたび聖書が神の言葉と

---

1　考古学で史的価値のある人間の営み・わざを示す道具・武器等を言う。北米英語では artifact。

同一視されると、聖書テクストはイエス・キリストである神の言葉に匹敵し、あるいは取って代わる」(Thatcher, 2008: 4) と言います。聖書の地位を高めて崇拝するクリスチャンは、聖書崇拝* (bibliolatry)、すなわち神の代わりに聖書を崇拝することを犯していると言えるでしょう。サッチャーはこれがいかに害をもたらすかを警告しています。というのも聖書そのものによれば、「文字は殺し、霊は生かします」(コリントの信徒への手紙二3章6節) とあるからです。更に、LGBTQ+の人々にとって、聖書は何の意味も権威も持ち得ないとする議論もあります。例えば、エリザベス・スチュアートは、「聖書は初代教会 (the early church) の創造物であり、私たちがもはや共有できない家父長制を前提としている。したがって私たちにとってはいかなる権威にも当たらない。聖書に代えて、私たちの神についての経験を反映した、新しい正典 (canon) を創り上げる必要がある」(Stuart, 1997: 45) と言います。

ここまでで明らかなように、クィアは混乱させることや攪乱のために貢献しているのです。したがって、クィア聖書学は、聖書の地位と権威に疑問を投げかけるものです。より重要なことは、クィア聖書学は聖書テクストを一変させる読みを提供し、クィアな聖書は「聖書を敵から味方に変える」(Stuart, 1997: 45) のです。ティモシー・コック (Timoth Koch) は、クィアな読みのプロセスを「高度に選択的な作業」(Koch, 2006: 373) として提唱し、伝統的な解釈学や教会の権威がテクストの意味を決定することを明確に拒否しています。

私たちは、LGBTとして、私たち自身の疑問、頼みの綱を求める私たち自身の欲求、私たち自身の力の限界とともにある。聖書の記述を私たちのための頼みの綱と見なす時、私たちの懸念、感情、目標、恐れが聖書の隅々に反映されていることに気づくことができる。また、私たち自身の旅を照らすことができる手本となる人物、教訓話、みだらな話、熟考すべき主張を見つけることができる。（Koch, 2006: 373）

## レズビアン・ゲイ・バイセクシュアル神学と聖書

ゲイ、レズビアン、バイセクシュアルによる聖書の読みは、聖書の問題点を指摘したフェミニスト神学に連なります。デリック・シャーウィン・ベイリー（Derrick Sherwin Bailey）が著した『同性愛と西洋キリスト教の伝統（*Homosexuality and the Western Christian Tradition*）』（Bailey, 1955）は、セクシュアリティとキリスト教の問題を検討する先駆けとなりました。ベイリーは「ソドムの罪が性的なもの、ましてや同性愛的なものであったという仮定を、物語は少なくとも要求していない」（Bailey, 1955:5）とし、ソドムで起こったのが性的な出来事であるというのは間違いだと主張する最初の一人でした。フェミニストによる聖書解釈の先駆者であるフィリス・トリブル（Phyllis Trible）は、聖書テクストの中にあるミソジニー*（misogyny）を暴き、またそれがいかに宗教組織によるミソジニーを生み出しているかを明らかにしました。トリブルは、「恐怖のテクスト（text of terror）」という言葉を使い、『旧約聖書の悲しみの女性たち（*Texts of Terror*）』（Trible, 1984）〔河野信子訳、日本基督教団出版局、一九九四年〕を著しました。トリブルはその中で、宗教における家父長制がいかにミソジニーと同じであり、聖書テクストの解釈のせいで、いかに女性が抑圧、虐待、暴力にさらされているかを暴いています。「恐怖のテクスト」という考えは、ゴスが述べるように、同性間関係に反対するために使われる聖書テクストにもあてはまります。

> キリスト教のあらゆる伝統の大多数は、聖書が同性愛に反対していると信じている。聖書は、ゲイ男性やレズビアンに対する恐怖の武器として用いられてきた。聖書はキリスト教の歴史を通じて、同性間の性行為への抑圧を正当化するために解釈されてきた。聖書テクストは、原理主義的な教会がヘイトキャンペーンで、ゲイ男性やレズビアンに対する同性愛嫌悪の攻撃を仕掛ける際に用いられてきた。（Goss, 1993: 90）

この恐怖は、同性愛者に対する暴力への恐れと結びつき、特に、テクストがＬＧＢＴＱ＋の人々に対する武器として扱われる際にもたらされます。そのようなテクストを根拠に罪の宣告を受けた多くのＬＧＢＴＱ＋の人々にとって、このような聖書箇所を読むことは、一種の精神的虐待に等しいことになります。

ゲイとレズビアンの神学にとって主要な検討事項は、聖書が同性愛嫌悪の態度を正当化するための武器としてどのように使われたか、ということでした。この意味で、聖書には問題があること、そして、同性間関係に反対する主張の根拠や社会的文脈を調べるために、多くの研究がなされてきました。保守的なクリスチャンが、同性愛のライフスタイルやその関係を非難する際に持ち出す聖書箇所はいくつかあります。同性愛を罪として記述するためによく使われるため、「鉄槌を下すテクスト（clobber texts）」[2]と呼ばれています。以下にいくつかを示します。

女と寝るように男と寝てはならない。それは忌むべきことである。

（レビ記18章22節）

それで、神は彼らを恥ずべき情欲に任せられました。女は自然な関係を自然に反するものに替え、同じく男も、女との自然な関係を捨てて、互いに情欲を燃やし、男どうしで恥ずべきことを行い、その迷った行いの当然の報いを身に受けています。

（ローマの信徒への手紙1章26—27節）

それとも、正しくない者が神の国を受け継げないことを、知らないのですか。思い違いをしてはいけません。淫らな者、偶像を礼拝する者、姦淫する者、男娼となる者、男色をする者、

（コリントの信徒への手紙一 6章9節）

そしてロトに向かって叫び立てて言った。「今夜、お前のところにやって来た男たちはどこにいる。ここに出せ。我々は連中を知りたいのだ。」ロトは戸口を出て彼らのところに行き、後

2　Clobber passages とも表現される。

ろの戸を閉めて、言った。「兄弟たちよ、どうか、ひどいことはしないでください。聞いてください。私には男を知らない二人の娘がいます。その娘たちを皆さんに差し出しますから、好きなようにしてください。ただ、あの人たちには何もしないでください。この家の屋根の下に身を寄せたのですから。」（創世記19章5―8節）（ソドムとゴモラ）

更に、レビ記20章13節、申命記23章18節、テモテへの手紙一1章10節にその例があります。「聖書は○○について何と述べていますか？」と問うことには、聖書の中に決定的な答えがあり、それが権威や妥当性を持つという前提が隠されています。しかし、聖書学と聖書解釈は、そのように聖書の一節を見つけ出し、究極の真理を伝えると見なされる最重要の回答を主張する以上に、多くのことを提供します。ポストモダンの聖書学は、批評理論や現代的な問題とともに、著者、テクストそのもの、そして読者が持つ役割、立場、そして力を問い直すのです。

恐怖のテクストが、修復的な読みを提供することで新たなテクストになる例もあります。ナンシー・ウィルソン（Nancy Wilson）は著書の『私たちの部族――クィアフォーク、神、イエス、そして聖書（*Our Tribe: Queer Folks, God Jesus and the Bible*）』（Wilson, 1995）において、聖書の読みに、レズビアン、ゲイ、バイセクシュアルの見解に基づく体験に焦点を合わせるための場を提供します。ウィルソンは、この場づくりがもたらす、従来とは異なる聖書の読みを次のように説明しています。

私は、ゲイ男性、レズビアン、バイセクシュアルが聖書を取り戻すことが不可欠であると信じている。もし私たちが聖書の物語や登場人物に含まれないなら、それは私たちの本ではありえない。……今から何年か経てば、このどれもが衝撃的で珍しいことではなくなる。……ゲイやレズビアンの聖書学者たちがカミングアウトし、学術的な研究を行い、聖書解釈の誤用を問い直すにつれて、聖書テクストは癒されていくだろう。(Wilson, 1995: 164)

ウィルソンは、聖書において、抑圧する箇所を切り取ることについて語ります。キリスト教の伝統的な聖書解釈において、聖書の厄介な部分はしばしば隠されたり、無視されたりするという事実を強調します。それは、ゲイやレズビアンの人々が取り組んでいる「自分たちの考えを支持する聖書の部分だけを『選んで(picking and choosing)』読む」(Wilson, 1995: 70)ことと軌を一にします。一方で、切り取られたこれらの部分について、ウィルソンは次のように述べています。

〔切り取られた部分は〕非常に重要な想起の備忘録として、抑圧の歴史と私たちの闘争の記録として機能する。それらはまた、私たち〔同性愛者という〕部族の記憶の一部でもある。それゆえ、――決して忘れえないであろう(we may never forget)こととして――ゲイとレズビアンにとって、聖書が私たちを抑圧するためにどのように誤用されてきたかを理解することは依然として重要である。(Wilson, 1995: 70)

ウィルソンは、聖書を悪用して他人を傷つけたり、疎外したりする人たちのために、地獄に特別な場所があるという考えについて思いを巡らせます。もちろん、地獄は実際には存在しないと考えているので、自分の発言を皮肉だと認めています。聖書を神の言葉として、あるいは触れることのできない神聖なテクストとは捉えず、多数の熟考すべきことを提供していると明言します。ウィルソンがかつて勤務していた大学で「聖書のアウティング（Outing the Bible）」というテーマで講演した時の不快な体験についても紹介しています。聴衆からの反応は、丁寧でありながら、ウィルソンの考え方に敵対するものでした。ウィルソンは、人々の解釈的想像力を開放することがいかに困難であるかをこう述べます。「私たちゲイやレズビアンが私たち自身と聖書を憎み続ければ、この学生たちにとってはとても楽なことだろう」（Wilson, 1995: 75）。もちろんウィルソンはそのような立場をとりません。「私にとっては、聖書は融通が利き、困難をしなやかに乗り越え回復する力のある友である。疑問を投げかけると、応答してくる。……聖書は、聖書を愛し、ともに遊び、その限界を押し広げ、触れ、触れられる人のものであり、同じことが神についても当てはまる」（1995: 75）。

レズビアン、ゲイ、バイセクシュアルのクリスチャンが聖書テクストをどのように見ているかを調べることによって、宗教的アイデンティティに関する聖書の権威の問題に光を当てることができます。社会学者のアンドリュー・イップ（Andrew Yip）は、レズビアン、ゲイ、バイセクシュアル・クリスチャンの信仰、態度、生活について先駆的な調査を行いました（Yip, 2003）。ある調査では、五六五人の回答者のうち、ゲイ男性の九四・九％が「聖書は文字通りに解釈できない」と答え、レズビアンでは九六・二％が同様に答えました。イップの研究は、「聖書は日常生活にまだ関係があると考えられているが、それにもかかわらず、クリスチャンの生活には不十分なガイドであると見なされている」ことを明らかにしています（2003: 151）。同様にアレックス・トフト（Alex Toft）がバイセクシュアルのクリスチャンを対象に行った調査では、回答者の八七％がセクシュアリティに関して聖書がしばしば誤って解釈されているとの意見に同意しています。とはいえ、聖書が現代の生活と相容れないと主張するバイセクシュアル・クリスチャンは一二％に過ぎません（Toft, 2009: 83）。このことは、レズビアンやゲイのクリスチャンと同様にバイセクシュアルのクリスチャンも、聖書は自分たちにとって大切ではあるものの、LGBTQ＋の人々に対して保守的な態度をとる人々がしばしば行うような文字通りの聖書解釈をすべきではない、と感じている事実を指摘しています。トフトの調査の回答者の一人であるアダムは、次のように言っています。「教会が偽善的で、『聖書に書いてあるから』という言い訳をすることに、私はとても腹が立つ。それは〔聖書に書いてあることの〕いいとこ取りだ」（2009: 84）。

聖書本文の読みにおけるピック・アンド・ミックス・アプローチ（the pick 'n' mix approach）は、クィアなクリスチャンの間で広く普及した戦略です。メリッサ・ウィルコックス（Melissa Wilcox）は、これを「聖書ビュッフェ」戦略（Wilcox, 2002: 501）と呼んでいます。ウィルコックスの研究で、LGBTクリスチャンは、聖書の中から自分に関係のあるもの、自分にとって喜ばしいものを選び取り、そうでないものを無視することが明らかになりました。インタビューに応じたバイセクシュアルの男性は、まさにそのように語っています。「聖書は、私が受け入れられるところは選びますが、そうじゃないところはどんどん無視します」（2002: 501）。

## インターセックス及びトランスジェンダーによる聖書の読み

聖書には、男性と女性の区別を強制するテクストがたくさんあります。また、その区別を曖昧にするテクストもあります。創世記1章27節にはこう書かれています。「神は人を自分のかたちに創造された。神のかたちにこれを創造し男と女に創造された」。この節は、キリスト教信仰における男女の別を強制するためにしばしば使用されてきました。保守的なクリスチャンは、この聖句を利用して、ジェンダーに関して曖昧さを許容する余地はないように思われると主張することがあります。サリー・グロス（Sally Gross）は創世記1章27節をより詳しく読み、社会的文脈の中で読まれるべきであると言っています（Gross, 1999）。グロスによれば、アブラハムとサラが子どもを持てなかったという事実は、サラがインターセックスの身体であった可能性を示しているのかもしれないのです。更にグロスは、現代のインターセックスの身体を擁護するために、聖書テクストそのものを動員することに熱心です。現在のところ、生まれつき外性器が曖昧なインターセックスの身体で生まれた赤ちゃんの多くは、伝統的に男性または女性と認識されている身体に性器を合わせるための医療処置を受けています。幼いインターセックスの身体に対するこのような手術を拒否するインターセックスのアクティヴィストも多くいます。その理由は、このような手術は外見上のものであり、医学的には不必要だからです。また、そのような手術は性器切除であるという議論もあります。グロスは、聖書が外科的介入に反対する議論を支持できることを次のように述べています。

「生命と身体的健康に何ら本質的な危険がないにもかかわらず、インターセックスの幼児に外性器の手術を施すことに対して、聖書を文字通り信じる人たち（biblical literalists）は、聖書の文字通りの意味を通して非常に強い疑いを持って当然である。生殖腺の摘出やその他の手術を、聖書は明確に禁じているのだから（例えば、申命記23章2節参照[3]）」（1999: 74）。

聖書に登場する宦官[*4]（eunuch）の存在は、聖書におけるインターセックスの存在を示しています。宦官は通常、去勢された男性か、外性器があいまいな人であると考えられていました。申命記の23章2節[5]「睾丸の潰れた者、陰茎の切り取られた者は、主の会衆に加わることはできない」は、インターセックスの若者の早期手術に反対する論拠となりますが、一方で、この論拠はトランスジェンダーの性転換手術に反対するクリスチャンによっても利用されています。聖書テクストの中には、男性器をなくすことに執着しているように思われる箇所があり、これは男性の割礼に関連する多くの聖書テクストと一緒に読まれています。ペニスと子孫繁栄のためのその機能に明確な焦点が当てられているのですが、一方で聖書テクストは子孫繁栄のための女性器にはそのような注意を払いません。聖書には、宦官について肯定的な記述が他にもあります。

主はこう言われる。宦官が私の安息日を守り　私が喜ぶことを選び　私の契約を固く守ってい

---

**3**　聖書協会共同訳。ＮＩＶでは申命記23章1節。

**4**　日本語の宦官とeunuchが同じものを指しているかは検討の余地がある。

**5**　聖書協会共同訳。ＮＩＶでは申命記23章1節。

るならば　私の家と城壁の中で　私は、息子、娘にまさる記念のしるしと名を与え　消し去られることのないとこしえの名を与える。

（イザヤ書56章4―5節）

独身者〔宦官〕[6]に生まれついた者もいれば、人から独身者〔宦官〕にされた者もあり、天の国のために自ら進んで独身者〔宦官〕となった者もいる。これを受け入れることのできる人は受け入れなさい。

（マタイによる福音書19章12節）

道を進んで行くうちに、水のある所に来たので、宦官は言った。「ここに水があります。洗礼（バプテスマ）を受けるのに、何か妨げがあるでしょうか。」そして、車を止めさせた。フィリポと宦官は二人とも水の中に入って行き、フィリポは宦官に洗礼（バプテスマ）を授けた。

（使徒言行録8章36、38節）

これらのテクストは、インターセックスの人々のより包括的な読みを示しており、保守的なクリスチャンは〔その気になれば〕これらのテクストからまだ多くを学ぶことができるでしょう。とはいうものの、一言注意が必要です。マタイによる福音書19章12節は、人々が宦官になった理由が様々であることを示しています。宦官は奴隷であったので、しばしば強制的に去勢されました。宦官の存在は聖書の中で言及されるほどに重要でしたが、古代においては宦官に対する社会的な汚名が多くあったようです。それゆえ、宦官はクィアな人々のシンボル、祖先となるのです。スザンナ・コーンウォールの研究は、インターセックスの人々がこのような聖書テクストとどのように関わっているかを示しています。コーンウォールの研究の調査協力者のデイヴィッドは次のように言っています。

もちろん、インターセックスについて何か書いていないかと聖書を隅から隅まで読みましたよ。イエスがインターセックスについて語っているのを発見した時は、それはもう、興奮しました。イエスが宦官について語ったことの私の解釈は……それは素晴らしいことだと本当に思いました。それが私の信仰へのきっかけになったんです。「イエスは私の存在を知っている！　私は独りぼっちじゃないんだ！」と思いましたね。なにしろ、それまで私はこの世の中で、たった独りっきりだと思っていましたからね。（Cornwall, 2015: 225）

トランスジェンダーの人々にとって、ジェンダー表現や性別変更手術に反対する論拠となるような恐怖のテクストが存在します。例えば、申命記22章5節は次のように、クロス・ドレッシング（cross-dressing）[7]を禁じています。「女は男の服を身にまとってはならない。男も女の服を着ては

**6**　口語訳・新共同訳・聖書協会共同訳、いずれも「宦官」とは訳出していない。注で「去勢された者」という直訳を示した聖書協会共同訳は、独身者と訳出する。新改訳２０１７も同様である。フランシスコ会訳は、結婚できない（しない）者と比喩的に訳出する。19章の注４において、ギリシア語を直訳すると「宦官」であるが、第三の天の国の場合は、宦官ではなく比喩的に解すべきと解説している。

**7**　異性の衣類を身に着けること。

ならない。こうしたことをする者をすべて、あなたの神、主は忌み嫌われる」。このような読みは、ユダヤ教の六一三の律法のうちのある一つが、キリスト教の社会的文脈に照らして重要なものとして選ばれ、それ以外のものは放棄される例と見なすことができます。また、ある聖書箇所が、聖書の他の箇所の聖句によって相殺される例もあります。例えば、新約聖書には、二元的な性別を拒む神の国の体現をクリスチャンに提供する約束があります。ガラテヤの信徒への手紙3章28節で、パウロは「ユダヤ人もギリシア人もありません。奴隷も自由人もありません。男と女もありません。あなたがたは皆、キリスト・イエスにあって一つだからです」と書いています。

トランスジェンダーの見解に基づいて、マーシア・マクマホン（Mercia McMahon）は、聖書はフェミニスト神学にとってよりもトランスジェンダーの人々にとって更に悪いものだと主張しています。マクマホンは、聖書の中にトランスジェンダーのための直接的な記述が存在しないことを指摘しています。例えば聖書の宦官などのテクストに、ジェンダーが多様であることを垣間見ることはできるものの、これらのテクストが「トランスジェンダーの経験とは完全に同一視できない」ので、「未開拓の地」であると警告しています（McMahon, 2016: 66）。したがって、聖書テクストのトランスの見解に基づく読みに目を向ける必要があるのです。現在、この分野ではいくつかの新しい考え方が生まれているので、次にクィアな聖書学で用いられる方法に注目してみましょう。

## 聖書研究におけるクィア・アプローチ

クィア聖書学には、現代的な三つの主たるアプローチがあります。第一のアプローチは、同性間関係に関する聖書解釈学を検討し、伝統的な方法の範囲内で慎重に分析するものです。第二のアプローチは、聖書のクィアリング戦略を検討するものです。例えば、読者がそれぞれの社会的文脈や立場を持ち寄って聖書を読み解くことなどです。第三のアプローチは、想像力と創造力に富むもので、登場人物、出来事、プロット、社会的文脈を再構成することによって、物語の再話を提供するものです。ここではわかりやすく説明するために、この三つを別々に論じますが、これらのアプローチはしばしば組み合わされ、それぞれの領域を越えることもあります。

## [i] 聖書解釈学と同性間関係

聖書のクィアな読みがセクシュアリティとジェンダーの概念をかき乱した最初の観点は、言語学的・文学的構造の分析によるものでした。このアプローチは、他のあらゆる文学テクストが検討されるのと同じ方法を用いて聖書を取り扱い、言語スタイル、内容、ジャンルに焦点を当てるものです。聖書の古代語の訓練を受けた研究者たちは、テクストとその翻訳を再検討します。例えば、コリントの信徒の手紙一の6章9－10節で「homosexuals」と英訳された元のギリシア語は「アルセ[8]

8　著者は他の聖書箇所でＮＩＶの英訳を引用しているのだが、当該箇所は例外のようである。'homosexuals' と訳しているのは World English Bible、Living Bible などである。ＮＩＶは 'men who have sex with men' であり 'The words *men who have sex with men* translate two Greek words that refer to the passive and active participants in homosexual acts. という注が付与されている。なおＮＲＳＶは sodomites である。また、聖書協会共同訳では「男色をする者」であるが、この「男色」という訳語に関し、小林昭博氏は、日本の中世と近世の男色文化との差異を明確にするために「男と寝る男」あるいは「男と寝る者」と訳すことが適訳であるとする（小林昭博『クノコイテース（arsenokoítēs）」です。しかし、この単語は、男（arsen）とベッド（koite）の二つの部分からなる非常に訳しにくい複合名詞です。ですから manbedders とでも英訳すると大雑把な意味がわかります。[9] 強姦など男性同士の不同意な性行為や、男性から男性への地位や特権の乱用を伴う虐待を指すと見る解釈もあります。

第二の観点[10]として、聖書が編集された古代における歴史を検討し、当時の社会と文化がいかに現代社会とは根本的に異なっていたかを明らかにすることを目指してきました。聖書学の歴史批評的解釈は、聖書が書かれた時代の歴史や社会的文脈を探りながら、その背後にある世界を明らかにしようとする方法です。そのため、この方法では、古代社会におけるセクシュアリティ、ジェンダー、アイデンティティの攪乱の例といったテーマを探求します。歴史批評の方法は、物語の作者や登場人物がどのような生活を送っていたのか、理解を深めるのに役立ちます。当時のテクストは、教育を受け、それゆえに文学的な素養を持った人々によって執筆されたものです。聖書執筆者は、何らかの形で特権的な立場にあり、その経験や習慣が聖書テクストを形成しています。一般に、こうした特権的な立場が、聖書の物語が神の霊感を受けたものとして重視されるという伝統を生み出すことになりました。

確かに、今日の私たちのジェンダーやセクシュアリティの理解は、聖書テクストが書かれた時代に考えられていたこととは根本的に異なっています。したがって、性的な想像力も大きく異なっているわけです。現在では、例えばポルノに関する議論など、聖書に明示されていない性的行為や性的な話題の議論が行われています。聖書のセクシュアリティに関するテクストは、古代において、結婚、レイプ、近親相姦、売春といったテーマが、ユダヤ教、そして後のキリスト教のセクシュアリティの根拠となる法の一部をどのように構成していたかを明らかにします。事実、フェミニスト聖書学は、これらの古代の概念が維持されてきた過程のうちに、家父長制と権力が作用し、女性や性的に疎外されてきた人々に不利益を与えてきたことを検討してきました。

クィアな聖書解釈学における第三の解釈[11]には、聖書テクストに記述された肯定的な同性間関係が含まれます。ダビデとヨナタン、ナオミとルツの交流は、同性間関係の例です。ここで注意しなければならないのは、同性間関係に肯定的な焦点を当てる研究者たちは、聖書テクストを文学的に読み解くという方法を用いていることです。したがって、このような方法で物語を探求することは、ダビデとヨナタンを性的行為に及ぶゲイカップルとして暴くのではなく、同性間関係の価値を指摘することなのです。

ィアな新約聖書』風塵社、二〇二三年、二〇六頁)。なお、辻学氏は、「男と寝る者」に「男と寝る女性」を含意しないように、「男同士で寝る者」とする(辻学「新約釈義　第一テモテ書4」『福音と世界』71(6)、二〇〇六年、七五頁、及び、辻学『牧会書簡』新教出版社、二〇二三年、一一八頁注87。

**9**　bed には動詞で「(性的な関係を持つため)～と寝る」という意味があるので、日本語にすると「男と性交する男」という意味になる。

**10**　著者は歴史批評(historical criticism)を想定している。

**11**　著者は文学的アプローチ(literary approaches)を想定しており、以下の議論は文芸批評(literary criticism)に当たる。

ダビデがサウルと話し終えた時、ヨナタンの魂はダビデの魂に結び付き、ヨナタンは自分自身のようにダビデを愛した。その日、サウルはダビデを召し抱え、父の家に帰ることを許さなかった。ヨナタンはダビデを自分自身のように愛し、彼と契約を結び、着ていた上着を脱いで与え、また自分の装束を、剣、弓、帯に至るまで与えた。ダビデはサウルが派遣するところへ出て行って、勝利を収めた。それで、サウルはダビデを戦士たちの長に任命した。そのことはすべての民にも、またサウルの家臣にも喜ばれた。

（サムエル記上18章1―5節）

サムエル記上16章18節では、ダビデが容姿に優れているために選ばれたことが書かれています。18章1節では、ヨナタンのダビデに対する愛が描かれており、二人は精神的に一つになります。3節で、この愛は、ヨナタンがダビデと交わした契約、つまり、相思相愛の仲で、強固なものとなっています。このテクストを同性間の深い関与の例として認識するために、感度の高いゲイダー[12]を持つ必要はないでしょう。二人の間に感情的な愛着があることは否定できませんし、二人の関係が戦士たちによって公に認められたことは重要です。

更に、サムエル記下1章26節では、ダビデはヨナタンのことを「あなたの愛は女の愛にもまさってすばらしかった」と言って、嘆き悲しんでいます。ダビデは主の箱の前にて半裸で踊ります。これが、ダビデの妻ミカルに嫌悪感をもたらします（サムエル記下6章20節）。ミカルの嫌悪感は、ダビデとサウル、そしてヨナタン、更に今回の主という一連の関係を目の当たりにしてきたことにあるのです。

ダビデはミカルに言った。「あなたの父やその家の誰でもなく、この私を選んで、主の民イスラエルの指導者と定めてくださった主の前なのだ。その主の前で私が踊ろうというのだ。私は今にも増してもっと卑しくなろう。自分の目にさえ卑しい者となろう。だが、あなたの言う仕え女たち――彼女たちからは、誉れを受けるであろう。」サウルの娘ミカルには、死ぬまで子どもがなかった。

（サムエル記下6章21―23節）

ミカルが悩んだこと、ダビデとヨナタン、そして主との関係を考えると、なぜミカルが子どもを生まないままだったのか、推測するのはそれほど難しいことではないかもしれません。

ルツ記では、ナオミとルツの間にも、同じような非常に強い愛の絆が見られます。ルツはナオミの息子の妻です。ルツ記のテクストは、二人の女性の関係と絆を探る上で極めて重要な意味を持つのですが、それは女性が男性に依存していた古代という男性優位の社会と文化の背景から、逸脱しているからなのです。結婚はしばしば女性にとっては経済的安定と社会的な保護を意味します。ボアズ（ルツの夫）はある程度経済的な意味でこの絆を三角関係にする第三の要素を提供しています。ボアズの愛や深い関与は、ルツとボアズの間にはないのに対し、ルツとナオミの間にのみあります。二人の関係は、同性の愛のある互いの深い関与を示すものです。

---

**12**　ゲイとレーダーの合成語。他者の性的指向を直感する能力のこと。

しかしルツは言った。「あなたを見捨て、あなたに背を向けて帰るなど　そんなひどいことをさせないでください。あなたが行かれる所に私は行き　あなたがとどまる所に私はとどまります。あなたの民は私の民　あなたの神は私の神です。あなたが死なれる所で私は死に　そこに葬られたいのです。死に別れでなく、私があなたと別れるならば　主が幾重にも私を罰してくださいますように。（ルツ記1章16―17節）

皮肉なことに、ナオミとルツの誓約と愛の宣言は、異性愛者の結婚式でよく使われています。ウィルソンは、異性間の結婚式でルツの宣言が人気あることを指摘し、「リスクを負って献身する誠実な愛の物語は、ゲイやレズビアンの人々にとって感動的で力強い聖書の物語である。私たちはそれを取り戻さなければならない」（Wilson, 1995: 156）と主張します。

同様の物語は聖書の他の箇所にも見られます。例えば、マリアとマルタ、イエスとペトロの関係などは、クィアの目で読むことができるでしょう。しかし、同性間関係への共感的な文学的アプローチは、同性間の性的行為（same-sex activity）における愛の肉体的表現に焦点を当てるものではありません。ダビデとヨナタンがゲイであるか、ナオミとルツがレズビアンであるかは、私たちにはわからないのです。「深いプラトニックな友情を、ホモエロティックな、しかしホモセクシュアルではない方法で交わしていたのかもしれない」（Wilson, 1995: 156）とウィルソンは示唆します。セクシュアリティとそれに基づく行動についての考えを更に発展させるとするならば、ゲストはそこに焦点を当てることが、「性的指向（受容されうる）とそれに基づく性的行動（同性愛の場合、通常否定的に評価される）を区別しようとする教会のゲームに乗じることになる」（Guest, 2005: 185）と強調します。とはいえ、ゲストは当然のことながら、性器を伴う性行為（genital acts）の可能性に触れないことは、実際には同性間性交（same-sex acts）に否定的な意見を提供することになると言い切っています。

同性間関係（same-sex relations）を文学的に読み解くことは、聖書解釈学のクィアリングのための道筋を示します。テレサ・ホーンズビー（Teresa Hornsby）が述べるように、「クィア理論はしばしば、より由緒正しい招待客にエスコートされてパーティーに出席する」（Hornsby, 2006: 412）のです。同性間の関係に対する文学的アプローチの限界は、同性同士のカップルが性的な関わりを持たない限り、受容可能なものとして描かれることを意味します。もちろん、文学的な読み方を超えて、テクストを更にクィアし、それによって、関係をより性的に、あるいは親密に読み解く可能性はあります。このように聖書研究のクィアリングには、創造的な豊かさがあります。それについては、続く［Ⅱ］と［Ⅲ］で見ていきましょう。

### ［ii］聖書のクィアリング

聖書学では、テクストが読み手によってどのように解釈されるかを示すために、受容批評*（reception criticism）という用語が使われます。読み手はテクストから自分自身の意味を作り上げ、テクストに対する読み手に特有の反応を強調します。それゆえ、受容批評は、読み手の反応と考えることができます。また、聖書を、永遠に受け入れられ、承認された意味を持ち、時代を超越したテクストであると見なすことから袂を分かちます。その代わり、聖書テクストが読み手によって取り上げられ、特定の社会的文脈の中に読み手が聖書を位置づけるというプロセスの一部になるのです。そして聖書テクストの意味は、現代の議論に照らして構築されるのです。

受容批評は、テクストが一人一人の読み手や共同体に与える影響に注目します。この方法では、実際のテクストそのものよりも、テクストの受け止め方が重要視されます。おそらく、聖書テクストのある側面だけが、読み手によって議論の対象として選ばれることになるでしょう。ティモシー・コックは、聖書テクストを「聖句のクルージング（cruising）」*によって再解釈するという、クィアな読者反応アプローチを提案しています（Koch, 2001）。クルージングとは、セックスの相手を探すために車を運転したり、歩き回ったりすることを指します。ゲイカルチャーによって広まった言葉です。したがって、クルージングにはある程度のリスクと、ある程度の興奮があるのです。リスクというのは、攻撃者や嫌悪者に注意を払うことであり、興奮とは、聖書テクストとわくわくして出会うことです。コックは聖書テクストがいかに嗜好、つながり、直感、経験によってピックアップされうるかを説明します。コックは「クルージングを選ぶということは、どんなことがあっても自分自身の権限と責任でフォローすることを意味する。それは、私たちの欲望に語りかけるものだからである」（2001: 175）と言います。

クィア聖書学にとって、ＬＧＢＴＱ＋の人々がそれぞれの社会的文脈において聖書本文を読み、解説を工夫する姿は、結果としてレズビアン、ゲイ、バイセクシュアル、トランスジェンダーの受容批評となるのです。その最も顕著な例が『クィア聖書註解（*The Queer Bible Commentary*）』（Guest et al., 2006）です。この本では、伝統的な聖書註解に見られるような、各聖書本文の節ごとの分析をしていません。テクストの一部分が選ばれるのですが、それは各註解者の生や関心に関連する部分です。したがって、クィア註解は疑問に対する答えを提供しようとするのではなく、聖書のクィア的解釈に対する創造的、革新的、共感的なアプローチを提案するものなのです。

クィア受容批評の重要性を検討するために、私たちは聖書学者が提案した戦略に注目することができます。レズビアン、クィア、トランスの聖書学の先駆者であるゲストは、レズビアン聖書解釈学の発展において、四つのR原則、すなわち、抵抗（resistance）、解体（rupture）、再生（reclamation）、再関与（re-engagement）を提唱しています（Guest, 2005: 110）。クィアな読みに見られる実践例を参照しながら、四つのR原則について考察していきましょう。

### 抵抗

ゲストは、解放の神学、フェミニスト神学、ウーマニスト神学、ポストコロニアル批評において、いかに疑いを持ってテクストが読まれてきたかを示します。ゲストは、聖書の登場人物とその関係を異性愛者であると見なすことに疑いを持ってテクストを読むという方法を提案しています。この方法を〈異性愛前提の問い質し〉*（hetero-Suspicion）と名付けています（Guest, 2005: 124）。この方法は、あらゆる非規範的なジェンダー・アイデンティティとセクシュアル・アイデンティティに対して採用されうるものです。このように読むことが「抵抗」です。〈異性愛前提の問い質し〉は、テクスト自体、そしてそのテクストが歴史を通じて解釈される過程において、いかに異性愛規範と家父長制が偏見を形成してきたかについて、読者が疑いを持つように促します。

このように、登場人物を異性愛者であると見なすことへの抵抗と疑念を示すクィア受容批評の例としては、前述の［ｉ］聖書解釈学と同性間関係で述べたように、ダビデとヨナタン、ナオミとルツの関係の物語があります。また、レベッカ・アルパート（Rebecca Alpert）による出エジプト記のモーセの読みには、より性的な例も見られます（Alpert, 2006）。アルパートは、モーセをバイセクシュアルと見なします。モーセは結婚しているのですが、男性の神と親密であるからです。アルパートは、特に神とモーセの関係の親密さに注目します。モーセが神に接吻され、神との特別な関係を持つように召されたというユダヤ教の伝統をアルパートは指摘します。アルパートの註解は、モーセと神の関係がテクスト全体を通していかに性的に、エロティックになるかを示唆しています。したがってその読みは、前述したゲストが示唆したように、〈異性愛前提の問い質し〉の解釈学への関与を示しているのです。アルパートは、この〈異性愛前提の問い質し〉を性行為と関連づけます。その結果、モーセは「神の注意を引き、穴（orifice）を開き、神の棒（God's rod）にしがみつく、女性的で従順なパートナー」（Alpert, 2006: 71）になるのです。

## 解体

ゲストの第二の原則である「解体」は、宗教的な制度や伝統が、ある聖書テクストを利用して、異性愛と同性愛の二元論をいかに強制してきたかに着目しています。テクストは、二元論の一方である異性愛がいかに神に承認されたものであるかを示すように操作されています。恐怖のテクストの使用と同様に、二元論のもう一方である同性愛は、神からの不承認を示すために使用されているのです。既に見てきたように、恐怖のテクストは、歴史的背景や言語分析を用いて再検討され、同性愛への言及がこれまで考えられていたのとは微妙に異なるものであることが示されました。

生物学的性やジェンダーの二項対立を解体するゲストの方法は、「トランスジェンダーのまなざし」(Guest, 2016: 47) に関する更なる研究に見られます。ゲストは、「聖書学におけるトランスのまなざしは、トランスジェンダーである自らの知識や経験を批判的な観察や洞察のきっかけとする人たちのものである」(2016: 57) と述べています。ゲスト以前の研究においても、トランスの読みの例を見ることができます。ジャスティン・タニス (Justin Tanis) は、トランスセクシュアル男性であることを自認しているのですが、「神が私を受け入れないとは考えもしなかったが、教会内の神の代表者が私のことを拒絶するのではないかと非常に恐れていた」(Tanis, 2000: 44) と述べています。新約聖書のカナンの女が自分の娘を治すためにイエスに近づいた話[13]を思い起こすと、弟子たちはイエスにこの女性を追い出すように勧めています。タニスは、トランスジェンダーのまなざしでこの物語を再解釈し、ノンバイナリーというジェンダーの人々が公の場に登場することに対する今日的な問題に光を当てます。[14]タニスは、「娘を助けるためにイエスに近づいたカナンの女性は、仲間のシスターが殴られ、911に電話してくれと街角にたむろするティーンエイジャーの集団に近づいていく、ドラァグ・クイーンのようなものだった」(2000: 45) と述べ、テクストを

13 マタイによる福音書15章21−28節。
14 米国の緊急電話番号。日本の110と119に該当する。

男女の二項対立から解体します。

**再生**

第三の原則である「再生」は、他の各戦略と連動します。ゲストは、聖書テクストがレズビアンやゲイの読者にとってしばしば生き生きとしたものになることを指摘しながら、クィアなまなざしが聖書にどのように作用しているかを説明しています。このように、聖書テクストは、これまで探求されてこなかった方法で解釈されるという意味において、再生が可能になるのです。これは受容批評の基本的な側面です。出エジプト記は、LGBTQ＋の社会的文脈に照らして再生され、再解釈されてきた物語の一つです。出エジプト記は、神／ヤハウェの力によってイスラエルの民が奴隷状態から解放されたことを描いています。預言者モーセに導かれたイスラエルの民は、その忠実さと引き換えに、約束の地を提供されました。モナ・ウェスト（Mona West）は、奴隷から解放される過程を、LGBTQ＋のカミングアウトの過程と同じだと考えています。ウェストは、「奴隷状態、出エジプト、荒野、放浪、約束の地、捕囚というテーマは、神と信仰共同体との関係において一体性を見出すためにクローゼットにとどまることの安全性を危険にさらすクィアなクリスチャンの物語に匹敵する」（West, 2000: 73）と述べています。クローゼットが安全な環境である可能性はあるものの、カミングアウトは誰にとっても安全なものではないことをウェストは強調します。それゆえ、カミングアウトは祝うべき出来事というよりも、ある人々にとっては不可能な出来事なのです。ウェストはこう言っています。「クィアたちは、クローゼットから出る方法が自殺しかない場合、しばしば自らの手で死んでいく……」（2000: 74）。クローゼットから出ることができた人には、出エジプト記の物語のような解放があります。そこでは、ＬＧＢＴＱ＋の人々が自らのセクシュアリティ及びジェンダーを肯定し、自分自身に忠実に生き始めることができるのです。ウェストの出エジプト記の読みでは、「カミングアウトし、沈黙と同性愛嫌悪の境界を越えて、ゲイとレズビアンのクリスチャンは神のもとに帰ってくる」（2000: 70）のです。

**再関与**

第四の戦略は、聖書テクストに再び関与することを求めます。ここで強調されているのは、「再関与」の課題とは聖書テクストの無実を証明すること、もしくは赦すこと、聖書テクストと格闘すること、そして聖書テクストの権威を否定することだという点にあります。このようにして、この戦略は、ＬＧＢＴＱ＋の人々を不当に扱ってきたのは、聖書テクストそのものではなく、主流の神学におけるこれまでの聖書解釈であることを指弾するのです。ゲストは、聖書の原文テクストを研究し、既存の翻訳に疑問を投げかける必要性を指摘しています。ゲストによれば、この課題は、聖書そのものがもはや有害ではありえないことを意味します。というのも、「非難しているのは、聖書そのものではなく聖書の解釈であると主張することによって、その聖書解釈が与えるひどい苦痛」（Guest, 2005: 247）を鈍らせるのです。多くの人は自分の立場を生かしてテクストそのものと格闘するかもしれません。ゲストは、この格闘が「聖書テクストの優先事項を見極める上で、自分の内なる確信が極めて重要な役割を果たす」（2005: 251）場であると指摘しています。

哀歌は報われない苦悩を暗澹とした気持ちで語ります。ゲストはこの哀歌を聖書の乱用によって苦しんだり抑圧されたりしている人々のことを代弁していると読みます。哀歌は怒りの表現であり、ゲストはこのテクストが、ホモフォビアとトランスフォビアの発言を通して組織化された宗教に傷つけられた者たちを代弁していることを指摘します。そして、ＬＧＢＴＱ＋の人々が自らのセクシュアル・アイデンティティやジェンダー・アイデンティティを肯定する経験と哀歌を関連づけています。自分のジェンダーやセクシュアリティを受け入れない、あるいは肯定しない教会にいる人々に対して、ゲストは、私たちはすべからく「怒りと苦痛の表現を共有するよう招かれている」（Guest, 2006: 403）とし、哀歌の例に倣うことを示唆しています。ゲストはこの怒りを、ＬＧＢＴＱ＋の人々が信仰についてうまく切り抜け、神と信仰共同体がＬＧＢＴＱ＋の人々を包摂することの責任を問うための道筋として捉えています。この再関与の戦略は、フェミニスト神学的思考に基づいて構築されています。ゲストは、教会に忠実であり続けたいと願う人々に対して、献身と帰属の問題を提起し、「聖書テクストや宗教的伝統に関わり続けようとする努力は、究極的には抑圧への共謀に等しいのか」（Guest, 2005: 256）と問いかけています。伝統の中にとどまり、聖書の権威を支持する人々は、抑圧者と「共謀している」と非難されるかもしれません。しかし、[15]かつてフェミニストであることと信仰者としての宗教的な忠誠心とに関連する議論があったように、各個人には選択する権利はあるのです。ここまでクィアな受容批評の考え方を検討し、様々なクィア註解を見てきましたので、次に、クィアな観点に基づき精査され書き直されたクィアなテクストの例を見ていくことにしましょう。

## 〔Ⅲ〕語りのクィアな方法

これまで、聖書に関するクィアな註解が、テクストの読みへの取り組みと攪乱の両方を提供することを見てきました。既に述べたように、クィアな読みは、ＬＧＢＴＱ＋の人々が聖書テクストに抵抗し、テクストを解体し、再生し、再び関与することを可能にしてきました。クィア聖書学の更なるアプローチは、聖書テクストが*クィアされる*ことです。何かをクィアするということ〔クィアリング〕は、混乱させる、あるいは攪乱する、ひっくり返すということです。このアプローチでは、創造的な文章を書くことによって、聖書テクスト全体を想像力豊かに再話します。それは、創造的で、独創的で、唯一無二な聖書の読みのスタイルを可能にします。

クィア聖書学の分野では、このクィアリングが実際にどのように機能するかを示す例が数多くあります。論集『クィア註解とヘブライ語聖書（*Queer Commentary and the Hebrew Bible*）』（Stone ed., 2001）で、ローランド・ボーア（Roland Boer）は神／ヤハウェとモーセの関係をすべてゲイであると書き換えています。その際、ボーアは聖書学者が執筆する伝統的な手法の学術的な論文ではなく、物語風の散文を綴っています。その散文は、日常的な状況などを盛り込むことで、聖書というジャンルに遊び心を持たせることから始まります。例えば、モーセがヤハウェにこんなふうに挨拶します。「ヤハウェ、なんとまぁ、たいそうな山を手に入れはったんですなぁ」。ヤハウェは「他の神どもの度肝を抜かないとな。見掛け倒しで終わるわけにはいかないのでね、モーセ」（Boer,

---

15　本書第1章フェミニスト神学の項を参照されたい。

2001: 76）と答え、二人のためにお茶を入れるのです。物語の筋は、聖書の原典の「出エジプト記」にある程度、忠実です。

「ところで」とヤハウェは続ける。「ちょっと話したいことがあるんだが。イケてるテント作ってくれないか？　そこを、幕屋にしてね、君と君のイスラエルの民がワタシに祈りをささげられるようにしてほしいんだ」。「よろしな、そら、うちらに必要なもんです……」とモーセは語り始める。（Boer, 2001: 76）

本来の物語の特徴を飛び越えて、更なるクィアな付け加えが見られます。物語が進むにつれて、二人の関係やそのやりとりの中に性的欲求が見え隠れし始めます。モーセはヤハウェを性的に魅力ある存在として見るようになるのです。物語の後半で、ボーアは次のようなナレーションを挿入します[16]。

ヤハウェの語る、裾の周りに鈴とザクロの飾りがついた刺激的でゾクゾクする長衣の話を聞くうちに、モーセはムラムラしてきた。既に半分硬くなっている。ヤハウェがこの耐え難い暑さの山で着ると言い張る毛皮の下を見てみたくてたまらない。「ヤハウェのおいどは、大きいてプリっとしててちっとも垂れてへんのやろなぁ」とモーセは想像をたくましくする。（Boer, 2001: 78）

ポストモダン思想に根差したクィア理論は、テクストがいかに不安定なものかを明示します。そして聖書も例外ではありません。メアリ・アン・トルバートは、「クィアな読者が聖書を読む時、聖書を不安定にし、もてあそび、笑い、寓意化し、欺くことによって、いかに創造的に、更には喜びをもって聖書テクストを取り戻すか」(Tolbert, 2000: ix)と指摘します。スチュアートは、まさにそれを実践します。恐怖のテクストのように、抑圧のために使われる聖書箇所に出会った時、それを笑い飛ばすという戦略を奨励するのです。スチュアートは、「それらのテクストをあざ笑うことは、私たちを傷つけようとする試みを覆し、その標的であることの痛みから私たちを遠ざける戦略である」(Stuart, 2000: 23)と述べます。このように聖書の物語を語り直すことで、これまでの敵対的で伝統的な解釈との間の障壁を取り除き、聖書の現代的な読み方や関わり方を提案するのです。

もう一つのクィアな語り方は、ジェームズ・マーティン(James Martin)のイエスとの出会いを描いた物語にあります。マーティンは、復活後のイエスの登場を聖書の物語に縛られずに語ります。例えば、イエスとあるゲイ男性の架空の出会いを含めるのです。その出会いは、主人公であるゲイ男性ヨセフとイエスの愛に焦点が当てられています。物語はヨセフの主観的な見解に基づいて語られます。イエスはヨセフの母親に会えないかと尋ねますが、母親がイエスのことを「強い嫌悪感を惹き起こす人物」と思っているため、ヨセフは躊躇しています。マーティンの描く物語では、イエ

16　ここは出エジプト28章33–34節のことを踏まえている。

スは、この状況に立ち向かうヨセフに寄り添う、信仰深く心強い友です。「歩いていると、イエスは私を引き寄せました。私の目を深く見つめ、まるで私の魂を覗き込むかのように、すべてはうまくいくと再び私にささやいたのです」（Martin, 2000: 221）。このクィアな語り直しは次のようなラストシーンを迎えます。「その晩、家路につくと、すべてが私の中から消えていきました。あらゆる恐れ、あらゆる弱いところ、あらゆる自信のなさ、あらゆる恥ずかしさ、あらゆる痛み、あらゆる虚しさ、あらゆる孤独、そのすべてが消え去りました。イエスの復活は私の復活だったのです。すべてはイエスが私を愛しているがゆえでした」（2000: 225）。

クィア聖書のアプローチにおける更なる創造的な言葉の使い方に、ポラリ（Polari）があります。*ポラリとは、かつて英国で使われていたゲイスラングの一形態で、ロマンス諸語の単語とロンドンのスラングの混種語です。パフォーマンスの場や海辺、ゲイのサブカルチャーにおいて一部の人がよく使っていたものです。パンチ・アンド・ジュディの人形劇[17]と関係があると考えられているのは、その会話にポラリが出てくるからです。マンチェスターのシスターズ・オブ・パーペチュアル・インダルジェンス（Sisters of Perpetual Indulgence）が聖書をポラリで書き直したのは、まさにうってつけのことです（シスターズ・オブ・パーペチュアル・インダルジェンスについては、第5章で詳しく説明します）。書き直しはオンライン上で読むことができます（http://www.polaribible.org/）。以下は創世記の冒頭の書き直しの一例[18]です。

一．初めに神（God/Gloria）は天と地を創造された。

二．地は混沌（without form/nanti form）として、闇（darkness/munge）が深淵の面（face/eke）にあり、神（God/Gloria）の霊（the Sprit/the Gairy）が水の面を動いていた（moved/trolled）。

三．神（God/Gloria）は言われた（said/cackled）。「光あれ（light/sparkle）」。すると光（light/sparkle）があった。

四．神（God/Gloria）は光（light/sparkle）を見て（saw/vardad）良し（good/bona）とされた。

テクストの再話は、聖書研究で用いられる伝統的で確立された方法を明らかに遵守していませんが、それこそがクィア・プロジェクトのねらいなのです。クィアな語り直しは、登場人物がすべて異性愛者でシスジェンダーであるという前提を攪乱します。別の語り方が可能なのです。聖書研究におけるクィア・アプローチは、家父長制、ミソジニー、同性間関係やトランスジェンダーの生に対する否定的な意見に彩られたテクストに新しい息を吹き込みます。

---

**17** パンチと妻のジュディを主人公に、パンチの乱暴無法ぶりをおもしろおかしく描く英国の人形劇。

**18** 日本語訳は聖書協会共同訳を示し、ポラリで表記されている箇所を丸括弧の中に表示した。括弧の中の上が聖書（King James Version）の英語、下側がポラリである。

## グローバルな社会的文脈におけるクィアな読み

聖書は、様々な文化や場所で読まれている重要なテクストです。宣教師たちは、世界中の多くの地域にキリスト教をもたらしましたが、同時に、一般的だと見なされている聖書解釈をも持ち込んだわけです。クィア聖書学は、このような解釈を顕微鏡のもとに置かなければなりません。そして、検討し、攪乱し、暴くのです。クィアなポストコロニアル聖書学は、歴史的に多種多様な形で周縁化されてきた集団からの声を歓迎します。以下のセクションでは、グローバルな社会的文脈における聖書のクィアな読みを検討します。ここには、ＬＧＢＴＱ＋の人々によってなされた読みや解釈、あるいは聖書が読まれる状況に基づいたテクストの攪乱が含まれます。

### アジア系アメリカ人のクィアな聖書の読み

パトリック・チェンは、『クィア聖書註解』（2006）のガラテヤの信徒への手紙において、クィアでアジア人であるという自分の立場を「少数派の中の少数派」（Cheng, 2006: 624）と表現しています。このクィアなアジア人の読みにおいて、ガラテヤの信徒への手紙は、少数民族の背景を持つ人々を植民地化しようとする支配的な白人のクィア文化を象徴しています。パウロは、イエスに従う男性は割礼を受ける必要があるかどうかについて語り、割礼の必要性はないと述べています。[19]チェンは、この割礼に関する問いを捉え直し、割礼の強制は異性愛の強制と同じであること、したがって異性愛者であることは、クリスチャンであるために必要ではないことに気づきます。チェンは、この書簡がいかにクィアなアジア人に力強く語りかけているかを述べています。そして、異邦人が割礼へ執着することがいかに肯定を求めるクィアなアジア人に似ているかを見出します。またチェンは、アジア系のゲイ男性を対象に主催する、型にはまらないスピリチュアル・ワークショップでは、互いの身体を共有し、つながり合うことを述べています。

　アジア系アメリカ人の経験と聖書について考察した短いエッセイの中で、ユー・レン・ルロイ・リム（You-Leng Leroy Lim）は「なぜ人々は自らをクリスチャンではなく、聖書信者（Holy Biblians）と呼ばないのだろうか」と疑問を呈しています（Lim, 2002: 316）。サッチャーと同様リムは、人々が、イエス・キリストが神の言葉であるというよりも、聖書が神の言葉であると述べていることに言及しています。リムは、「聖書は自分を憎めと言っている（The Bible Tells Me To Hate Myself）」というタイトルのエッセイで、同性愛について疑問を持つ若いクリスチャンの男子学生に、大学のチャプレンとして出会った時の経験を詳述しています。リム[20]がタイトルにした深遠な発言は、信仰について議論した際に、その学生がリムのアドバイスに対して応答した言葉でした。アジアがインド、日本、中国を含む広大な地域であることを指摘した上で、リムはアジアのキリスト教の宗教指導者たちに、キリスト教の経験とアジアの伝統的な古代の知恵の実践を融合させることを訴

19　ガラテヤの信徒への手紙6章15節。

20　神様があなたのことを無条件に愛しているように、あなた自身が自分のことを無条件に愛せることを気にかけていらっしゃるのですよと、リムは声掛けをしている（Lim, 2002, p.317 参照）。

えています。リムは、宗教指導者が聖書を用いる際の役割と誤用について強調し、「問題は、聖書のどの箇所がアジア系アメリカ人に関連しているかを見つけることではなく、どのような種類の指導者や指導者の資質がアジア系アメリカ人に必要とされているかを見つけることだ」(2002: 319)と述べ、聖書には良き指導者の物語が書かれていることを指摘しています。

## アジアのクィアな聖書の読み

宣教師たちは、聖書のえり抜きの聖句を用い、キリスト教が宣教先のあらゆる霊的慣習よりも優れていることを示そうとしました。現地の宗教は未開のもの、あるいは、劣ったものと見なしたのです。このような聖書の使い方の一例は、一八四二年に英国が香港を占領し、宣教師が港で説教を始めた時に見られます。

アジアにおけるクィアな聖書の読みは、LGBTQ+の生と、聖書が読まれるアジアの文化や社会的文脈に十分な注意を払う必要があります。ジョセフ・ゴーは、マレーシアにおける聖書の受容を探求しています。〔多民族国家の〕マレーシアは人口の九・二%がクリスチャンであり、同性間関係(same-sex relations)が違法とされています。マレーシアのキリスト教会は同性愛を否定しており、同性愛者の禁欲、カウンセリング、異性愛への転向を勧めています。非異性愛者であることを自認する男性にとっての聖書という研究において、ゴーは聖書テクストとセクシュアリティの個人的な物語(life-text)を結びつけています(Goh, 2016)。調査協力者の一人のアルチザンは聖書のことを、その愛の思想が、自分へ向けられるあらゆる不支持や差別を凌駕するメッセージであると捉えています。

アルチザン：うーん、メインラインの教会では、ゲイ男性は罪ってことになってるけどさ、関係ないね。だってそうだろ、ヨハネの3章16節に「神はこの世を愛された」ってある。この世にはゲイ男性も含まれるよ、ストレートだけが世界じゃない。あくまで社会の一部だよ。すべての人間は神に愛されてるんだよ。俺が神の愛から締め出されてるなんて、絶対ありっこない。そう信じてる。（Goh, 2016: 45）

ゴーのもう一人の調査協力者であるスカイダイヴァー[21]は、レビ記18章22節にある、男が女と寝るように男と寝ることを禁じる一節に従います。スカイダイヴァーは、この節は合意のある男性同士の性行為を禁止するものではないが、挿入を避けるべきであると見なします。なぜならそれが、スカイダイヴァーのこのレビ記の読みだからです。結論として、ゴーは「キリスト教共同体や教会は、聖書の伝統的な解釈に立ち向かい、挑戦し、変革することがいかに重要かを認識する必要がある」と提言しています（Goh, 2016: 49）。

中国語では、LGBTQ＋の人々を表す言葉として、特定のジェンダー・アイデンティティや性的指向を指さずに、「トンジ（tongzhi）」という言葉が使われてきました。もともと「同志（トンジ）」

21　白人のアングリカン信徒（Goh, 2016: 46）。

（comrade）という意味を持つ言葉です。クオック・プイラン（Kwok, 2010: 35）は、この言葉が西洋の「クィア」とほぼ同義であるものの、英語ではないため、中国ではトンジが好まれていると指摘しています。クオックは、英国の植民地主義から受け継いだソドミー法〔特定の性行為を性犯罪とする法律〕を通じて、香港で同性愛がいかに犯罪化されてきたかを述べています。アジアにおける聖書のクィアな読みの一例として、タツィオン・ベニー・リュウ（Tat-siong Benny Liew）はヨハネ福音書におけるイエスの身体について語り、それを「クロス・ドレッシング」だと表現しています（Liew, 2009: 261）。ヨハネによる福音書のこの読みは、「男性や女性として厳密にジェンダー化されていない人々が被る過ちを是正する」ことを目的としています（2009: 261）。したがって、ジェンダーフルイド、トランス、インターセックスの読者にとって、このテクストは生き生きとしたものになるのです。またイエスが殴られ、鞭打たれ、釘を打たれ、槍で刺される様子を順を追って語ることで、ヨハネの福音書がいかにクィアであるかとリュウは述べます。つまり、イエスが「挿入のために開かれている身体」（2009: 266）を持っていることを述べるのです。このテクストは、イエスの受難がマゾヒスティックな父との性的な出会いとして位置づけられるという点でクィアなのです。

## アフリカのクィアな聖書の読み

アフリカでは、聖書は神学的な保守主義を持ち込んだ宣教師たちによって導入されました。サハラ以南のアフリカは今やキリスト教の世界的中心地です。それは、他の国では着実に減少している教会員の数が、増加しているからです。アングリカン・コミュニオンでは、アフリカの主教がＬＧＢＴＱ＋の権利に対する最大の反対勢力です。性行為やセクシュアリティに関するアフリカの保守的な態度は、もともと西洋人宣教師がもたらしたのですが、今やアフリカの価値観と見なされるほど定着しています。このことは、ＬＧＢＴＱ＋の権利を擁護する人々によってしばしば強調され、保守的なキリスト教の価値観や聖書の読みが西洋から輸入されたものであることを認識しています。第3章でも見てきたように、同性愛がアフリカの価値観に反するという主張は正確性に欠け、説得力がありません。聖書は、ＬＧＢＴＱ＋の権利に反対する正当な理由として、特に同性愛が違法であるアフリカの国々で使用されています。聖書が戦場と化し、そこではＬＧＢＴＱ＋の権利の問題が、キリスト教保守主義と闘われているのです。

このような敵意の文化を背景に、クィアなアフリカの人々はどのような方法で聖書と関わっているのでしょうか。クィアなアフリカの人々の読みは、制度的な読みから個人の解釈への移行を明示します。つまり、教会組織の権威に心血を注ぐのではなく、聖書テクストの中にそれぞれが、自分自身にとっての意味を見出すことができるようになることを意味します。この変化は、宗教に対する理解が個人化される中で、ＬＧＢＴＱの人々が伝統や聖書をどのように見るかについての一般的なアプローチを示しているものです。この個人化は、信仰を持つ一人一人が聖書テクストを直接読み、自分自身の解釈や意味を構築できるように導きます。

ヴァン・クリンケンがザンビアのクリスチャンのゲイ男性を対象に行った調査で、インタビューに応じたすべての調査対象者が神を愛として認識していることがわかりました。しかもこの認識は、それぞれの信仰者にとっては、聖書の読みよりも重要であることがわかりました。テクストではなく、神を崇拝しているのです。ある調査対象者はこう語ります。

イエス・キリストは、愛と寛容と希望を説いただろ？　だから、自分のキリスト教を受け入れることができたんだ。聖書がゲイについて言ってることなんかに動じない……。聖書を振りかざして、「神はホモを嫌っている（God hates fags）[22]」と言う輩がいるけど、主の口から「嫌う」なんて言葉は一回たりとも出てきやしない。だから、そんなことを言う奴らこそが、神への冒瀆に加担しているってことだよ。（van Klinken, 2015: 958）

アフリカ、特にジンバブエにおける聖書と同性愛に関して、マシーワ・ラギース・グンダ（Masiiwa Ragies Gunda）は、広範な研究成果を二〇一〇年に発表しました。グンダは、セクシュアリティの問題に関する聖書研究の大半が南アフリカ共和国で生まれたことは驚くべきことではないと述べています。南アフリカは、ジェンダー、生物学的性、セクシュアリティに基づく差別から保護するための法律が整備されている国です。宣教師たちが用いた聖書に焦点を当て、グンダは皮肉をこめてこう言います。「聖書は、アフリカ文化における多くのことが聖書的でないと主張するために西洋の宣教師によって使われた。それが今や、聖書は西洋文化における多くのことが聖書的でないと主張するためにアフリカ人によって使われている」（Gunda, 2010: 36）。

『私たちの生――ケニアからのクィアな物語（*Stories of Our Lives: Queer Narratives from Kenya*）』

The Nest Collective, 2015）は、聖書がいかに人々を支配する道具と見なされているかを明らかにします。ケニアの視点に基づいたクィアなこの物語は、精神性と宗教の章で、聖書がダメージを与えるせいで聖書を読むことができないと言うクリスチャンの話があります。「聖書の読みには別の方法があるのかもしれない。聖書は罪人を罰するためのもの以上だと思う」（2015: 302）と語る話もあります。また、クィアの人々を力づけるために使用できる、様々な聖書の節に焦点が当てられてもいます。例えば、箴言13章20節を取り上げ、「知恵ある人とともに歩めば知恵を得、愚かな者と交われば災いに遭う」（2015: 306）と言います。知恵という考え方は教育と結びついています。それゆえ、収録されている話の中で、哲学的なテクストや他の宗教的伝統のテクストなど、広く賢く読むことが語られています。

## ラテンアメリカのクィアな聖書の読み

ラテンアメリカでは、聖書テクストを利用して社会正義を主張しようとする傾向が続いてきました。この傾向は、解放の神学の時代に生まれたもので、貧しい人々や疎外された人々への配慮が重視されました。けれども、解放の神学における疎外された人々の中には、性的に疎外された人々や女性は含まれていなかったのです。解放の神学からフェミニスト神学やクィア神学へ移行することによって、ジェンダー、生物学的性、セクシュアル・アイデンティティのせいで排除された人々を

---

**22** 男性同性愛者を侮蔑する語。訳語としてホモをあてた。

認識するようになりました。ラテンアメリカの聖書研究においてよく知られているテーマは、解放、ポストコロニアリズム、そして国境地帯という概念です。疎外された人々に発言の機会を与えることにおいて、これらのテーマも他のクィアな取り組みと協働します。

フェルナンド・キャンディード・ダ・シウバ（Fernando Candido da Silva）は、ラテンアメリカの聖書解釈からいかにクィアな人々の存在が排除されてきたかを見出し、ブラジル・サンパウロのクィア・コミュニティに「小文字のｂで始まる聖書」を再検討するアプローチを呼びかけています。ダ・シウバは大文字のＢで始まるBibleではなく、小文字の「ｂ」で始まるbibleという表記を「聖書」の意味で使うよう呼びかけます。なぜなら、そうすることで「聖書」の権威を低下させ、聖書テクストが、クィアの人々が使う他の多くのスピリチュアルな書物に役立つと考えるからです。ダ・シウバの考えるクィア・コミュニティは、「〈私たちが選んだ家族〉のような複数の友情ネットワークに基づいている」（da Silva, 2012: 213）のです。このコミュニティは、違いを認めながら、提携もしています。ダ・シウバは、「クィア・コミュニティにとって、聖書テクストは最高の権威を表しえない。これはもちろん、生き残りを懸けた問題（matter of survival）である」（2012: 214）と述べています。共同体であることを認識し、互いの差異を認識し、そして聖書から権威を取り除いた小文字始まりの「bible」を読むことでもたらされる脅威を認識しているのです。

聖書を共同体で読むという考え方は、ラテンアメリカの神学者マルセラ・アルトハウス＝リードの仕事に呼応しています。アルトハウス＝リードは神学と聖書との関わりを共同体のプロジェクトとして考え、これを「カミナータ」と呼びました。そのためには、「聖書との異なる関わり方、つまり、罪深い家父長制構造に関する新しい問いを、聖書テクストの中で明らかにすることが必要」（Althaus-Reid, 2004: 12）なのです。この罪深い家父長制構造とは、富、権力、権威、そして聖書テクストの読みに関するものです。それらはまた、ジェンダー、生物学的性、セクシュアリティにも関係します。自分とは異なる立場の他者との関わりを可能にするのですが、これは共同体と連帯して行われる作業なのです。

アルトハウス＝リードは、マルコ福音書におけるイエスの服装[23]に着目し、教会と国家から迫害されるトランスヴェスタイトの一人としてイエスを位置づけます。〔高貴と権威の象徴の〕紫の衣を着せられ、茨の冠をかぶされたイエスは、笑いものであり嘲笑の対象です。これは、ブエノスアイレスやブラジルのスラム街で「〔服装や化粧で〕ジェンダー倒錯を表象し、笑いと嘲笑を集める」（Althaus-Reid, 2006: 518）トランスヴェスタイトと同じです。このイエスの物語は、ラテンアメリカのホモフォビアとトランスフォビアの社会的文脈の中で語り継がれています。アルトハウス＝リードは、「私たちは、同性愛者が殺されたというタブロイド紙の記事を読むのと同じ目で、イエスの生涯を読む必要がある。イエスの受難を、〔今を生きる〕人々の現実の生活の中に位置づけることができなければ、受肉の意味も、復活が意味する肉体の破壊も理解できないだろう」（2006: 519）と言います。

オスカー・カブレラ（Oscar Cabrera）は、グアテマラでの考察をもとに、マルコによる福音書の

**23** マルコによる福音書15章17節のこと。

バルティマイの話（マルコによる福音書10章46―52節）を再読します。カブレラは盲人のバルティマイが社会から排除され、それでもなお抵抗し続けたことに注目します。群衆は大声で、無神経に、バルティマイや他の排除された人々の声をかき消そうとします。カブレラは、貧しい人々（the needy）の声を聞くイエスが、バルティマイの奪われた尊厳を回復させたと述べています（Cabrera, 2016: 251)。カブレラはグアテマラの神学者たちに「無作法に、非規律的に、反抗的に、考える」ことを勧めています（2016: 255)。

### 黒人／ウーマニストのクィアな聖書の読み

私たちは、聖書がＬＧＢＴＱ＋の生に対する議論を支えるためにどのように使われてきたかを見てきました。その中で保守的なクリスチャンはしばしば決定的な根拠として「聖書にそう書いてあるから」と木で鼻を括ったような応答をします。黒人のコミュニティでは、黒人伝道師が神学的に保守的であることは珍しいことではなく、二〇世紀に流行したビリー・グラハム（Billy Graham）で有名な福音主義運動に基づいて伝道を行っています。グラハムは、聖書の権威について、「神がそう言った、私はそう信じる、それで解決する（*God said it, I believe it, that settles it*)」というフレーズを繰り返し、聖書に絶対的な権威を与えることで人気を博しました。この誰もが知っているフレーズは、今日に至るまで黒人教会で使われていますが、結果的にＬＧＢＴＱ＋のアイデンティティや関係を否定するために使われることになりました。ケリー・ダグラスはセクシュアリティに関する著作の中で、「黒人社会ではしばしば聖書が同性愛嫌悪の根幹である」（Douglas, 1999: 90）ことを指摘しています。

聖書は、米国のアフリカ系奴隷の生活に大きな役割を果たしました。奴隷たちはたいてい読み書きができませんでした。聖書の解釈は、代々伝えられたものがほとんどであり、それは疑問なく受け取られてきました。聖書の中の自由を指し示す物語は、奴隷たちの想像力を刺激しました。聖書には、希望が示されていたわけです。虐げられた人々が神への忠誠によって、解放される物語が反映されていました。このような物語は、祈りや霊歌、証言に使われ、アフリカ系アメリカ人の闘争と生存の経験を反映する言葉を与えました。

出エジプト記は、奴隷であったイスラエル人の苦難と経験を描いたものですが、アフリカ系米国の人々に希望と慰めを与えるテクストとなりました。出エジプト記は、困難な状況にある人々、虐げられている人々に対する神の配慮、恩恵を示すテクストです。多くの奴隷は自分で聖書を読むことができなかったので、まさか奴隷制を正当化するような聖書の文章があることを知りませんでした。現代社会では、より多くの人が聖書にアクセスできるようになり、自分のために聖書の物語を読むことができるようになりました。

黒人やウーマニストのクィアによる聖書の読みは、伝統的な解釈に複合的な疑いをもってアプローチします。この二重の縛りを考えると、なぜそもそもクィアな黒人やクィアなウーマニストは聖書を手にするのでしょうか。パメラ・ライトシーは、聖書がいかに道徳的、社会的、政治的生活の一部であったかを指摘します。特に多くの米国の黒人がキリスト教的宗教的伝統に属してきたからです。ライトシーはこう言います。「聖書は、多くの米国系黒人にとって、単に書かれたものであるだけでなく、生活様式の一部でもある。私たちは、慰め、導き、育むために聖書と向き合う」(Lightsey, 2015: 41)。

## 結　論

聖書はキリスト教神学の重要な典拠です。それゆえクィア神学は、他者を傷つけ、不当に扱うために用いられる武器となる可能性を、聖書に放棄させなければならないのです。クィアな聖書研究は、クィアな生に照らして聖書を再検討し、語り直すことに貢献します。クィアな解釈は、聖書テクストがＬＧＢＴＱ＋の人々に対してどう語りかけ、またＬＧＢＴＱ＋の人々のためにどう語っているかを明らかにするために、クィアなアイデンティティを使用します。クィア聖書学は、クィアなアイデンティティとクィア理論に取り組みます。字義通りの聖書の読み方では明示されないジェンダー、生物学的性、セクシュアル・アイデンティティに焦点を当てることで、聖書は攪乱され、クィアされます。ＬＧＢＴＱ＋の生や親密な関係に対する議論を改善する対抗手段として聖書が使われてきた時、クィアな聖書の読みは、聖書から恐怖を取り除くことを可能にします。これによって、信仰を持つＬＧＢＴＱ＋のクリスチャンは、聖書と再び関わることができるようになるのです。「クィアが『言葉を取り戻す(take back the Word)』時、私たちは聖書の中に希望のビジョンと解放の夢を見る」(Goss and West, 2000: 7)のです。クィアな聖書は自由な読みを許し、読者を優先させます。最後に一言注意しておきたいことがあります。聖書のクィアな読みは、多様であり、創造的であり、無限の可能性を持っていますが、聖書のクィアな読みは、安定的で権威あるテクストにはなりえません。クィアとは、すべてのテクストが不安定であり、すべての読者が不安定であることを意味します。

## 基本文献案内


Guest, D. (2005) *When Deborah Met Jael: Lesbian Biblical Hermeneutics*.London: SCM Press.　著者のゲストは「レズビアン」というラベルの不安定さを探求し、レズビアンの聖書の読み方を構成する重要な要素を提示する。

Guest, D., Goss, R. E., West, M. and Bohache, T. (Eds.) (2006) *The Queer Bible Commentary*. London: SCM Press.　ＬＧＢＴＱ＋の読者に関連する聖書の包括的な註解書。聖書の各書は、クィアの観点で検討され、聖書テクストを見る新鮮な方法を提供する。〔第二版 West, M. and Shore-Goss, R. (Eds.) (2022) *The Queer Bible Commnetary: Second edition*. London: SCM Press〕

Thatcher, A. (2008) *The Savage Text: The Use and Abuse of the Bible*. London: Wiley-Blackwell.　女性、奴隷、子供、有色人種などのマイノリティ・グループを差別するために聖書がどのように使われてきたかを暴く、専門用語を使わないわかりやすい文献。

https://www.oxfordbibliographies.com/display/document/obo-9780195393361/obo-9780195393361-0314.xml　クィアとＬＧＢＴＱＩによる聖書の読み方を探求するウェブサイト。

## 文献リスト

Alpert, R. (2006) 'Exodus', in Guest, D., Goss, R. E., West, M. and Bohache, T. (Eds.) *The Queer Bible Commentary*, pp. 61-76. London: SCM Press.

Althaus-Reid, M. (2004) *From Feminist to Indecent Theology*. London: SCM Press.

Althaus-Reid, M. (2006) 'Mark', in Guest, D., Goss, R. E., West, M. and Bohache, T. (Eds.) *The Queer Bible Commentary*, pp.517-525. London: SCM Press.

Bailey, D. S. (1955) *Homosexuality and the Western Christian Tradition*. London: Longmans.

Boer, R. (2001) 'Yahweh as Top: A Lost Targum', in Stone, K. (Ed.) *Queer Commentary and the Hebrew Bible*, pp. 75-105. London: Sheffield Academic Press.

Cabrera, O. (2016) 'A Postcolonial Reading of the Bartimaeus Story: Contributions Towards the Construction of Another Hermeneutical Model', in Panotto, N. (Ed.) *Indecent Theologies: Marcella Althaus-Reid and the Next Generation of Postcolonial Activists*, pp. 241-259. California: Borderless Press.

Cheng, P. S. (2006) 'Galatians', in Guest, D., Goss, R. E., West, M. and Bohache, T. (Eds.) *The Queer Bible Commentary*, pp. 624-629. London: SCM Press.

Cornwall, S. (2015) 'Laws "Needefull in Later to Be Abrogated": Intersex and the Sources of Christian Theology', in Cornwall, S. (Ed.) *Intersex, Theology, and the Bible. Troubling Bodies in Church, Text, and Society*, pp. 147-172. New York: Palgrave Macmillan.

da Silva, F. C. (2012) 'An Abominable and Perverted Alliance? Toward a Latin-American Queer Communitarian Reading of Deuteronomy', in Brenner, A. and Yee, G. A. (Eds.) *Exodus and Deuteronomy*, pp. 205-236. Minneapolis: Fortress Press.

Douglas, K. B. (1999) *Sexuality and the Black Church*. New York: Orbis Books.

Goh, J. N. (2016) Survivalist sexuality-faith strategies in biblical meaning-makings: Non-heteronormative Malaysian Christian men and negotiations of sexual self-affirmation. *QUEST: Studies on Religion & Culture in Asia*, 1, pp. 38-53.

Goss, R. E. (1993) *Jesus Acted Up. A Gay and Lesbian Manifesto*. San Francisco: Harper.

Goss, R. E. and West, M. (2000) *Taking Back the Word: A Queer Reading of the Bible*. Ohio: Pilgrim Press.

Gross, S. (1999) Intersexuality and Scripture. *Theology & Sexuality*, 11, pp. 65-74.

Guest, D. (2005) *When Debora Met Jael: Lesbian Biblical Hermeneutics*. London: SCM Press.

Guest, D. (2006) 'Lamentations', in Guest, D., Goss, R. E., West, M. and Bohache, T. (Eds.) *The Queer Bible Commentary*, pp. 394-411. London: SCM Press.

Guest, D. (2012) *Beyond Feminist Biblical Studies*. Sheffield: Sheffield University Press.

Guest, D. (2016) 'Modelling the Transgender Gaze', in Hornsby, T. J. and Guest, D. (Eds.) T*ransgender*, *Intersex, and Biblical Interpretation*, pp. 45-80. Atlanta: SBL Press.

Guest, D., Goss, R. E., West, M. and Bohache, T. (Eds.) (2006) *The Queer Bible Commentary*. London: SCM Press.

Gunda, M. R. (2010) *The Bible and Homosexuality in Zimbabwe. A Socio-historical Analysis of the Political, Cultural and Christian Arguments in the Homosexual Public Debate with, Special Reference to the Use of the Bible*. Bamberg: University of Bamberg Press. Available at: https://opus4.kobv.de/opus4-bamberg/frontdoor/index/index/docId/242

Hornsby, T. (2006) 'Ezekiel', in Guest, D., Goss, R. E., West, M. and Bohache, T. (Eds.) *The Queer Bible Commentary*, pp. 412-426. London: SCM Press.

Koch, T. R. (2001) 'Cruising as Methodology: Homoeroticism and the Scriptures', in Stone, K. (Ed.) *Queer*

*Commentary and the Hebrew Bible*, pp. 169-181. London: Sheffield Academic Press.

Koch, T. (2006) 'Isaiah', in Guest, D., Goss, R. E., West, M. and Bohache, T. (Eds.) *The Queer Bible Commentary*, pp. 371-385. London: SCM Press.

Kwok, P-L. (2010) 'Body and Pleasure in Postcoloniality', in Isherwood, L. and Petrella, I. (Eds.) *Dancing Theology in Fetish Boots: Essays in Honour of Marcella Althaus-Reid*, pp. 31-43. London: SCM Press.

Liew, T-s. B. (2009) 'Queering Closets and Perverting Desires: Cross-Examining John's Engendering and Transgendering Word Across Different Worlds', in Bailey, R. C., Liew, T-s. B. and Segovia, F. F. (Eds.) *They Were All Together in One Place? Toward Minority Biblical Criticism*, pp. 251-288. Atlanta: Society of Biblical Literature.

Lightsey, P. R. (2015) *Our Lives Matter: A Womanist Queer Theology*. Oregon: Pickwick Publications.

Lim, Y-L. L. (2002) The Bible Tells Me to Hate Myself: The Crisis in Asian American Spiritual Leadership. *Semeia*, 90-91, pp. 315-322.

Martin, J. (2000) ' "And Then He Kissed Me": An Easter Love Story', in Goss, R. and West, M. (Eds.) *Take Back the Word: A Queer Reading of the Bible*, pp.219-226. Cleveland: Pilgrim Press.

McMahon, M. (2016) 'Trans Liberating Feminist and Queer Theologies', in Beardsley, C. and O'Brien, M. (Eds.) *This is My Body. Hearing the Theology of Transgender Christians*, pp. 59-68. London: Darton, Longman and Todd.

Stone, K. (Ed.) (2001) *Queer Commentary and the Hebrew Bible*. London: Sheffield Academic Press.

Stuart, E. (Ed.) (1997) *Religion is a Queer Thing*. London: Cassell.

Stuart, E. (2000) 'Camping around the Canon: Humour as a Hermeneutical Tool in Queer Readings of Biblical Texts', in Goss, R. and West, M. (Eds.) *Take Back the Word: A Queer Reading of the Bible*, pp. 23-34. Cleveland:

Pilgrim Press.

Tanis, J. (2000) 'Eating the Crumbs that Fall from the Table: Trusting the Abundance of God', in Goss, R. and West, M. (Eds.) *Take Back the Word: A Queer Reading of the Bible*, pp. 43-56. Cleveland: Pilgrim Press.

Thatcher, A. (2008) *The Savage Text: The Use and Abuse of the Bible*. London: Wiley-Blackwell.

The Nest Collective (2015) *Stories of Our Lives. Queer Narratives from Kenya*. Nairobi: The Nest Arts Company.

Toft, A. (2009) 'Bisexual Christians', in Hunt, S. (Ed.) *Contemporary Christianities and LGBT Sexualities*, pp. 67-86. Surrey: Ashgate.

Tolbert, M. A. (2000) 'Foreword', in Goss, R. and West, M. (Eds.) *Take Back the Word: A Queer Reading of the Bible*, pp. vii-xii. Cleveland: Pilgrim Press.

Trible, P. (1984) *Texts of Terror: Literary Feminist Readings of Biblical Narratives*. London: SCM Press. 〔フィリス・トリブル『旧約聖書の悲しみの女性たち』河野信子訳、日本基督教団出版局、一九九四年〕

van Klinken, A. (2015) Queer Love in a "Christian Nation": Zambian Gay Men Negotiating Sexual and Religious Identities. *Journal of the American Academy of Religion*, 83 (4), pp. 947-964.

West, M. (2000) 'Outsiders, Aliens, and Boundary Crossers: A Queer Reading of the Hebrew Exodus', in Goss, R. and West, M. (Eds.) *Take Back the Word: A Queer Reading of the Bible*, pp. 71-80. Cleveland: Pilgrim Press.

Wilcox, M. (2002) When Sheila's a Lesbian: Religious Individualism among Lesbian, Gay, Bisexual, and Transgender Christians. *Sociology of Religion*, 63 (4), pp. 497-513.

Wilson, N. (1995) *Our Tribe: Queer Folks, God, Jesus and the Bible*. San Francisco: Harper Collins.

Yip, A. K. T. (2003) Spirituality and Sexuality: An Exploration of the Religious Beliefs of Non-Heterosexual Christians in Great Britain. *Theology & Sexuality* 9 (2), pp. 137-154.

# 第5章　クィアな生からのクィア神学

クィア神学の発展のプロセスには、二つの主要な関心事があるように思われます。一つは、非規範的なセクシュアリティの問題です。それはクィアという言葉が生まれ出たＬＧＢＴＱ＋の人たちを表現することです。そしてもう一つは、批判的なアプローチとして、アイデンティティを超える、あるいはアンチ・アイデンティティであるということです。クィア神学は、キリスト教におけるクィアな生の交渉と再交渉を見つめる活動というよりはむしろ、知的プロジェクトであるという考え方に関心を持つ研究者は数多くいます。もちろん、学術的な研究領域として、クィア神学は、クィア理論と神学を研究することから得られる知的成果という点では潤沢です。しかし、ＬＧＢＴＱ＋のクリスチャンについてはどうでしょうか。非規範的なセクシュアリティの神学とクィア神学の境界線は曖昧になっています。クィア神学においては、クィアな人々から持ち上がる神学を探求するスペースが依然として必要です。クィアな神学を学ぼうとする人々の多くは、まさに自己認識、個人的な居場所、あるいはジェンダーとセクシュアリティにおける社会正義の問題への関与から始めるのです。確実に、一人一人の生に注意が払われなければなりません。マルセラ・アルトハウス＝リードが述べるように、「神学が聖なるものを探求し理解し始めるのは、人間のセクシュアリティからであり、その逆ではない」のです（Althaus-Reid, 2000: 146）。

クィアな生から生まれるクィアな神学を考察する前に、まず教会とＬＧＢＴＱ＋の人々との関係を見ておく必要があります。本章ではライフストーリーから考察されるクィア神学に関連する学術文献を論じることに加え、宗教社会学という学問分野における、宗教とＬＧＢＴＱ＋のセクシュアリティに関する文献にも簡単に触れていきます。最も重要なことは、本章がレズビアン、ゲイ、バイセクシュアル、トランス、インターセックスをはじめとするＬＧＢＴＱ＋クリスチャンたちの真の生の経験への洞察を提供することにあります。また、以下のようなセクシュアリティの「クィア」神学にも注目しています。アセクシュアリティ、禁欲主義、「ストレート」なクィア、型破りな（kinky）性行為を実践するクリスチャン、そしてシスターズ・オブ・パーペチュアル・インダルジェンスという名のクィア修道女の活動団体です。

## 諸教会の立場

非規範的なジェンダーとセクシュアリティに関する教会の立場は、主要なキリスト教の教派を超えて論争を巻き起こしています。アングリカン・コミュニオンは、主に（西側諸国に属する）進歩的な声と、今やキリスト教の本拠地となったアフリカを中心とする保守的な声との間に亀裂があります。ＬＧＢＴＱ＋の生に関する主要教派の声明や議論を分析することは本章の範囲を超えていますが、ジェンダーとセクシュアリティに関する教会の立場の影響を強調するために、二つの主要教派であるローマ・カトリック教会とアングリカン・コミュニオンを簡潔に考察してみることにします。ここの議論において、「ホモセクシュアリティ」が教会の公式文書で「同性に性的に惹かれること」を指す言葉として使われています。この意味での用法はもはや時代遅れであることは広く認められており、「ゲイ」、「レズビアン」、「バイセクシュアル」、「同性（間の）」などがより一般的に使用されています。このホモセクシュアリティというような旧態依然とした言葉が教会で使われる理由の一つは、教会が初期の立場や見解から動いていないことにあります。

ローマ・カトリック教会は、その名の通りローマを本拠地とする教会です。ローマ教皇が統括する教会で、キリスト教の中でも最も歴史のある組織です。ローマ・カトリック教会にはトランスジェンダーに関する公式な教えはないのですが、出生時に割り当てられた性別をジェンダーと見なしています。同性に性的に惹かれることに関しては、ローマ・カトリック教会の立場はより複雑です。ホモセクシュアリティへの傾倒は罪ではありませんが、「それは本質的な道徳的悪に向かう、程度の差こそあれ強い傾向であり、したがってこの傾向自体は客観的な障害（disorder）と見なされなければならない」（Congregation for the Doctrine of the Faith, 1986）と断言しています。この「障害」という考え方は、同性愛が心理学上の障害であるという過去の考え方と響き合っています。アメリカ精神医学会（ＡＰＡ）は一九八七年にホモセクシュアリティを障害のリストからはずしました。一方、世界保健機関（ＷＨＯ）は一九九二年になってからやっと、障害の分類からはずしました。一九八六年のローマ・カトリック教会の見解においても同様の表現〔障害〕が使われており、それ以降、更新や改訂が行われていないことを確認しておきたいと思います。

ローマ・カトリック教会の立場は、人には同性に惹かれる傾向があり、これは罪ではないものの、この傾向に従って行動し、同性間の性関係（same-sex relationships）を持つことは罪であると認識しているのです。したがって、ゲイ、レズビアン、バイセクシュアルの人々は、同性間の行為（same-sex activities）に関与すべきではなく、禁欲に招かれていると見なします。ローマ・カトリック教会は、その教えに「同性愛的な傾向を持つ人々を軽蔑することなく、同情と思いやりの心をもって迎え入れるべきです。不当に差別してはなりません」（Catechism of the Catholic Church, 1993）〔カトリック中央協議会『カトリック教会のカテキズム』二〇〇二年、六八五頁、2358〕とある通り、差別をしないように呼びかけています。

ローマ・カトリック教会は、同性同士の結婚を認めず、祝福もしません。二〇〇三年、「同性間の結婚を法的に認める提案に関する考察（Considerations Regarding Proposals To Give Legal Recognition To Unions Between Homosexual Persons）」が発表され、それは教会がその立場を改めて表明したものとして見ることができます。

同性同士の結婚は、結婚と家族に関する神の計画と似ている、あるいはほんの少しでも類似していると考える根拠は全くありません。結婚は聖なるものですが、同性間の性行為（homosexual acts）は自然の道徳律に反しています。同性間の性行為は、生命を授かるための性行為を閉ざすものです。真の愛情や性的な補完関係から生じるものではありません。いかなる場合にも、それらは承認されることはありません。(Congregation for the Doctrine of the Faith, 2003)[1]

バチカンは、二〇〇五年に「神学校への入学及び聖職叙階における同性愛傾向のある者に関する召命識別の基準に関する教令」[2]という文書において、独身であってもゲイを自認する男性の叙階に対する立場を明確にしました。この文書は前教皇ベネディクト一六世(Pope Benedict XVI)によって承認され、教会は「同性愛を実践し、根深い同性愛の傾向を示し、いわゆるゲイカルチャーを支持する者については、神学校への入学や聖職者に認めることはできません。そのような人は、実際、男性と女性に正しく関わることを著しく妨げるような状況に置かれているのです」と述べています。ローマ・カトリック教会は、その後、公式見解を更新しておらず、この教えはLGBTQ+の人々の生に敵対的なものです。更に、自身の非規範的なジェンダーとセクシュアリティを宗教と調和させようとするLGBTQ+クリスチャンに心理的、感情的影響を及ぼしています。

アングリカン・コミュニオンの状況は、少し事情が異なります。イングランド国教会(Church of England)は、ヘンリー八世がイングランドの教会をローマ・カトリック教会から切り離した時に誕生しました。アングリカン・コミュニオンは、歴史的にイングランド国教会を母体とする世界的な教会の連合体として、その名が知られるようになった経緯があります。アングリカン・コミュニオンは多様であり、その構成員の大多数は、現在成長を遂げている「グローバル・サウス」と呼ばれるアフリカ諸国です。一方、「グローバル・ウエスト」においては、アングリカニズム〔イングランド国教会主義〕に帰属する信徒数が減少しています。このような世界各地の多様な信徒人口の構成状況は、同性愛の問題に対する教会間の意見の相違を、如実に反映することになります。アングリカン・コミュニオンの現在の立ち位置は、一九九八年に各地のリーダーが参集したランベス会議（Lambeth Conference）と呼ばれる会議に始まります。[3] この会議で、アングリカン・コミュニオンの指導者たち〔主教たち〕は、同性間の教会での結婚の問題について投票を行いました。会議の結論は、同性愛は「聖書と相容れない」というものでした。このことは教会における結婚とは一人の男性と一人の女性の間で行われるものという伝統的なキリスト教の教えを確認するものです。[4] 決議書の1・10箇条は、人間のセクシュアリティの問題を扱っているのですが、その位置づけの声明は次のようなものです。

本会議は……、

1　カトリック中央協議会によると、本文書の邦訳はないとのこと。

2　参考（英語の文書名）Instruction Concerning The Criteria of Vocational Discernment Regarding Persons With Homosexual Tendencies In View Of Their Admission To Seminaries And Holy Orders.

3　第一回ランベス会議は一八六七年に開催された。一九九八年の会議は通算第一三回目にあたる。主な議題がアングリカン・コミュニオンにおけるホモセクシュアリティ（homosexuality in the Anglican Communion）であった。当時のカンタベリー大主教は、ジョージ・ケアリー（George Carey）。

4　全聖公会中央協議会『1998年ランベス会議　報告・決議・牧会書簡等』（翻訳　岩城聡、西沢元仁、竹田和子、司祭西原廉太、司祭輿石勇、監修　主教森紀旦、日本聖公会管区事務所、二〇〇一年、三〇一－三〇二頁）。なお、邦訳の「志向」という表記は「指向」とすべきであろう。

b. 聖書の教えから見て、男性と女性間の生涯に渉る結婚が正しいものであることを支持する。また、結婚へと招かれていない禁欲主義が正しいものであることを信じる。

c. 我々の内に、同性愛志向（ママ）を持っていることを自覚している人々がいることを認識する。これらの人々の多くは教会のメンバーであり、牧会的配慮、教会の倫理的方向づけと、自分らしく生き、調和した関係を持つために、神の変革する力を求めている。また、我々は、同性愛の人々の経験に耳を傾けることに専心する。我々は、彼らが神に愛されており、性の志向（ママ）に関係なく、洗礼を受け、信仰を持ち、人に誠実な者はすべて、キリストの体の完全なるメンバーである、ということを確証したい。

d. 我々すべては同性愛を聖書と相入れ（ママ）ないものとして拒否しつつ、性的志向（ママ）に関わりなく、すべての人を牧会的にまた感受性豊かに司牧すべきである。また、同性愛に対する理由のない畏れ、夫婦間暴力、性のあらゆる矮小化と商品化を非難する。

e. 同性同士で結婚（union）している者たちの按手だけではなく、同性同士の結婚の合法化、あるいは祝福は奨励できない。（Anglican Communion Office, 1998: 9）

アングリカン・コミュニオンは、ローマ・カトリック教会と同様に、同性に惹かれる気持ちを持つ人への共感を表明するアプローチをとり、次のように表明しています。

我々は、同性愛の人々の経験に耳を傾けることに専心する。我々は、彼らが神に愛されており、

> 性の志向（ママ）に関係なく、洗礼を受け、信仰を持ち、人に誠実な者はすべて、キリストの体の完全なるメンバーである、ということを確証したい。〔本会議は〕……我々すべては……性的志向（ママ）に関わりなく、すべての人を牧会的にまた感受性豊かに司牧すべきである。また、同性愛に対する理由のない畏れを……非難する。（Anglican Communion office, 1998: 9）

アングリカニズムは、バイセクシュアルに関して、バイセクシュアルであるクリスチャンは禁欲するかストレートかのいずれかを「選択」しなければならないと教えています。主教会[5]（The House of Bishops）は、「人間の営みに関する神の全体的な意図が、異性との結婚という社会的文脈の中で行われるべきものであるならば、その関係に入ることができるバイセクシュアルの人々に教会は明らかにそうするように奨励する必要がある」（House of Bishops, 2003: 283）と述べています。

しかしながら、一九九八年のランベス会議での決議は、諸教会を法的に拘束するものではありません。洗礼という「共通の信仰」がアングリカン・コミュニオンを一つにするのです。アングリカン・コミュニオンを構成する教会によって、その実践は千差万別で、ＬＧＢＴＱ＋を受け入れない教会もあれば、禁欲をせず同性パートナーのいる人々をも喜んで受け入れる教会もあるのです。もちろん、教会の牧師や指導者の中にも、レズビアン、ゲイ、バイセクシュアル、トランスジェンダーの人たちがいます。この問題及びアングリカン・コミュニオンに属する諸教会間の意見の違いか

5　アングリカン・コミュニオンの主教の会議。

ら、教会間の結びつきに亀裂が生じ、大いに論争を呼んでいます。

現在の教会の立場は、ＬＧＢＴＱ＋の人々に対する一般的な敵意を示していることは確かです。ＬＧＢＴＱ＋の人々とキリスト教に関する議論において、教会の立場が支配的な声となる危険性があります。コルビー・ディキンソンとメーガン・トゥーミーが述べているように、クィア神学は神学的なやりとりの「『標準』パターン」を脱却し、「この対話の中で自らを中心化することはない。これを成し遂げる一つの方法は、社会とキリスト教の両方の周縁部に存在する現実の人物と生に絶えず焦点を移すことである」（Dickinson & Toomey, 2017: 3）という考えに、私は賛成しています。これまで見てきたような状況の中で、ＬＧＢＴＱ＋の人々は、どのように自分のジェンダーと、あるいは、セクシュアリティとともにキリスト教信仰を生き延びているのでしょうか。

## クィア神学としてのライフストーリー

> セックスに関して異性愛以外の話を聞くと、恥ずかしく気まずい思いがする……なぜなら、教会や社会の権威あるところに異性愛家父長制（heteropatriarchy）が厳然と存在しているからだ。（Nixon, 2008: 613）

デイヴィッド・ニクソン（David Nixon）は、神学の源としてライフストーリーに注意を払うことが、異性愛や家父長制という構造を維持する制度からいかに遠ざかるかを明らかにしています。

それゆえ、これらの構造が個人の生にもたらした傷やダメージに耳を傾けることへの抵抗感も存在するのです。このような背景から、本章では、非規範的な個人の生・信念・実践に根差した、社会的文脈におけるクィア神学に焦点を当てます。「非規範的な」という表現を用いて、自己認識とセクシュアリティの両方またはいずれかが、キリスト教の伝統的なジェンダーと生物学的性の理解に沿わない人々について言及します。「非規範的」とされるアイデンティティは、宗教的な信念や教えと対立し、キリスト教は非規範的な個人やグループを敵視しているという認識があります。その極端な位置にある例が、ウエストボロ・バプテスト教会（Westboro Baptist Church）のバナーで使われている過激な同性愛嫌悪の言葉であり、「神はホモを憎んでいる（God hates fags）」[6]と宣言しています。キリスト教の中でも中間に位置するのが前述したような教会の立場であり、その結果、絶えず複雑で物議を醸すことになるのです。反対の極には、喜ばしいことに現場の多くのクリスチャンが、様々な教派や社会的文脈にあってＬＧＢＴＱ＋の人々を歓迎し、祝福するために働いていることがわかります。

神学の源としてのライフストーリー研究への呼びかけは、宗教社会学とクィア神学の文献の至る所に現れています。アルトハウス＝リードは、「クィア神学の底流には、性的移住者（sexual migrants）の伝記があり、愛、喜び、苦しみの反乱における現実の生の証言がある」（Althaus-Reid, 2003: 8）と述べます。そして、その苦しみの一部は、教会の手によってもたらされ、蔓延した偏

6　第2章傍注2、第4章傍注22参照。

見と差別です。クィア神学を更に探求するために、私たちはクィアなクリスチャンの証言とライフストーリーを見ることを始める必要があります。もちろん、ライフストーリー研究は、第3章におけるグローバルな社会的文脈でのクィア神学を通して説明されているように、社会的文脈に左右されるものです。初期のゲイとレズビアンの神学では、葛藤と和解のテーマが、レズビアンとゲイの人々の宗教的アイデンティティ及びセクシュアル・アイデンティティの間の緊張関係を示しています。宗教の制度的な形態と、同性間の関係を非難する根拠としての聖書は、多くのレズビアン、ゲイ、バイセクシュアルの人々の宗教やセクシュアリティに関わるアイデンティティと、内なる感情との葛藤をもたらしました。教会と聖書の誤用が与えた心理的な影響とダメージは広範囲に及んでいます。マイケル・フォード（Michael Ford）は、「キリストは真理が人々を自由にすると言ったかもしれないが、教会にいる同性愛者はもとより、多くの同性愛者にとって、アイデンティティへの恐怖が彼らを心理的な捕囚に閉じ込める」（Ford, 2004: 11）ことを指摘しています。

『神学を解き放つ――非規範的なクリスチャンのライフストーリー（*Undoing Theology: Life Stories from Non-normative Christians*）』（Greenough, 2018）の中で、私は、ライフストーリーと経験の共有からクィア神学を産み出す際の豊かな可能性を検討しています。自身の性的でジェンダー化された経験からクィア神学を生み出すことに、五つの大きな成果があります。「（i）ライフストーリーは関係性があるからこそ、変容する、（ii）ライフストーリーは個々人が自分の人生を理解するのに役立つ、（iii）ライフストーリーは複雑で厄介である、（iv）ライフストーリーは世俗と神の間の二項対立を攪乱する、（v）ライフストーリーには異性愛を際立たせ、クィアする潜在力がある」

（2018: 26）。経験を共有する行為は、私たちがもはや孤立していないことを意味します。私たちのライフストーリーは、個人的かつ主観的であるように、私たちの気持ちや感情で区切られています。自分の経験を他者に語ることは、脆弱性を共有し、他者から肯定されるという関係性を伴う作業です。人間の経験は厄介なものです。ですから、私たちのライフストーリーを語ることは、記憶、選択、そして人生経験の絶え間ない再解釈に基づくものであり、また厄介なものでもあります。私たちの人生経験が信仰に関わるライフストーリーとなる時、それは証となるのです。これらのライフストーリーはまた、聖なるライフストーリーとして聖書テクストを補完します。更に、クィア神学はＬＧＢＴＱ＋の人たちだけが生み出すものではありません。後のセクションで述べるように、クィアなヘテロセクシュアルも存在するのです。

『神学を解き放つ（Undoing Theology）』のライフストーリー研究の例では、三人の主人公がそれぞれ仮名を用い、精神的・宗教的な旅を探求しています。その目的は、浮かび上がるクィアな神学に耳を傾けることであり、「解き放つ」プロセスによって、人々は自分の人生経験に基づいて信仰と向き合うことができるのです。宗教的なアイデンティティは、すべてのアイデンティティと同様に、固定されたものではありません。個人的で経験的な神学の可能性を重視するクィア神学にとって、ライフストーリーはキリスト教理解を変容させる源泉となります。語りの章では、インターセックスのカトリック信者であるアリス、米国における「脱ゲイ（ex-gay）」転向療法[*]の元リーダーであるカディマン、そして緊縛と服従の行為を実践する異性愛者のキャスから、ボトムアップのクィア神学を提供します。したがって、「神学を解き放つ」ことの目的は、主人公たちが自らの経験に照らして伝統的な神学とどのように交渉してきたかに注目することです。「解き放つ」プロセスは、個人の宗教的・儀式的アイデンティティが不動なものではないことを意味します。クィア理論が、アイデンティティがいかなる場合にも安定したものではないことを明らかにしているように、それらは生涯を通じて進化し、変化するのです。このことは、私たちの自己認識と自己のアイデンティティに基づいて、キリスト教の様々な要素を再認識することを可能にします。私たちが自分自身について語るストーリー、私たちの生、私たちの信仰は、実際に変化し、進化するものであり、それゆえ神学は一時的なものなのです。

個人の生から得られる神学は、神が伝統的な神学の中でいかに固定されたものとして構築されてきたかを暴きます。一方、神の本質とは固定不可能で、捕捉不可能で、予測不可能なものです。神を「解き放つ」ことによって、私たちは、硬直した伝統的な神学の枠の中で繰り返されてきた束縛から神を解放することができるのです。経験やライフストーリーに目を向けることは、神学に色彩と多様性を与えますが、それにも限界があります。注意点の一つは、人間が神に似せて作られるのではなく、神を自分の似姿に作ってしまうことです。非規範的なクリスチャンが、自分たちの声を用いて、キリスト教とそのジェンダーとセクシュアリティの取り締まりによってもたらされたダメージを告発し、またキリスト教の良いところを自分たちの生の中で維持することが重要なのです。

## クィアな生と宗教社会学

宗教社会学は、宗教が社会の中でどのように機能しているかに焦点を当てる学問領域です。神学や宗教学での研究とは別に、社会学ではＬＧＢＴＱ＋のクリスチャンたちの信仰や生に関する広範な研究が行われてきました。宗教社会学の領域では、以下のような広範かつ画期的な研究が行われています。アンドリュー・イップのゲイのクリスチャンに関する先駆的な研究（Yip, 1997）、及び、ＬＧＢＴのアイデンティティとスピリチュアリティに関する研究（Yip, 2000, 2002, 2003）。アレックス・トフトのバイセクシュアル・クリスチャンに関する研究（Toft, 2009, 2014）。メリッサ・ウィルコックスのレズビアン、ゲイ、バイセクシュアル、トランスジェンダーのクリスチャンに関する研究（Wilcox, 2002, 2003, 2009）などです。

ゲイ、レズビアン、バイセクシュアルのクリスチャンの生に関する研究は、社会学者のイップによって行われました。イップは、ゲイ、レズビアン、バイセクシュアルのクリスチャン五六五人から、宗教的信念に関する一七ページにわたるアンケートへの回答データを回収しました。その後、イップは回答者のうち、六一人に〔フォローアップ〕インタビューをしたのです。この研究の結果は、広く公開されました。この研究プロジェクトは、〔教派別で見ると〕イングランド国教会（四八％）、ローマ・カトリック（二六・四％）、メソジスト（五・一％）と、主流派に属する人々で大部分を占めています（Yip, 2003: 141）。イップは、「ほとんどの回答者が、自分のセクシュアリティとキリスト教信仰との間に矛盾を感じていない」（2003: 137）ことをデータ分析で示し、「回答者の大半は、スティグマとされたセクシュアリティとキリスト教信仰をうまく取り入れたポジティブな自己アイデンティティを築いているようだ」（2003: 137）と結論づけています。イップの研究は、二〇〇〇年代の終わり頃、レズビアン、ゲイ、バイセクシュアルのクリスチャンが、いかにして信仰と自分のセクシュアリティを調和させることができたかを示しています。イップは研究の一環として、教会や聖書など、信仰における権威の源と見なしているものについて参加者に質問しています。イップは、〔回答者にとって〕キリスト教信仰の中核をなす四つのイデオロギー（個人的経験、聖書、人間の理性、教会の権威）について、重要性の高い順に順位をつけてもらいました。その結果、回答者の八一・九％が「個人的経験」を信仰の基礎としていることが明らかになりました（Yip, 2002: 207）。この研究は、非異性愛者のクリスチャンが、教会や聖書のような権威に頼るのではなく、自分たちの信仰を個人化することを示しています。回答者の一人であるキムは次のように述べています。

私が教会の権威を一番低くした理由はもちろんわかっています。それは、教会に対する私の姿勢ゆえです。個人的な経験を一番重要としたのは、クリスチャンなら誰でも、神との関係は神についての個人的な経験だと言うでしょう。それは私も同じです。キリスト教が話題になった時、そこに私が加わることができる唯一の方法は、私自身の個人的な神の経験、そして神に触れたことで私の人生がどのように変わったかを話すことなのです。それは、教会の偉い人が神の存在を教えたのでは決して起こりえなかったことです。神と出会ったことで、自分の理性が「神はいる」と教えてくれました。聖書もある意味、私が体験したことを裏付けています。そう、それは私の経験を踏まえた私の推論及び私の聖書の読み方であって、教会が言わねばならないことではないのです。(Yip, 2002: 206)

イップは調査を通じて、豊富なアンケートデータやインタビューを収集することに加え、ライフストーリー研究の重要性を強調しています。

社会科学的な著述の発展とともに、聞き取りに基づく物語(anecdotal narrative)や個人的な伝記が登場するようになった……。このような記録の重要性は否定しようもない。それらはしばしば勇気、回復力、知恵について語る感動的で強い物語である。多くの点で、学術的な表現に染まっていないからこそ、学術的な文章よりも印象的なものとなる可能性を秘めている。(Yip, 2010: 48)

メトロポリタン・コミュニティ・チャーチ(MCC)のような包括的な教会の信徒たちは、レズビアン、ゲイ、バイセクシュアル、トランスのクリスチャンを歓迎します。これらの信徒を対象にした研究の中で、ウィルコックスは、信徒の大半が男性であることを強調し、「女性はどこにいるのか」と問いかけます(Wilcox, 2009: 5)。ウィルコックスは、クィアな女性たちのスピリチュアリティと信仰の経験を探求するために、主流派の教会、リベラルなシナゴーグ、LGBTを歓迎し肯定するコミュニティ、更には現代のペイガニズム*（paganism）のようなスピリチュアルな実践先など、様々な宗教施設にクィアな女性たちを訪ねに出かけます。これは、幅広い人々の宗教的実践の多様性を示しているのですが、ウィルコックスは、宗教的実践に至る動機付けの要因をも探ります。クィアな女性たちが選択を行使した結果、制度的なメンバーシップよりも、クィアな女性たち自身の経験に基づいた宗教的個人主義を実現していることをウィルコックスは強調します。この、LGBTに開かれた宗教市場における選択の問題は、MCCの七二人の会員を対象としたウィルコックスの社会学的調査の主題でした。神学の面では、参加者の神に対する理解は広範で多様でした。ウィルコックスが言うように、「ある人にとって、神は父親であり、ある人は神を『親』、あるいは『母であり父』と考えている。また、より緩やかに、エネルギー、流れ、生命力、宇宙と語る者もいた」（Wilcox, 2002: 506）。

バイセクシュアルは、特に宗教的アイデンティティの観点から、十分に研究されていないことが多いです。バイセクシュアルのアイデンティティはしばしばレズビアンやゲイのものと混同されますし、バイセクシュアルはストレートとして「パス」できるとする考え方は広く行き渡っています。ウィルコックスは、レズビアン、ゲイ、バイセクシュアル、トランスの経験を一つのグループとしてまとめることがいかに危険であるかを指摘します。なぜなら「LGBTコミュニティのメンバーが直面する課題は、性自認や性的指向だけでなく、生物学的性別、人種、民族性によっても異なる」（Wilcox, 2003: 30）からです。コミュニティとして括られるのは、それぞれのアイデンティティが、伝統的なキリスト教におけるジェンダーやセクシュアリティの概念に集団的に挑戦しているからなのです。宗教社会学の領域では、トフトがバイセクシュアル・クリスチャンの生を調査するために待ち望まれていたパイオニア的研究を行いました。トフトは、「バイセクシュアルは、同性愛と異性愛の中間に位置するため、目に見えない存在となる」（Toft, 2014: 551）ことを指摘しています。その研究では、バイセクシュアルであると認識する八〇人がアンケートに回答し、〔そのうち〕二〇人に対してフォローアップ・インタビューが行われました。回答者のうち、バイセクシュアルである自分が、異性愛と同性愛の両方のコミュニティに適合できると考えたのは、わずか四〇％でした（2014: 560）。トフトは、バイセクシュアルについて教会が何を言っているかを調べ、次に、参加者がこれにどのように異議を申し立てているかを見ています。トフトはそこで、教会がバイセクシュアルのことを、関係を育む能力持つセクシュアル・アイデンティティであるというよりは、むしろ、単に〔男性とも女性ともセックスができるという〕性的な行為と見なしていることを指摘しています。回答者のローズは、イエスがどのように他者と関わり、それが自分のバイセクシュアリティにいかなる影響を与えたかを見ています。「それは、イエスが人々のために行った行為に基づくもので、単なるセックスではありません。……人々とオープンであり、人々を男や女としては見ていないのです。ただ、人を人として見ています。イエスは人々との関わり方から言ってバイセクシュアルだったのでしょう」（2014: 558）。また回答者のフィリップは、日々の生活の中に神を見ています。「通りを歩けば神がいます。教会のプログラムにはそれを見出せません。聖書や福音書を読むと、イエスは宗教という構造の外側で、ただ歩き回っているような感じがするのです。

イエスはこの世界について人々に語りかけていたのです」(Toft, 2009: 80)。

宗教社会学者は、LGBTQ+のクリスチャンの生活体験、信念、実践を調査しています。この研究は、教会での経験がどのように宗教の制度的形式を拒否することにつながったかを語る人々の声を提供しています。ジェンダーやセクシュアル・アイデンティティをはじめとする自分自身の経験に焦点を当てることで、LGBTQ+のクリスチャンは信仰を個人化し、それぞれの方法で表現しているのです。

## トランスジェンダーの生の神学

トランスは、トランスジェンダーの人たちを総称するために使われる言葉ですが、より正確な言葉もあります。*トランス男性(transman)とは、出生時に〔性別を〕女性に割り当てられたけれども、男性として生きるために移行する人のことです。*トランス女性(transwoman)とは、出生時に〔性別を〕男性に割り当てられ、その後女性として生きるようになった人のことです。トランスとは、文字通り「超えて」「越えて」という意味です。〔性別〕移行のプロセスは、トランスパーソンが日常生活で新しい性別で振舞う社会的なプロセスである場合もあれば、性別適合手術(gender reassignment surgery)を伴う身体的なプロセスである場合もあります。トランスパーソンは、社会的移行、あるいは身体的移行、またはその両方の移行を行ったとしても、トランスです。つまり、〔性別移行のための〕手術は個々のトランスパーソンが自分で選択できることですが、それはあくまで個人的でプライベートな選択です。トランスジェンダーを表現する上で正しい代名詞を使用することは、〔トランスジェンダーの〕性別の存在を認識するために実に重要です。中には、移行した性別の代名詞を採用する人もいますし、ノンバイナリーな用語として使われている、「ジー*、ジア、ヒア、ジアセルフ（ze, zir, hir, zirself）」といった代名詞を使う人もいます。トランスジェンダーの中には、「彼（he）」や「彼女（she）」の使用を避けるために、単数形で「they」という代名詞を使う人もいるのがよく見られます。アジェンダーとは、二元的な性別の表記をしないことを意味します。「*バイジェンダー（bigender）」とは、男性でもあり女性でもあると認識している人のことで、選択や状況によってジェンダーを表明する人のことを言います。一方で、ジェンダーの表示やジェンダー・アイデンティティを拒絶する人々によって使われる用語もあります。「ノンバイナリー」[7]、「ジェンダークィア」、「ジェンダーフルイド」、「ジェンダーヴァリアント（gender-variant）」などです。女性として暮らしているかもしれませんし、男性として暮らしているかもしれませんし、そのどちらでもないか、または両方であるかもしれないのですが、やはり、選択と状況によるのです。

多くの国で性自認が保護された特性として法的に認められていることと、物理的に性別を変更するための医学的介入が可能であることにより、トランスパーソンの可視性は高まっています。したがって、トランスの生の体験に立脚した神学は比較的最近になって生まれたものです。クィア

7　シスジェンダーのアイデンティティを持たない人々。

神学の中で、トランスの生に焦点を当てることは、ジェンダーに関する伝統的な二元論を不安定にします。保守的なクリスチャンは、しばしばトランスパーソンの身体性を指摘し、生物学的側面や〔性別移行〕手術の進捗状況について暴こうとしますが、トランスパーソン自身はアイデンティティの問題に焦点を当てます。トランスのクリスチャンが自ら書いたテクストは数多くあります。『性別移行する信仰――アイデンティティ、セクシュアリティ、そしてスピリチュアリティ（*Transgendering faith : identity, sexuality, and spirituality*）』（McCall Tigert & Tirabassi, eds., 2004）、『トランス／フォーメンションズ（Trans/formations）』（Althaus-Reid & Isherwood, 2009）、『これはわたしの体である――トランスジェンダークリスチャンの神学を聞く（*This is My Body: Hearing the Theology of Transgender Christians*）』（Beardsley & O'Brien, 2016）、『トランス信仰（*Transfaith*）』（Dowd, Beardsley & Tanis, 2018）などがあります。

トランスジェンダーの神学とミニストリーに関する重要なテクストは、ジャスティン・タニスの『ジェンダーを超えた人々――神学、牧会と信仰共同体（*Trans- Gendered: Theology, Ministries and Communities of Faith*）』[8]（Tanis, 2018）です。トランスの問題についてトランス当事者として執筆したタニスは、トランス当事者の実体験に根差した様々なトピックを探求しました。自身のライフストーリーを語るとともに、例えば、自我の追求について、及び聖書における性別の多様性についての章も設けています。この本の中で、タニスはトランスジェンダーの信仰共同体における経験を探求し、トランスジェンダーを真正面から迎え入れようとする信仰共同体のための指針を提示しています。「トランスジェンダーの神学思想（transgendered theological thought）」の章では、タニスは、ジェンダーがいかに男性や女性を超えたものであるか、またジェンダーがいかに神からの召命であるかに関する概念を見出しています。タニスの研究は、トランス神学の領域で画期的な研究成果であると見なされています。

『性別移行する信仰――アイデンティティ、セクシュアリティ、そしてスピリチュアリティ』(McCall Tigert & Tirabassi, eds., 2004)の中で、私たちが耳にする声の一つは、移行を決意した後に直面した困難について述べているものです。ジントラ・アルクスニティス(Dzintra Alksnitis)は、人生で最も困難でぞっとするような恐ろしい時期に聖霊から受け取った贈り物について、次のように語っています。「私が聖霊に叫んだ時に受け取った贈り物は、平和、理解、愛、勇気、信仰、そして知恵でした。私が生き延び、成長するためには、これらのすべてが必要だということを、私はほとんど知りませんでした」(Alksnitis, 2004: 31)。また、テリー・ドレッサー(Terry Dresser)は、女性から男性への移行について、また、思春期に胸が大きくなるにつれ、自分の体を憎むようになり、自傷行為を行うようになったことについて述べています。そのせいで、教会から拒絶される結果にもなったのです。しかし、この困難な旅は、結果として自己受容につながります。「私は幸運にも神と密接な関係を持ち、他人が何を言おうと、神が私を愛し、神が私を創った子供として受け入れてくださることを心の底から知ることができました」(Dresser, 2004: 42)。

クィア神学の精神、その破壊的な性質、危険性と遊び心は、『トランス/フォーメーションズ』

8 実際の本の表紙は Trans-gendered ではなく、Trans gender である。

において、カトリックのトランス女性、シアン・テイルダー（Sian Taylder）のエピソードに見事に描写されています。テイルダーはエルサルバドルで、職を求めて応募したカトリックの研究所で雇用差別を経験しました。テイルダーの個人的な事情（トランスであること）が学校の理念と相容れないと言われたのです。テイルダーはそれを一蹴し、「私は、お返しに、人種差別、同性愛嫌悪（トランス嫌悪？）、性差別を支持する人たちに対する厳格な差別システムを実践しています。これは仕返しの神学です。私を許容しない者を私が許容することが、なぜ、当然だと期待されるのかその理由がわかりません」（2009: 72）と述べています。テイルダーはその後、日曜のミサの最中に、その学校の隣の教会に戻り、テイルダーを否認した者たちの目を見据えます。テイルダーにとって、クィア神学とは、「きちんとした者と不埒な者（the decent and the indecent）との輝かしく不適切な衝突」（2009: 73）なのです。テイルダーは「私の神学は少し攻撃的すぎるとお思いですか」（2009: 73）と問いかけます。保守的な神学との衝突や対立は、クィア神学においては避けられないものです。

トランス神学を生み出す際に、トランス・クリスチャンと関わることは重要であり、そうすることで神学が思索的で一般化されたものではなく、実際の生の経験に基づいたものになるのです。トランス・コミュニティとの関わりなしにトランス神学が生み出されることは、マーシア・マクマホンの懸念事項です。マクマホンは、トランスでない人たちによって作られたトランス神学の限界に気づき、トランス神学者の数が少ないことから、この状況が避けられないと述べます。トランスの声が神学に含まれるようにするために、トランス・コミュニティとの協働にコミットすることをマクマホンは求めています。

理想的なトランス神学というのは、トランス・コミュニティのメンバーによって書かれたものであるが、トランスを自認する神学者がわずかしかいないため、実現にはほど遠い。このような状況にあるため、トランスのための神学に非トランスとして携わる人は、トランス・コミュニティと十分に交わり、トランスの人々の経験を憶測しないように注意せねばならない。
(McMahon, 2016: 61)

## インターセックスの生の神学

インターセックスは、身体的な性別や生殖器官の構造が、典型的な女性や男性の定義に一致しない人を描写する言葉です。インターセックスの人の染色体や性器は様々です。生物学的には、男性の染色体はXY、女性の染色体はXXであり、二元的に存在します。インターセックスの場合、XX、XY、XXY、XX/XYなど、多様な組み合わせが存在します。多くの場合、出生時にインターセックスは識別できず、思春期になってからわかることもあります。生殖能力などに問題があるかもしれないとわかる成人になってはじめて、インターセックスの身体を持っていると診断される場合もあります。多くのインターセックスの人々は、生涯診断されることなく過ごすことになります。これまで臨床用語として「性分化疾患[9]（Disorder in Sex Development: DSD）」がありました。この用語は、医学の世界では使われていますが、特に障害（disorder）という語が有益でないと考えられています。ここではインターセックスの身体について議論する方がよりふさわしいでしょう。更にいっそう論議を呼んでいるのは、〔男の子か女の子かが判然としない〕赤ちゃんの外性器を表面的にどちらかに整形しようとする外科的介入です。インターセックスのアクティヴィストは、このような介入は虐待であり、インターセックスの若者たちは同意できないとして異議を唱えています。

スザンナ・コーンウォールは、インターセックスの身体とキリスト教神学という分野におけるパイオニアであり、『性とキリストの体における不確かさ（*Sex and Uncertainty in the Body of Christ*）』（Cornwall, 2010）という著書でインターセックスの身体と神学について初めて本格的な考察を行っています。この本は、医療的介入と神学的観点との関連でインターセックスの身体を探求しているのですが、例えば、受肉とキリストの体というテーマも含まれています。コーンウォールの著作は多岐にわたります。コーンウォールは、インターセックスの人々の生からの神学に価値を置くことで、インターセックスの人々からの神学的洞察に耳を傾けることの重要性と価値を強調しています。

> インターセックスの人々には語るべき自分たちの物語があり、そして……教会はそれに耳を傾ける必要がある。もしイエスの記憶と物語が、それを共有する人々によって体現されるなら、キリストの体もまたインターセックスの身体である。そして、そのキリストの体は、人生という旅の中で信仰が占めていた位置を証言するインターセックスのクリスチャンによって構成さ

れ、また覆されるのである。（Cornwall, 2014: 31）

コーンウォールは、インターセックスを自認する一〇人の人々へのインタビューで、参加者の間で、自分は神の意図した通りに造られているという共通の感覚があることを示しています（Cornwall, 2013）。参加者の中には、自分のインターセックスの身体はユニークで、スピリチュアルな贈り物をもたらしていると考える人もいます。ある参加者は、この贈り物が、インターセックスについて人々をもっと教育する原動力になっていると感じています。これらの説明は、インターセックスの人々が、聖書や教会といった権威のある情報源よりも、いかに自分の信仰や神との関係を優先させているかを明らかにしています。

『神学を解き放つ』の中で、アリス（仮名）はインターセックスのクリスチャンとしての物語を語っています。出生時に〔性別を〕男性と割り当てられ、男性として育てられたアリスは、六二歳の時の体験を共有しています。診断されていないインターセックスの身体との折り合いをつける経験です。アリスは自分を「XXYカトリック」と表現しています。アリスの文章は、罪と恥という内面的な感情を通して描かれた幼少期のトラウマ、思春期の苦悩といじめのエピソードを徹底して語ります。アリスの表現には、男性でありながら女性を感じるという葛藤があります。しかし、神学的にはアリスは自分の身体が神のイメージで造られていることを理解しています。アリスはこう

9　日本の臨床用語。

言います。

> 神の性別に関しては、私は神の姿に似せて造られたと教えられました。ですから、神は私と同じなのです。もちろん、誰もが同じ主張をすることができます。しかし、肝心なのは、神が私を今の私に創ったということであり、私はそのことを受け入れ、神に感謝しなければならないのです。私は今がんばっています。（Greenough, 2018: 92）

## アセクシュアリティ／禁欲主義

アセクシュアルな人々は、他者に性的魅力を感じません。関連する用語はいくつもあります。アセクシュアルの反対語として使われる用語、つまり、性的な魅力を経験する人々のことは、[*]アローセクシュアル（allosexual）と言います。[*]アロマンチック（aromantic）な人は、他人にほんの少ししか、あるいは全くロマンチックな魅力を感じません。[*]グレイ・アセクシュアル（grey-asexual）[10]は、時には性的な魅力を感じることがあることを意味します。また、[*]デミセクシュアル（demi-sexual）と呼ばれる人は、性的な魅力〔を感じる〕前に、個人的・感情的なつながりを経験します。また、[*]オートセクシュアル（autosexual）という言葉は、自分自身に惹かれる人、あるいは自分自身と性行為を行う人を指す言葉として使われるようになりました。

アセクシュアリティは、人々が互いに性的に関係し合うであろうという期待を混乱させ、あるいはクィアします。セクシュアリティの神学という観点から、エリザベス・スチュアートは神学におけるアセクシュアルの声の全面的な欠如を指摘し、次のように述べています。「アセクシュアルの人々はセクシュアリティの神学の中で、これまでのところ、ほとんど完全に沈黙させれているグループであり……アセクシュアルの人は、おそらく関係を犠牲にして、セックスと性的欲求を価値化してきた我々すべてに対し、不快な疑問を投げかけるはずである」(Stuart, 2014: 29)。ヘブライ語聖書／旧約聖書には、性的関係の良さ、特に生殖に関する言及が数多くあります。創世記9章7節では、神／ヤハウェがノアに対してこう言います。「あなたがたは、産めよ、増えよ。地に群がり、地に増えよ」。

　禁欲主義は性的活動を避けることを表明します。キリスト教において禁欲主義を推進してきた結果、処女性・童貞性、純潔*(purity)、貞操*(chastity)といった言葉が性的な節制*(abstinence)を促進するために使われるようになりました。また、前述したように、同性に魅力を感じる人が取るべき道として、教会では禁欲主義が推進されています。また、カトリックにおいても叙階を受ける人々に独身であることが要求されており、それは性行為を断つことが宗教者としての霊的賜物を高めると考えられているからです。新約聖書では、特にパウロ書簡の中で、禁欲がクリスチャンの理想的な状態として奨励されていることがわかります。その一例であるコリントの信徒への手紙一の7章では、パウロは結婚することが悪いとは言わず、独身でいることがクリスチャンにとって良い

**10** 米語表記では、gray-asexual。

ことだと言っています。パウロは、結婚していると男は妻に集中しなければならないが、独身であれば主の働きに集中することができると説いて、こう言っています。「私としては、皆が私のようであってほしい。しかし、人はそれぞれ神から賜物をいただいているので、人によって生き方が違います」〔7節〕。パウロが禁欲主義を好むのは、伝統的に命令というより譲歩と見なされています。しかし、この聖句や他の聖句は、聖職に就いた者の霊的認識力の一環として禁欲を奨励するものと解釈されています。

「脱ゲイ（ex-gay）」運動とは、キリスト教が主催する、同性間の性行為を思いとどまらせるための運動です。コンヴァージョン・セラピー／転向療法（conversion therapy）の考え方に基づき、脱ゲイ運動は同性間の性行為を神に反するもの、罪深いものと見なします。この運動では、同性愛者であることはクリスチャンであることと矛盾します。同性間の性行為の欲望を持つ者から異性愛者に「転向」できると考えています。「脱ゲイ」運動は、米国の福音主義界で盛んに行われました。転向の過程では、同性愛を自認する人々は自分のセクシュアリティを無視し変更することを強いられます。その結果、ゲイ、レズビアン、バイセクシュアルの人は、禁欲主義や異性愛を誓います。「脱ゲイ」者が異性愛の結婚に至った時に転向が完了すると見なされることが多いです。この運動は非難を浴びました。セラピーを受けたゲイを自認する人々に強い心理的・精神的ダメージを与えたからです。コンヴァージョン・セラピーは、自傷行為や自殺のリスクと関連することが広く認められています。「脱ゲイ」運動とコンヴァージョン・セラピーの企てによって受けた強烈な心理的ダメージを生き延びた人々は、「脱ゲイの生存者（ex-gay survivors）」として知られています。

## ストレートにとってのクィア神学

ストレートでも、つまり異性愛者でも、クィア神学に携われるのでしょうか。クィア神学やクィア聖書学に携わるには、その人が何らかの形でLGBTQ+でなければならないという想定はあります。デリン・ゲストは、自分のアイデンティティの空間から書くことに正当性があるのではないかと問いかけます。そして「自分をLGBTQ+だと自認する人たちは、そのアイデンティティゆえの物の見方を経験してきている」(Guest, 2012: 152) と述べます。最終的にゲストは、クィア・プロジェクトに関わる異性愛者を自認する人々は、「自分たちのアイデンティティに備わる、より規範的で特権的な側面から身を引く、あるいは意図的に身を引いている」(2012: 159)〔べきだ〕と結論づけています。つまり、「クィア」であると認識することは、異性愛規範に付随する社会的特権を犠牲にすることを含むのです。

クィアは二項対立を攪乱し、アイデンティティと権威を不安定にするものです。神学のクィアリングという課題に取り組むために、個人は特定の資格や何等かの形のアイデンティティを持つことを必要としません。クィア神学が伝統的な神学を攪乱し、問い直す役割を果たすゆえに、神学のクィアリングという課題は、異性愛者や「ストレート」の人々をも含むことができるのです。アルトハウス＝リードは非常に単純に言います。「〔性自認や性役割に関する伝統的な概念を覆そうとする〕ジェンダーファッカーもまた〔実は〕ストレートであるかもしれないことをここで覚えておこう」

（Althaus-Reid, 2003: 68）。包摂のための原則は、正義への関与です。異性愛者のクィアたちも、LGBTQ＋の人たちの味方になることができます。この流れで、クオック・プイランはこう主張します。

性の神学は、よく思われているように、クィア、ゲイ、レズビアン、バイセクシュアル、トランスジェンダーの神学者に特定の関心事ではない。意識的か否かを問わず、あらゆる神学者が、関わりを持つプロジェクトである。（Kwok, 2003: 151）

コーンウォールは、自らをシスジェンダー、異性愛者とする女性でありながら、クィア神学の分野で卓越した業績を上げている例と言えます。コーンウォールは、自分自身と自分の仕事を「インターセックスについて書く非インターセックス、トランスジェンダーについて書くシスジェンダー、障害者について書く健常者、クィア神学について書くストレートな既婚者」（Cornwall, 2017: 41）と説明しています。コーンウォールは、自分の仕事の中の正義を求める課題を強調するために、アイデンティティのカテゴリーを超えます。

クィア理論、クィア神学、クィア聖書批評は、大学や神学校において、他の様々な方法論とともにポストモダンの方法論として教えられる機会が増えているが、教えているのは、大抵、自らをクィアとは呼ばない学者である。私もその一人である。私は異性愛者で既婚のシスジェンダー女性で、私自身や私の人生をひっくり返すようなことを主張しているわけではない。不当な、性的、ジェンダー及び経済的関係に疑問を投げかけ、学生たちと一緒に相手を尊重する教育方法やダイナミクスを作り上げようと努めている。（Cornwall, 2017: 32）

もちろん、コーンウォール自身も、ＬＧＢＴＱ＋としての立場から書くことで、クィア神学に更なる洞察を提供できることを認めています。コーンウォールは、「トランスジェンダーの人々は、私が知らないトランスジェンダーの経験について知っている。もちろん、それは間違いなく真実である」（Cornwall, 2017: 41）と述べています。性的、ジェンダー的、経済的な関係に関する一つの取り組みとして、コーンウォールは、トランスジェンダーの経験もまた人間の経験であり、したがってすべての人間が関心を持つべきものであると主張するのです。

自己開示は、クィア神学の生成において自らの立場を明らかにするための重要な要素です。クィア神学者や、ジェンダー、セクシュアリティ、人種、階級、障害、その他の立場の交差点で活動する人々は、通常、アイデンティティや立場を明らかにし、それらがどのように自分の作品に影響を及ぼしているかを示しています。これにより透明性が確保され、自分自身の立場が作品を形成しあるいは制限する可能性を、著者が認識していることを物語ります。

## 型破りな性行為を実践するクリスチャン

ＢＤＳＭとは、緊縛（bondage）、規律（discipline）／支配的立場（dominance）、服従（submission）／サディズム（sadism）、マゾヒズム（masochism）の頭文字をとったものです。参加者が支配側か服従側かによって、痛みを与える側か受ける側かのロールプレイングを行うことです。ＢＤＳＭを行うことは、実践者にとっては、しばしば快感、満足感、そして癒しにさえなると考えられています。現代文化においては、『フィフティ・シェイズ・オブ・グレイ（*Fifty Shades of Grey*）』（James, 2011）やその続編などの文学や映画[11]を通じて、この実践は社会に広まってきています。社会学や心理学においてＢＤＳＭの参加者とその行為を研究することは、どのように、そしてなぜ、私たちはお互いに関係するのか、また、私たち自身のニーズについてなど、人間の欲望の要素を探求する助けとなります。文化的なレベルでは、ＢＤＳＭの概念は、十字架、茨の冠、鞭など、キリスト教の宗教的なイメージと広く結びついています。キリスト教では、叙階された者が我が身を鞭打ち自分を鍛えることから、貞操帯やその他の拷問器具を身につけて個人の性欲をコントロールすることまで、自分で痛みを与えるという長い歴史があります。

フェミニスト神学者の、メアリ・デイリーが『ガイン／エコロジー（*Gyn/Ecology*）』（1978）で、「女性の苦しみは喜びであると宣言するサドマゾ的福音」（Daly, 1978: 93-94）と書いています。デイリーは、聖霊によるマリアの妊娠や、十字架の拷問シーンなどの〔サドマゾ的福音〕の物語の例を示します。デイリーは、「宗教的そして世俗的な、『崇高な理由』のための拷問が、クリスチャンの十字架を背負う人々によって常に正当化されてきた」(1978: 95) ことを述べます。キリスト教の物語が支配と服従の観念とどのように結びついているかを見るのはそれほど難しいことではありません。それはイエスの十字架刑が、痛みと苦しみを核とする物語だからです。デイリーは支配と苦痛の観念を家父長制に関連づけるのです。

BDSMでは、支配する側を「トップ」、服従する側を「ボトム」と呼びます。アルトハウス=リードはサド・マゾヒズムの着想を借りて、ラテンアメリカの解放のための闘いに適用します。アルトハウス=リードは、神を「上」、クリスチャンを「下」と表現し、「一瞬で終わるキリスト教の名画」(Althaus-Reid, 2000: 153) と呼びます。しかしアルトハウス=リードは、「〔性的魅力を感じるための〕シナリオにおける鞭への欲望は、父なる神の鞭を経験することと同じではない」(2000: 153) という重要な違いを強調しています。父なる神の鞭は、貧しい人々に対する政治的抑圧の支配的な考え方に近すぎるのです。アルトハウス=リードが強調するのは、同意 (consent) の有無の違いです。BDSMの場面では、下と上は事前に交渉して行為に同意し、通常は「セーフワード」と呼ばれる約束事があり、それはそれ以上やめてほしい時に用いられているようです。トップとボトムの力学は、単にトップのコントロールをボトムに示すのではなく、事前に交渉されたボトムの希望

**11** 池田真紀子訳『フィフティ・シェイズ・オブ・グレイ（上・中・下）』ハヤカワ文庫、二〇一五年。サム・テイラー=ジョンソン監督「フィフティ・シェイズ・オブ・グレイ」二〇一五年、米国制作。

をトップが主に実行することにあります。キリスト教からそれほど離れていない類似性という点では、このあらかじめ取り決められた空間は祈りに似ていると言えるかもしれません。

ＢＤＳＭの神学は、キリスト教が大切にしてきた性のコードを攪乱するため、クィア神学の源流となります。子孫繁栄のために定められた男女のセックスが、苦痛と快楽の場面となることでひっくり返されるのです。ＢＤＳＭの神学は、その実践に外性器が含まれることもあれば含まれないこともあるので、必ずしもジェンダーやセクシュアリティを問うものではありません。そのため、同性同士でプレイすることは珍しくありません。プレイする二人のどちらかが異性愛者である場合も、二人ともが異性愛者の場合もあります。型破りな性行為を実践するクリスチャンの神学的考察の詳細な説明の一つが、ＢＤＳＭを実践するクリスチャンであるキャスの物語に見られます（Greenough, 2018）。キャスにとって、この実践は精神的・感情的な自由を得ることを可能にします。ローププレイをする時縛られることで、キャスは集中し、自分が今存在するということだけを考えられる瞑想状態を経験します。その結果、キャスは神について瞑想することができ、そのプロセスがいかに癒しになるかを次のように語っています。「スパンキング〔お尻を平手打ちすること〕やフロッギング〔鞭打ち〕やクロッピング〔乗馬用の鞭での鞭打ち〕などの行為のおかげで私は思う存分泣きわめけます。〔誰かに〕批判されることを恐れず、すべての感情を安全に吐き出すことができるのです。一種のカタルシスから解放されるのです。その後、とても穏やかな気持ちになることがたびたびです」（2018: 144）。

ＢＤＳＭとキリスト教に関する議論は多くの人にとってタブーです。型破りな性行為に結びついた物語や神学について、違和感を覚える読者もいるかもしれません。クィア神学は、解体する、かき乱すことをテーマにしていますので、違和感を覚えることは実はプロジェクトの一部なのです。

## クィアな「修道女」たち（ＳＰＩ）

シスターズ・オブ・パーペチュアル・インダルジェンス（Sisters of Perpetual Indulgence：SPI）は、ＬＧＢＴＱ＋の人々のための抗議活動と社会正義に取り組むドラァグ・シスターの団体です。米国、英国、ヨーロッパ、カナダ、オーストラリア、ラテンアメリカにあります。ドラァグ・シスターたちの性別やセクシュアル・アイデンティティは様々ですが、大多数はゲイ男性です。カトリックの修道女に扮装する際、つまりドラァグする際に、大抵、髭などのジェンダー的な特徴を残した上で、濃いメイクをします。ＳＰＩはアクティヴィストの団体で、特にＨＩＶ／ＡＩＤＳや癌の治療のための資金集めのチャリティー活動を行っています。また、性の健康に対する意識を高め、同性愛嫌悪、人種差別、階級差別、その他の偏見に基づく言動の撲滅に取り組んでいます。ＳＰＩは奉仕活動と支援を行っているのです。

『クィアな修道女たち――宗教、権利擁護運動、そして真剣なパロディ（*Queer Nuns: Religion, Activism and Serious Parody*）』（Wilcox, 2018）は、ＳＰＩを詳細に検討しています。ウィルコックスは、一九七九年に最初にサンフランシスコで始まったこの団体がカナダ（一九八一年）、オーストラリア（一九八三年）、英国とフランス（一九九〇年）、そしてドイツ（一九九一年）へと、世界中へ広がる様子を辿っています。もちろんドラァグ・シスターたちは、修道服を着ることでローマ・カトリックの修道女をパロディにしているのですが、このパロディは真剣な権利擁護運動へとつながっています。ウィルコックスは、「〔ジェンダーを転覆する〕ジェンダーファック（genderfuck）と〔宗教を転覆する〕宗教ファック（religionfuck）の出会い」（Wilcox, 2018: 129）を示すのですが、ジェンダーを使った見せ方は、保守的な観客に「処女の服を着た娼婦」として自らを提示し、心理的・肉体的な病気やセックスの罪深さを最も純粋な人間の空間に取り込んでしまうのです。このように修道女として見せることで、クィアな宗教的アイデンティティを可視化します。宗教と人の身体に関する規範的な表象を攪乱することで、宗教をクィアします。更に、修道女のアイデンティティは、奉仕活動に献身するというものです。このように「宗教ファック」という考え方は、宗教的なアイデンティティ、信念、実践に関する文化的な前提を巡る重要な問題を提起しています。修道女としてのアイデンティティを明確にするために、ドラァグ・シスターたちは次のように考えています。

（一）ドラァグ・シスターは修道女と同じ仕事をし、時には、もっと上手にこなし、もっと楽しんでいる。（二）ドラァグ・シスターは、特にクィアのコミュニティやローマ・カトリックの修道女に対して、ローマ・カトリック教会よりも道徳的誠実さがある。（三）ドラァグ・シスターの仕事は、貞淑な女性信者のように霊的であり、預言的ですらある。（四）いずれにせよ、ローマ・カトリック教会は修道女について独占権を持っているわけではない（Wilcox,

2018: 88)。

ドラァグ・シスターたちの宗教的信仰と実践の範囲は、宗教を持たない者からカトリックの礼拝に出席する者まで、様々です。概して、ドラァグ・シスターたちの大半は宗教的というよりもむしろ霊的であると主張するのですが、これは権威構造を持つ伝統的な宗教の考え方を拒否していることの表明です。ドラァグ・シスターたちは、しばしば伝統と信仰を融合させて、自身の霊性を実践しています。ウィルコックスがインタビューしたドラァグ・シスターの一人は、教会で叙階された脱ゲイの男性なのですが、「十字架刑（クルシフィクション）」という言葉のパロディ名でシスター・クリッシー・フィクション（Sister Krissy Fiction）[12]として知られています。シスター・クリッシーは宗教を言語と見立てた比喩を使い「ですから、アタクシはキリスト教に堪能で、ネオペイガニズム（neopaganism）[13]にも通じておりますの。お化粧室はどちら？と仏教でもお尋ねできましてよ」（2018: 191）と付け加えています。カトリック信者であるドラァグ・シスターの一人は、性の健康の重要性に対する意識を高めるための自分の働きが、どのようにイエスに触発されているかについて話しています。ドラァグ・シスター・マリーはこう言います。

12 SPIのホームページ内のクリッシーの頁 http://portlandsisters.org/sister-krissy-fiction/

13 異教復興運動、新異教主義とも訳される。キリスト教普及以前の宗教、特に超越神ではなく自然の現象や物質を崇敬する宗教を現代的な観点から見直そうとする運動。

イエスの例を見ると、人々がどこにいようと、何がなんでも人々を受け入れるという働きをしています。姦通のかどで捕らえられた女を咎める代わりに、こう言っています。[14]「さあ、行きなさい。もっとうまくやりなさい。行きなさい、今度はもっとうまくやりなさい。」……私たちは同じことをしようとしているのです。「コンドームがありますよ。今度はもっとうまくやりなさい。私たちはあなたのためにここにいます」。(Wilcox, 2018: 193)

ドラァグ・シスターの仕事を探求することで、宗教的あるいは精神的な信念がどのようにクィアされるのかについて、興味深い観点が見えてきます。シスターたちは、パフォーマティヴで不安定な構造であることが示され、そのことは、パロディを通して強調されています。男性が修道女に扮することで、堅固で確固な宗教的アイデンティティの観念が不安定になります。それは、パフォーマティヴで、身体化され、活動的な、生きたクィア神学を示すのです。

## 結　論

クィアなクリスチャンのライフストーリーを共有することは、クィアなクリスチャンに力を与えることであり、クィアなクリスチャンを変化させる力になり得ます。その物語はお互いに関わりあっており、私たちが一人ではないという事実を思い起こさせます。レズビアンの聖書解釈に関する著作の冒頭で、ゲストは、自分がレズビアンに会ったことがなかったこと、そしてレズビアンという言葉には、満たされない悲劇的な人生を送る人々のみに向けられた、望ましくない属性という含みがあったことを書いています。ゲストの母親は、ティーンエイジャーの試練に関するキリスト教のパンフレットをゲストに手渡したことがあるのですが、そこには同性に恋焦がれるなどという警告が書いてありました。母親の意図とは裏腹に、「同性に恋心を抱く女の子たちの話を聞いて嬉しかった。少なくとも、同性に惹かれる女性が私の他にもいると知って安堵したからだ」(Guest, 2005: 3)と書いています。キリスト教信仰と並行してジェンダーやセクシュアリティの問題に取り組むＬＧＢＴＱ＋の人々にとって、他者の経験を読み、そこから学ぶことは、強さの源流となり、希望の水源となり、成長の根源となり得るのです。この意味において、クィア神学は実践神学となるのです。

神学的な観点からは、物語の共有もまた問題をはらみます。私たちのジェンダーやセクシュアル・アイデンティティに好都合な観点から神学を構築すると、下品で性的、あるいはタブー視される新しい神学が生まれる可能性があるのです。保守的なクリスチャンは、そのような神学を、放縦で、利己的で、そして承認できるキリスト教からはあまりにもかけ離れているとし、たいてい否定します。しかし、クィア神学は、いかにキリスト教が家父長制というコンクリートブロックを積み

14　ヨハネによる福音書８章11節参照。「イエスは言われた。私もあなたを罪に定めない。行きなさい。これからは、もう罪を犯してはいけない。」

上げ、異性愛規範とシスジェンダー規範（cisnormativity）[15]というセメントで固められ、維持され反復されたパフォーマンスであるかを暴きます。クィアな生を生き、キリスト教の中に異なる形で住まう人々は、この伝統的なキリスト教を打ち破ります。

この章では、クィアなクリスチャンの経験に耳を傾けることの重要性を論じてきましたが、私は、ここに含まれていない数多くの声、更に、沈黙しているかまだ語っていない人たちのことを承知しています。また、ある声が特定のグループの代表となるわけではありません。同時に、ある一人の経験は他の人と同じではないということも承知しています。「神学」は神との対話であり、無限の声からの無限の対話に開かれていなければならないのです。

## 基本文献案内

Althaus-Reid, M. and Isherwood, L. (2009) (Eds.) *Trans/formations*. London: SCM Press.　トランスジェンダーの神学に関する様々な論文集。

Beardsley, C. and O'Blien, M. (Eds.) (2016) *This is My Body: hearing the theology of transgender Christians*. London: Darton, Longman and Todd.　トランスの人々によって書かれており、信仰に関する個々のトランスジェンダーの経験を探求する。トランスジェンダーであることを自認する人々が自らの神学を生み出すことができるよう、そのバランスを調整する役割を果たす。

Cornwall, S. (Ed.) (2015) *Intersex, Theology, and the Bible. Troubling Bodies in Church, Text, and Society*. New York: Palgrave Macmillan.　インターセックスについて、ライフストーリー、聖書研究、パストラルケ

アなど、様々な観点から考察した洞察に満ちた議論を展開する。

Greenough, C. (2018) *Undoing theology: Life Stories from Non-normative Christians*. London: SCM Press.　インターセックスのカトリックの信者、脱ゲイの牧師、フェティッシュな習慣を持つクリスチャンという三人の性的規範から逸脱するクリスチャンのライフストーリーと霊的な旅に触れながら、神学の源泉として、人生の物語を探ることの利点と変容の可能性を詳述する。

Robinson, B. (Ed.) (2017) *Our Witness: The Unheard Stories of LGBT+ Christians*. London: Darron, Longman and Todd.　ＬＧＢＴ＋のクリスチャンとその教会への証しについて、力強いストーリーを紹介。ＬＧＢＴＱ＋のクリスチャンが教会から拒絶され疎外された経験だけでなく、ＬＧＢＴＱ＋のクリスチャンがどのように自分の信仰とジェンダーやセクシュアリティを調和させたか、またそれがもたらす賜物についても言及される。

Tanis, J. (2018) *Trans-Gendered: Theology, Ministry, and Communities of Faith*. Ohio: Pilgrim Press.　二〇〇三年に出版されたタニスのトランスジェンダーの神学に関する包括的な考察の第二版。トランスの身体神学や、教会がトランスの人々に対して真の肯定と歓迎を提供する方法など、豊富なトピックを取り上げる。

Wilcox, M. (2018) *Queer Nuns: Religious Activism and Serious Parody*. New York: New York University Press.　シスターズ・オブ・パーペチュアル・インダルジェンス（ＳＰＩ）の宗教的、霊的生と社会正義のための活動へのコミットメントを包括的に検討。

www.queergrace.com　ＬＧＢＴＱ＋の生とキリスト教信仰を探求するためのオンラインリソース。ポッドキャスト、ビデオ、ドキュメンタリー、オンラインリソース、ストーリー、バーチャルコミュニテ

---

**15**　シスジェンダーであることが正常な性別認識であるとする認識のこと。シスノーマティヴィティ。

イがある。

## 文献リスト

Alksnitis, D. (2004) 'Living in the Palm of God' in McCall Tigert, L. and Tirabassi, M. C. (Eds.) *Transgendering Faith: Identity, Sexuality and Spirituality*, pp. 29-30. Ohio: Pilgrim Press.

Althaus-Reid, M. (2000) *Indecent Theology*. London: Routledge.

Althaus-Reid, M. (2003) *The Queer God*. London: Routledge.

Althaus -Reid, M. and Isherwood, L. (Eds.) (2009) *Trans/formations*. London: SCM Press.

Anglican Communion Office (1998 Lambeth Conference, published 2005) 'Lambeth Conference Resolutions Archive Index of Resolutions from 1998'. Available at: https://www.anglicancommunion.org/media/76650/1998.pdf〔全聖公会中央協議会『１９９８年ランベス会議報告・決議・牧会書簡』主教森紀旦監修、日本聖公会管区事務所、二〇〇一年〕

Beardsley, C. and O'Brien, M. (Eds.) (2016) *This is My Body: hearing the theology of transgender Christians*. London: Darton, Longman and Todd.

Catechism of the Catholic Church (1993) Available at: https://www.vatican.va/archive/ENG0015/_INDEX.HTM〔日本カトリック司教協議会・教理委員会『カトリック教会のカテキズム』カトリック中央協議会、二〇〇二年〕

Congregation for Catholic Education (2005) 'Instruction Concerning the Criteria for the Discernment of Vocations with regard to Persons with Homosexual Tendencies in view of their Admission to the Seminary and to Holy Orders'. Available at: http://www.vatican.va/roman_curia/congregations/ccatheduc/documents/rc_con_ccatheduc_doc_20051104_istruzione_en.html

Congregation for the Doctrine of the Faith (1986) ‘Letter to the Bishops of the Catholic Church on the Pastoral Care of Homosexual Persons’. Available at: https://www.vatican.va/roman_curia/congregations/cfaith/documents/rc_con_cfaith_doc_19861001_homosexual-persons_en.html

Congregation for the Doctrine of the Faith (2003) ‘Considerations Regarding Proposals to Give Legal Recognition to Unions between Homosexual Persons’. Available at: https://www.vatican.va/roman_curia/congregations/cfaith/documents/rc_con_cfaith_doc_20030731_homosexual-unions_en.html

Cornwall, S. (2010) *Sex and Uncertainty in the Body of Christ: Intersex Conditions and Christian theology*. London: Equinox.

Cornwall, S. (2013) British Intersex Christians. Accounts of Intersex Identity, Christian Identity and Church Experience. *Practical Theology*, 6 (2), pp. 220-236.

Cornwall, S. (2014) Telling Stories about Intersex and Christianity: Saying Too Much or Not Saying Enough? *Theology*, 117 (1), pp. 24-33.

Cornwall, S. (2017) Home and hiddenness: queer theology, domestication and institutions. *Theology & Sexuality*, 23 (1-2), pp. 31-47.

Daly, M. (1978) *Gyn/Ecology*. *The Metaethics of Radical Feminism*. Boston: Beacon Press.

Dickinson, C. and Toomey, M. (2017) The continuing relevance of ‘queer’ theology for the rest of the field. *Theology & Sexuality*, 23 (1 -2), pp. l-16.

Dowd, C., Beardsley, C. and Tanis, J. (2018) *Transfaith*. London: Daiton, Longman and Todd.

Dresser, T. (2004) ‘Terry’s Journey’, in McCall Tigert, L. and Tirabassi, M. C. (Eds.) *Transgendering Faith: Identity, Sexuality and Spirituality*, pp. 40-42. Ohio: Pilgrim Press.

Ford, M. (2004) *Disclosures: Conversions Gay and Spiritual*. London: Darton, Longman and Todd.

Greenough, C. (2018) *Undoing Theology: Life Stories from Non-normative Christians*. London: SCM Press.

Guest, D. (2005) *When Deborah Met Jael: Lesbian Biblical Hermeneutics*. London: SCM Press.

Guest, D. (2012) *Beyond Feminist Biblical Studies*. Sheffield: Sheffield University Press.

House of Bishops (2003) *Some Issues in Human Sexuality: A Guide to the Debate*. London: Church House Publishing.

James, E. L. (2011) *Fifty Shades of Grey*. London: Arrow.

Kwok, P-L. (2003) Theology as a Sexual Act? *Feminist Theology*, 11 (2), pp.149-156.

Larrimore, M. (2015) 'Introduction', in Talvacchia, K. T., Pettinger, M. F. and Larrimore, M. (Eds.) *Queer Christians. Lived Religion in Transgressive Forms*, pp. 1-10. New York: New York University Press.

McCall Tigert, L. and Tirabassi, M. C. (Eds.) (2004) *Transgendering Faith: identity, Sexuality and Spirituality*. Ohio: Pilgrim Press.

McMahon, M. (2016) 'Trans Liberating Feminist and Queer Theologies', in Beardsley, C. and O'Brien, M. (Eds.) *This is My Body. Hearing the Theology of Transgender Christians*, pp. 59-60. London: Darton, Longman and Todd.

Nixon, D. (2008) No More Tea, Vicar: An Exploration of the Discourses which Inform the Current Debates about Sexualities within the Church of England. *Sexualities*, 11, pp. 595-620.

Stuart, E. (2014) 'The Theological Study of Sexuality', in Thatcher, A. (Ed.) *The Oxford Handbook of Theology, Sexuality and Gender*, pp. 18-31. Oxford University Press.

Tanis, J. (2018) *Trans-Gendered: Theology, Ministry, and Communities of Faith*. Ohio: Pilgrim Press.

Taylder, S. (2009) 'Shot from both Sides: Theology and the Woman Who Isn't Quite What She Seems', in Althaus-

Reid, M. and Isherwood, L. (Eds.) *Trans/formations*, pp. 70-91. London: SCM Press.

Toft, A. (2009) 'Bisexual Christians', in Hunt, S. (Ed.) *Contemporary Christianities and LGBT Sexualities*, pp. 67-86. Surrey: Ashgate.

Toft, A. (2014) Re-imagining bisexuality and Christianity: The negotiation of Christianity in the lives of bisexual women and men, *Sexualities*, 17 (5-6), pp. 546-564.

Wilcox, M. (2002) When Sheila's a Lesbian: Religious Individualism among Lesbian, Gay, Bisexual, and Transgender Christians. *Sociology of Religion*, 63 (4), pp. 497-513.

Wilcox, M. (2003) *Coming Out in Christianity. Religion, Identity and Community,* Bloomington: Indiana University Press.

Wilcox, M. (2009) *Queer Women and Religious Individualism*. Bloomington: Indiana University Press.

Wilcox, M. (2018) *Queer Nuns: Religious Activism and Serious Parody*. New York: New York University Press.

Yip, A. K. T. (1997) *Gay Male Christian Couples: Life Stories*. Westport, CT: Praeger.

Yip, A. K. T. (2000) 'Leaving the church to keep my faith: the lived experiences of non-heterosexual Christians', in Francis, L. J. and Katz, Y. J. (Eds.) *Joining and Leaving Religion: Research Perspectives*, pp.129-145. Leominster: Gracewing.

Yip, A. K. T. (2002) The Persistence of Faith Among Non-Heterosexual Christians: Evidence for the Neo-secularization Thesis of Religious Transformation. *Journal for the Scientific Study of Religion*, 41 (2), pp. 199-212.

Yip, A. K. T. (2003) Spirituality and Sexuality: An Exploration of the Religious Beliefs of Non-Heterosexual Christians in Great Britain. *Theology & Sexuality* 9 (2), pp. 137-154.

Yip, A. K. T. (2010) 'Coming Home from the Wilderness: An Overview of Recent Scholarly Research on LGBTQI Religiosity/Spirituality', in Browne, K., Munt, S. R. and Yip, A. K. T. (Eds.) *Queer Spiritual Spaces: Sexuality and Sacred Places*, pp. 35-50. Farnham: Ashgate.

# あとがき――本書を超えて

クィア神学は雨戸を開け放ち、太陽の光を取り込み、神学という敷物がいかに埃だらけ、糸くずだらけであるかを露わにする。（Cornwall, 2011: 252）

埃を被り、糸がほつれた神学という敷物は、家宝として大切にされ、時代を超えてキリスト教思想のために役立ってきたとして感傷的に受け継がれています。ある人にとってのぼろ布は、別の人にとっては宝なのです。これは、クィア神学と主流派神学との間に緊張関係があることを意味します。デリン・ゲストは、クィアを「批判的な破壊者（the critical undo-er）……どこにでも居座るが、定義されることやひとくくりにされることを拒み、誰をもうろたえさせるアプローチ」（Guest, 2012: 43）と表現しています。クィア神学においては、失望が学術界を超えて広がっています。というのも、教会と国家が神学的な話し合いに権限を持つからです。公的機関は、宗教上の影響と長い歴史を通して絡み合っています。[1] クィア神学が主流の神学に抵抗し、問い質す一方で、主流の神学はクィアのプロジェクトに抵抗することがあります。サラ・アーメッドは、「自分が立ち向かっている物事について語るとき、わたしたちは自分が語っている物事に立ち向かっていることになる。こういう言い方もできる――わたしたちが壁について語るとき、壁が立ち現われる」（Ahmed, 2017: 148）〔飯田麻結訳、人文書院、二〇二二年、二四五頁〕と述べています。

キリスト教神学は二千年以上の歴史を持つのですが、クィアなキリスト教神学は、何しろ一九九〇年にローレティスによって初めてクィア理論という用語が造られたことからわかるように、まだ十分に語り尽くせていない状況にあります。とはいえ、学術の世界では、クィア神学に多くの豊かな知的関心が寄せられています。主なものは、本書の隅々で紹介してきました。教会では、LGBTQ＋の包摂の問題を巡って、熱く、混乱した会話が続いています。一般社会では、規範的なジェンダーやセクシュアリティを覆す人々に対する議論や反動があり、個人の特性を保護するための立法措置が存在しない状況においては、更にその傾向が強まります。〔英国のように〕個人保護の法的な位置づけのある国においてさえ、偏見や差別は依然として存在します。ジェンダー、性的指向、宗教は交差する特性であるのですが、時にそれらは衝突します。公的な場では、同性カップルへの対応を拒否する社会人が、その根拠として宗教的信念を語っていることがメディアで報道されること[2]などが見られます。緊張関係があるところでは、まだまだなすべきことがたくさんあるの

1　著者の住む英国の場合。以下の状況も同じ。

2　具体的な新聞記事の事例：ロンドンのイズリントン（Islington）区の登録官として登録業務に従事していたある女性が、二〇〇五年にシビル・パートナーシップ制度が導入された際、自身のキリスト教の信仰と相容れないとして、登録業務を担当することを拒否した。女性は、自身に割り当てられたシビル・パートナーシップ登録の業務を、同僚のシビル・パートナーシップ登録以外の業務と交換していた。https://www.jlgc.org.uk/jp/wp-content/uploads/2015/03/uk_mar_2015_011.pdf, pp.10-11 参照

です。学界、教会、国家の三者の組み合わせは、クィアな神学が様々なシステムに挑戦し、多様な仕方で受け入れられることを暗示しています。自己中心的、個人的、知的、あるいは理論的と見なされようとも、将来のクィア神学は、「クィア神学は修辞的な娯楽ではなく、政治的義務である」（Isherwood & Althaus-Reid, 2004: 3）というイシャーウッドとアルトハウス＝リードの勧告に注意を払う必要があります。もしくはジェフ・フッド（Jeff Hood）が、「実践のない神学は死んでおり、死んだ神学は復活について語ることはない。私は、死に対して生命を語る神学を求める」（Hood, 2015: 1）と言うことに。

クィア神学は、アイデンティティの安定性を破壊し、アイデンティティ構築の際に作用する権力構造に取り組みます。クィアはまた、ＬＧＢＴＱ＋のアイデンティティの総称として使われてきましたが、理論としてはこのように機能することはもともと意図されていませんでした。アイデンティティを崩すことと、アイデンティティに照らして神学を批判的に分析することという二つの機能を考えると、クィア神学は常に複数存在することになります。それらは様々な言葉で語られ、広範囲の分野にわたる争点や方法を扱います。クィア神学同士が互いに同意することすらないのです。クィア神学の楽しみの一つは、様々なテーマやアプローチに触れることにあります。

本書で紹介した内容を更に深めていきたいと考える読者には、最初に、各章で紹介されている読み物や資料、また参考文献に触れることをおすすめします。これらのテクストは難解で複雑でしょう。大事なことを一つ付け加えておきますが、ページをめくることで、楽しく、またとまどうようなアイデアに出会えます。最後に本書で紹介してきた基本を超える文献を三点ご紹介しておきます。

これまでにない新たなテーマである、クィア・エコ神学、クィア理論の応用、そして資本主義に対するクィア神学の関心を扱っています。

## 文献案内

Bauman, W. A. (Ed.) (2018) *Meaningful Flesh. Reflections on Religion and Nature for a Queer Planet.* Brooklyn: Punctum Books. クィア神学とエコ神学の領域が見事に融合し、宗教、自然、そしてクィア理論の関係を探求する。

Brintnall, K. L., Marchal, J. A. and Moore, S. D. (Eds.) (2018) *Sexual Disorientations: Queer Temporalities, Affects, Theologies.* New York: Fordham University Press. クィア理論が神学研究に必ずしも適用されていないことに注目し、収録論文はこの問題に取り組む。クィア理論における主要なテーマ、例えばクィアな時間性やクィアな情動に取り組む、高度なテクストである。クィア理論への関与は、本書がクィア神学における新しく革新的な領域を探求していることを特徴づける。

Tonstad, L. (2018) *Queer Theology. Beyond Apologetics.* Eugene: Wipf and Stock. クィア神学が弁証学的な戦略を超えて進むことを示唆する中で、トンスタッドは神学、性、経済の間のダイナミクスを分析し、クィア神学が資本主義と植民地主義がもたらす不正義に対する応答であることを明らかにする。最終章「来るべきクィア神学」は、更なる読書の道しるべとして非常に有用である。

## 文献リスト

Ahmed, S. (2017) *Living A Feminist Life.* Durham, NC: Duke University Press. 〔サラ・アーメッド『フェミニ

スト・キルジョイ——フェミニズムを生きるということ』飯田麻結訳、人文書院、二〇二二年〕
Isherwood, L and Althaus-Reid, M. (2004) 'Queering Theology', in Althaus-Reid, M. and Isherwood, L. (Eds) *The Sexual Theologian*, pp. 1-15. London, Continuum.
Cornwall, S. (2011) *Controversies* in *Queer Theology*. London: SCM Press.
Guest, D. (2012) *Beyond Feminist Biblical Studies*. Sheffield: Sheffield Phoenix Press.
Hood, J. (2015) *The Courage to Be Queer*. Eugene: Wipf and Stock.

# 用語集（本書における定義）

**アジェンダー agender**　性自認を持たないことを自認する人。

**アセクシュアリティ asexuality**　他者に性的魅力を感じないこと。

**アライ ally**　一般に他者をサポートする人のこと。異性愛者がＬＧＢＴＱ＋コミュニティをサポートすることを指す。

**アローセクシュアル allosexual**　他者に性的魅力を感じる人。アセクシュアルの反対語。

**アロマンティック aromantic**　他者にほとんど、あるいは全く恋愛感情を抱かない人。

**アングリカン・コミュニオン Anglican Communion**　歴史的にイングランド国教会（Ｃ of Ｅ）を母体とする世界的な教会組織。

**異性愛前提の問い質し hetero-suspicion**　すべての人が異性愛者であるという前提を取り除く考え方、またジェンダーを疑うこと。

**一夫一婦制 monogamy**　一人の人間と結婚したり、関係を持ったりしていること。

**インターセクショナリティ（交差性） intersectionality**　抑圧と抑圧のシステムがいかに多重であるかを示す枠組み。したがって、最も疎外された人々は、複数のマイノリティ・グループに該当する。

**インターセックス intersex**　性別が従来の生物学的な男性または女性に合致していない人。

**ウーマニスト womanist**　有色人種であるフェミニスト。〔ヒスパニック系女性の解放とフェミニズムに関してはムヘリスタ mujerista という用語がある」

**ＬＧＢＴＱ＋**　レズビアン、ゲイ、バイセクシュアル、トランス、クィア（＋は、その他ジェンダーやアイデンティティの非規範的表現）。

**教え doctrine**　教会が伝統的に保持し継承してきた一連の信仰に関するもの。

**オートセクシュアル autosexual**　自分の体に性的興奮を覚える人。

**カトリック教会 Catholic Church**　ローマを拠点とし、ローマ教皇を指導者とするキリスト教会の分派。

**家父長制 patriarchy**　男性が権力を握り、女性が大きく排除されている社会または共同体のこと。

**カミナータ caminata**　歩むこと（スペイン語）。アルトハウス・リードの神学に基づき、自分のコミュニティとともに歩むという実践神学の行為。

**カミングアウト coming out**　自分の性的指向や性自認を自己開示することに関連する比喩。

**宦官 eunuch**　一般に古くは去勢された男性を指す。

**教義 dogma**　紛れもなく真実であるとして設定された信条／信仰の体系。

**キリストの体 Body of Christ**　キリスト教における二つの定義。（i）最後の晩餐でのイエスの言葉「これは私の体である」（ルカによる福音書22章19－20節）、（ii）キリスト教会を指すのに使われる。

**キリスト論 Christology**　キリスト教神学におけるキリストの人格、性質、役割について研究すること。

**禁欲主義 celibacy**　性的関係を断つこと。

**クィア queer**　（動詞）混乱させる、撹乱する、損なう、破滅させる。（名詞）非規範的な人。

**クィア理論 queer theory**　規範的な思考方法を撹乱するように働く批判的理論。

**クエスチョニング questioning**　性的アイデンティティが定まっていない人。

**クルージング cruising**　性的パートナーを探し求めること。

**グレイ・アセクシュアル grey-asexual**　他者にめったに性的魅力を感じない人。
**堅信 confirmation**　洗礼を受けた人が、教会の正会員としてキリスト教の信仰を確認するための儀式。
**ジェンダークィア genderqueer**　特定の性別を自認せず、男性でも女性でもない、両方である、あるいは二者択一の性別の組み合わせであると認識している人。
**ジェンダーフルイド gender-fluid**　特定の性別に固定しない人。
**ジー、ジア・ヒア、ジアセルフ ze, zir/hir, zirself**　he/she、his/her、himself/herselfに代わるジェンダーニュートラルな代名詞。
**シスジェンダー cisgender**　出生時に割り当てられた性別と、自認する性が一致する人。
**資本主義 capitalism**　利益を生み出すために利用される私的所有権の経済システム。
**受肉 incarnation**　神が人間の姿をとること。キリスト教神学では、受肉した人間としての神、イエス・キリストの人格。
**ジュビリー jubilees**　レビ記25章9－10節に基づき、アフリカ系アメリカ人のコミュニティで奴隷制の終わりを祝う黒人霊歌。
**受容批評 reception criticism**　聖書などのテクストが読者にどのように受け取られ、その立場がテクストの読み方にどのような影響を与えるかを問う。
**純潔 purity**　セックスをしないことを道徳的に良いことだと考えている状態。
**叙階 holy orders**　聖職者を任命すること。
**処女性・童貞性 virginity**　性交の経験がない状態。
**ストレート straight**　異性愛者。
**聖書解釈学 hermeneutics**　聖書の解釈を扱う学問領域。
**聖書崇拝 bibliolatry**　聖書を崇拝すること。

**節制 abstinence**　性的禁欲を含め、何かを自制する行為。

**洗礼 baptism**　キリスト教会に入信するための儀式で、水をかけるか、水に完全に浸すことによって行われる。

**組織神学 systematic theology**　キリスト教の教えについて、聖書が教えていること、あるいは神について知られていること、真実であることに注目し、秩序立てて理性的に説明することを目的とする神学の一部門。

**第一波フェミニズム first-wave feminism**　一九世紀から二〇世紀初頭にかけて、女性の法的権利、特に選挙権に焦点を当てたフェミニストの活動時期。

**第二波フェミニズム second-wave feminism**　一九六〇年代から約二〇年間続いた、女性の職場、セクシュアリティ、リプロダクティブ・ライツなどに焦点を当てたフェミニストの活動時期。

**脱ゲイ ex-gay**　性的指向を同性愛から異性愛に変えようとして、転向療法を受けた人を指す言葉。

**脱構築 deconstruction**　テクストを批判的に分析する方法。テクストに固定された意味はなく、読者によって異なる方法で理解されることを示す。

**チカーナ chicana**　メキシコの出自・血筋を持つ女性。

**ディアスポラ diaspora**　ある地域から他の地域に拡散した人々の集団。

**貞操 chastity**　〔配偶者以外との〕性的関係を控えること。

**デミセクシュアル demi-sexual**　情緒的なつながりがないと性的な欲求を感じない人。

**典礼 liturgy**　特定の礼拝形式。

**トランス／トランスジェンダー trans/transgender**　性自認が出生時に割り当てられた性別と一致しない人。

**トランス女性 transwoman**　出生時に男性に割り当てられたが、女性として生きるために性別移行する人。

**トランスセクシュアル transsexual**　出生時に割り当てられた性とは反対の性に属していると感じている人のことで、通常、身体的な移行のための医療介入を求める。

**トランス男性 transman**　出生時に女性に割り当てられたが、男性として生きるために性別移行する人。

**ノンバイナリー non-binary**　ジェンダー・アイデンティティが男性でも女性でもない人。

**バイジェンダー bigender**　男女二つのジェンダー・アイデンティティを経験し、両方の間で生活することもある人。

**バイセクシュアリティ bisexuality**　複数のジェンダーに性的に惹かれる経験。

**バイナリー binary**　相反する二つのもの。

**パンセクシュアリティ pansexuality**　ジェンダー・アイデンティティにとらわれない性的指向のあり方。

**非規範的 non-normative**　ジェンダーやセクシュアリティに関する規範的な期待に沿わないこと。

**病者の塗油 anointing of the sick**　ローマ・カトリック教会で、病人に油を塗って祈るサクラメント。

**フェミニズム feminism**　女性の権利を擁護し、男女間の不平等がどのように問われるべきかを議論する。

**プロ・フェミニスト pro-feminist**　性差別やジェンダーの不公正に挑戦することを表明している人、フェミニズムを支持することに賛同している人。

**ペイガニズム paganism**　自然崇拝など、世界の主要宗教とは異なる様々な精神的信念と実践。

**ヘテロセクシズム（異性愛主義）heterosexism**　異性愛が正常な性的指向であると考えることを理由に、同性愛を差別すること。

**ヘテロセクシュアリティ（異性愛）heterosexuality**　異性に性的魅力を感じること。

**ヘテロノーマティヴィティ（異性愛規範）heteronormativity**　異性愛が正常な性的指向であるとする考え方。

**弁証学 apologetics**　キリスト教の宗教的教えを理路整然とした議論によって擁護すること。

**ポスト・クリスチャン post-Christian**　性差別を含む伝統的なキリスト教の言葉や前提から距離を置くことを選択する人。

**ポスト構造主義 post-structuralism**　分析方法として枠組みや構造を否定する批判的な理論。

**ポストコロニアリズム postcolonialism**　支配と搾取の文化的遺産を含む、植民地主義の永続的な影響について研究または検討すること。

**ポストモダニズム postmodernism**　絶対的な真実は存在せず、ポストモダンの世界では、すべてが特定の時代や場所、コミュニティの文化的背景によって形作られるという理論。

**ホモセクシュアリティ（同性愛）homosexuality**　同性に性的魅力を感じること。

**ポラリ Polari**　スラングの一種で、以前はゲイの人たちが使っていたもの。

**ポリセクシュアリティ polysexuality**　複数のジェンダーに性的魅力を感じること。

**ミソジニー misogyny**　女性に対する嫌悪感や侮蔑感。

**メスティーサ mestiza**　ラテンアメリカにおける混血の女性のこと。

**ユーカリスト Eucharist**　〔キリストの〕最後の晩餐を記念する、キリスト教の礼拝におけるサクラメント。

**ゆるし reconciliation**　ローマ・カトリックの秘跡で、個人が神父に自分の罪を告白し、その罪を赦されること。

# 訳者あとがき

本書は、Chris Greenough, *Queer Theologies: The Basics*（Routledge, 2020）ペーパーバックス版の日本語訳です。原著者のグリノフ氏は、ジェンダー・セクシュアリティと宗教、クィア理論やクィア・スタディーズの研究者で、二〇一六年に英国バーミンガム大学にて、デリン・ゲスト博士のもと神学・宗教学の博士号を取得し、現在英国エッジヒル大学で教鞭をとっておられます。原著のほか二冊の単著を出版されています。博士論文を元にした *Undoing Theology*（SCM Press, 2018）では、伝統的な学問的規範から解き放たれるプロセスを目指し、非規範的なセクシュアリティの三人のクリスチャンのライフストーリーを探求されました。更に、*The Bible and Sexual Violence Against Men*（Routledge, 2020）では男性に対する性的暴力を描いた聖書のテクストを学際的なアプローチで分析されています。

グリノフ氏は、歴史を通じて、また世界中の現代社会における、レイプ文化現象の研究を促進することに力を注ぎ、そのプロジェクト名が旧約聖書の士師記二一章に由来するシロー・プロジェクト（The Shiloh Project: https://www.shilohproject.blog/）の共同ディレクターでもあります。

私がグリノフ氏に初めて連絡をとったのは、二〇二二年の一一月のことでした。関西学院大学神学部の研究紀要である『神學研究』第七〇号（二〇二三年三月発行）に原著の書評を投稿するにあたって、お名前のGreenoughのカタカナ表記に悩み、どう発音するのかということをお尋ねするメールでした。

英国と異なり、クィア神学に関して学問的に学ぶ環境がない中、私は新教出版社の『福音と世界』二〇一八年七月号特集「クィア神学とは何か」及び二〇二一年一二月号特集「クィア神学は何をするのか」の論考と紹介されている文献から、また、工藤万里江さんの訳書『ラディカル・ラブ』（二〇一四年）及び著書『クィア神学の挑戦』（二〇二二年）を通して、多くのことを学んできました。けれども著者の数だけクィア神学が存在するように思われ、いったいクィア神学とは何なんだという思いにモヤモヤしていました。それが、グリノフ氏の原著を読む中で、クィア神学は一枚岩ではなく複数存在すること、それは様々な言葉で語られるものだということがよくわかりました。更に、自分自身のジェンダー・アイデンティティおよびセクシュアル・アイデンティティ――英語の人称代名詞にはtheyを使用し、正常な人間ならば他者へ性的に惹かれるのが当然だという世の中の思い込みにあらがっている――を信仰生活の中で保持していけるのかと、受洗後の六年足らずのあいだ、漠然と感じていた不安に対しても、「大丈夫！　日本には仲間は少ないかもしれないが、地球規模では大勢の仲間がいる」と確信したのでした。それはことにアジアやアフリカのクィア神学の様子や、クィアなクリスチャンたちの聖書の多用な読みを知ることによって、クィア神学の中に存在する「複数の声」を聴くことができたからなのです。残念なことですが、クィア神学は日本では、神学研究の場においても、聖職者養成の場においても、そしてクィアなクリスチャンの間でもほとんど知られていません。必要な人のところに届くためには、クィア神学のガイドブックともいえる原著を日本語で読めるようにしたいと思いました。そしてこの書評をもとに、出版社に翻訳企画を持ち込もうと覚悟を決めました。それはクィアなクリスチャンの私が取り組むべきミッションでした。私は門を叩きました。

二度めにグリノフ氏に連絡をしたのは、二〇二三年二月です。グリノフ氏の原著が翻訳出版されることになったというメールを書きました。年度末に紀要が発行される前のことでした。

ミッションが完遂されるまでに、実に多くの方々の手が差し伸べられたことに心より感謝いたします。とりわけ、関西学院大学神学部教授の淺野淳博先生は、私の思いを受け止め、出版社に翻訳出版の橋渡しをしてくださいました。そして進捗を気にかけてくださり、翻訳を楽しむようにといつも励ましてくださいました。新教出版社の小林望社長は、クィア神学の研究者でもなく翻訳の実績もない私の企画を出版へと即決してくださったばかりではなく、編集者として伴走してくださいました。クィア神学の読書会を主宰された関西学院大学理学部准教授の前川裕先生は、訳稿を読んでくださり英文解釈の手助けをしてくださいました。編集部の堀真悟さんは、初校をそれは細かく見てくださり日本語を調えてくださいました。もちろん、訳文の全責任は私にあります。

読者の皆さんにお願いがあります。小さなタイポから大きな誤読まで、そして読後の感想をぜひ新教出版社の編集部までお寄せいただけないでしょうか。日本での反響をグリノフ氏に伝えたいと思います。クィア神学はその後数多くの研究や実践が積み重ねられ、ラウトリッジ社が増補改訂版を出す計画を既にグリノフ氏に伝えているそうです。その増補版には、クィアなクリスチャンの声が豊かに聴こえる日本のクィア神学の状況が盛り込まれていることを期待しています。そして、「複数の声」を聴き合い、対話を重ね合った読者の皆さんの中から増補版の翻訳を担っていただける方が現れることを祈ります。

最後に、クィアの聖人たちのテクストに奮い立ってクィア神学の入門書を世に送り出し、また日本語版の出版に関していつも丁寧かつ迅速に私の質問に答え、その完成を待ちわびてくださったグリノフ氏に感謝のことばを伝えます。クリス、ありがとう!

二〇二四年　六四歳の春に満開の桜の下で

薄井良子

## や行



## ら行



## わ行

## ま行

## な行



## は行

## た行

## さ行

### か行

# 人名事項索引

凡　例

1. この索引は、はじめに、本文、傍注、用語集に現れた主な人名 ( 姓・名の順 )、事項名などを見出し語とする。
2. 見出し語は、読みの五十音順で字順配列する。なお、長音・中黒などの記号は無視し、清音・濁音・半濁音の順に配列した。拗音は清音の見出し語のあとに置いた。
3. 見出し語のあとの数字は頁を示し、数字のあとの n は、該当頁にある傍注であることを示す。
4. 参照先は→で示した。特に、本文中で、カタカナ語と漢字語を併用した場合、及び正式名称と略称を併用した場合は、それぞれを互いの参照先とした。

**あ行**

# 聖書個所索引

凡　例

1. 章節のない頁番号は、その書全体に言及している箇所を示す。
2. 頁番号に続く n は、該当頁の傍注番号を示す。

## 旧約聖書



## 新約聖書

**著者**　クリス・グリノフ（Chirs Greenough）
英国バーミンガム大学にて、神学・宗教学の博士号を取得。現在英国エッジヒル大学で教鞭をとる。専門はジェンダー・セクシュアリティと宗教、クィア理論やクィア・スタディーズ。著書に *Undoing Theology* (2018), *The Bible and Sexual Violence Against Men* (2020). 現代社会におけるレイプ文化現象の研究集団、シロー・プロジェクトの共同ディレクター。

**訳者**　薄井良子（うすい・よしこ）
日本聖公会奈良基督教会信徒。立命館大学産業社会学部卒業後、会社員・専業主婦を経て、神戸大学大学院総合人間科学研究科博士後期課程修了。博士（学術）。共著に『国会会議録を使った日本語研究』（ひつじ書房、2008 年）。大学で日本語教育に従事。英国 University of York, Master of Arts in Women's Studies. 2022 年関西学院大学神学研究科修了。修士（神学）。

クィア神学入門
その複数の声を聴く

---

2024 年 5 月 31 日　第 1 版第 1 刷発行

著　者……クリス・グリノフ
訳　者……薄井良子

装　丁……宗利淳一

発行者……小林　望
発行所……株式会社新教出版社
　〒 162-0814 東京都新宿区新小川町 9-1
　電話（代表）03 (3260) 6148
　振替 00180-1-9991
印刷・製本……モリモト印刷株式会社

---

ISBN 978-4-400-32494-2　C1016

工藤万里江

**クィア神学の挑戦**

クィア、フェミニズム、キリスト教

三人の女性神学者の思想を精査し、フェミニズムとクィアに共通する課題と差異の追究を通して、クィア神学の多様性と可能性を展望する。　Ａ５判　４７３０円

---

P・チェン
工藤万里江訳

**ラディカル・ラブ**

クィア神学入門

性的少数者の視点から伝統的な三位一体論を大胆に読み替え、「クィア」（奇妙）なものとしての福音の本質を鮮明に打ち出した画期的な書。　Ａ５判　２５３０円

---

山口里子

**虹は私たちの間に**

性と生の正義に向けて

同性愛断罪の根拠とされてきた聖書テキストを徹底的に再検討し、多様なセクシュアリティを含む神の創造の祝福を確認する渾身の労作。　Ａ５判　３９６０円

---

堀江有里

**「レズビアン」という生き方**

キリスト教の異性愛主義を問う

著者は「レズビアン」であることを公にした牧師。所属教団内での様々な軋轢、今ここで生きる闘いを綴った、ねばり強い実践と思索の書。　四六判　２４２０円

---

D・ライアン
大畑・小泉・芳賀・渡辺訳

**ジーザス・イン・ディズニーランド**

ポストモダンの宗教、消費主義、テクノロジー

ディズニーランドに象徴されるポストモダンの情報・技術・消費社会における宗教的営為のメカニズムを分析。監視社会論の泰斗の異色作。　四六判　３８５０円

---

J・エリュール
新教出版社編集部訳

**アナキズムとキリスト教**

キリスト教に内在するアナーキーなポテンシャルを覚醒させる。鋭利な技術社会批判で知られるキリスト教知識人の晩年の重要作。　四六判　２７５０円

---

新教出版社

価格は10％の税込定価です。